中共重庆市委宣传部部校共建重庆新闻学院重点资助项目

百年回望与中国广播创新发展

颜春龙 赖黎捷 主编

『巴山传媒论坛』文库（二）

中国社会科学出版社

图书在版编目(CIP)数据

百年回望与中国广播创新发展/颜春龙,赖黎捷主编. —北京:中国社会科学出版社,2022.3

(“巴山传媒论坛”文库)

ISBN 978-7-5203-9612-7

Ⅰ.①百… Ⅱ.①颜…②赖… Ⅲ.①广播事业—发展—研究—中国 Ⅳ.①G229.2

中国版本图书馆 CIP 数据核字(2022)第 020985 号

出 版 人 赵剑英
责任编辑 陈肖静
责任校对 刘 娟
责任印制 戴 宽

出 版 中国社会科学出版社
社 址 北京鼓楼西大街甲 158 号
邮 编 100720
网 址 http://www.csspw.cn
发 行 部 010-84083685
门 市 部 010-84029450
经 销 新华书店及其他书店

印 刷 北京明恒达印务有限公司
装 订 廊坊市广阳区广增装订厂
版 次 2022 年 3 月第 1 版
印 次 2022 年 3 月第 1 次印刷

开 本 710×1000 1/16
印 张 22
插 页 2
字 数 325 千字
定 价 126.00 元

凡购买中国社会科学出版社图书,如有质量问题请与本社营销中心联系调换
电话:010-84083683

序　言

重庆新闻学院、重庆师范大学新闻与传媒（新媒体）学院（简称重庆师大新闻与传媒学院）要将2020年第五届中国广播创新发展高端论坛的优秀作品汇编成书，嘱我作序，我爽快答应了。其原因是：广播研究正当时，论坛开得很成功，值得说上几句。

为什么广播研究正当时？理由有三：一是广播在电子媒介中属于“老字号”，有许多问题值得研究。广播于1906年12月25日晚8时诞生，到2020年已经114年，这基本上世界广播业界学界均认可。之后，1919年威斯康辛大学的教育广播电台WHA正式播出，1920年8月底特律的8MK电台开始播音，并领取了临时执照。这之前德国、加拿大、苏联、荷兰等均有电台播音。1920年11月2日、匹兹堡KDKA广播电台正式播音，节目连续播出，且领取了正式执照，多数学者把世界第一家广播电台定格于KDKA广播电台，到2020年，广播电台刚好诞生100周年，但这100年指的是广播电台，而不是单纯的“广播”，这是我们应加以区别的。对世界第一家广播电台，目前仍有争论，这应关注。我国的人民广播诞生日经中央广播事业局多方面调查，并报中央宣传部批准，于1980年12月23日将原诞生纪念日改为1940年12月30日，到2020年，人民广播诞生80周年。但是，从1980年至2020年，有不少研究者认为，人民广播诞生日应为1931年11月7日中华苏维埃共和国红色中华新闻台开播日，并列举了不少证据，这其中包括原中央人民广播电台的台长。但也有不少研究者质疑，仍认为1940年12月30日为人民广播诞生日。1926年10月1日，哈尔滨广播无线电台正式播音，教科书中都是这样记载，但有业内专家及广电部门提供了40余万字的论证材料，认为哈尔滨广播无线电台于1923年1月1日开播，是中国第一座广播无线电台，这又引起了争论。上述三大争论，到今天应该有定论了，所以广播的研究应加强。同时，从开展马克思主义新闻观以来，我注意到，列宁的广播思想、中国共产党领导人的广播思想、社会主义国家共产党领导人的广播思想研究也不足。近几年，我收集了约7万篇广播论文汇编成500余部资料，包括出版社出版的广播专著，多次浏览，总感觉广播学也包括细分的广播新闻学、广播文艺学、广播广告学、广播语言学、广播播音学、广播美学、广播文化学等，其独特的理论体系和基本框架还需下苦功建构，集体攻关编撰的广播电视学著作，其广播学学理不足，并被遮蔽在电视学之中，等等。在广播出现110余年、广播电台出现100余年、人民广播诞生80周年之际，研究广播就可谓正当时。

重师大新闻与传媒学院抓住了这个机会，在改革开放40周年之际，承办了纪念改革开放40周年中国广播电视发展论坛，将中国实践上升为中国理论，又用中国理论指导中国实践，很具中国特色，受到与会者好评，并出版了论文集。在人民广播80周年之际，又承办了第五届中国广播创新发展高端论坛，内容涉及广播学术理论的多个方面，既有理论性，又有实践性，很有价值。现在颜春龙院长、赖黎捷副院长主编了论坛的论文集，业界学界各位专家学者贡献了智慧，这可以说是中国广播学术研究的最新成果。顺便说一句，我还特别赞赏重师大新闻与传媒学院与业界的密切合作，并为业界服务。他们的媒介融合田野调查，在中国可谓独树一帜。

广播研究正当时。在论坛上重庆师范大学广播研究院正式成立，这可以说带了个好头。目前在世界范围内，美国、英国对广播史和广播新闻的研究，美国对广播剧、突发事件中的广播、类型化电台、黑人电台、乡村电台、收听调查的研究成果较多。在我看来，中国要迈向前列，应加强广播思想史、概念史、知识史、技术史以及广播先驱和中央、省、市及县级电台个案的研究，特别要关注基础理论研究，构建中国特色广播学。只要我们齐心协力，下功夫“打深井”，我相信广播学术理论研究一定会取得辉煌成就。

中国广播电视社会组织联合会学术委员会副主任、博士生导师，原云南广播电视台党委书记、台长、高级记者二级：覃信刚

2021 年 7 月 30 日

目　录

音频艺术与智媒时代的广播

音频融合与广播创新发展

百年广播：历史回顾、融合创新与未来发展

——第五届中国广播创新发展高端论坛综述

颜春龙　赖黎捷　欧勤扬

［重庆师范大学新闻与传媒学院院长、广播（CCData 音频传媒）研究院院长，教授；重庆师范大学新闻与传媒学院副院长、广播（CCData 音频传媒）研究院副院长，教授；重庆师范大学新闻与传媒学院讲师，博士］

1920 年，世界上第一家广播电台 KDKA 电台在美国匹兹堡诞生，至 2020 年整百年。1940 年 12 月 30 日，延安新华广播电台第一次播音，标志着中国共产党领导的中国人民广播事业诞生，至 2020 年，中国人民广播事业也已走过 80 年辉煌历程。从历史的角度来看，广播的发展经历了大众化，与电视媒体竞争、市场收缩及再扩张的过程，其形态演进和功能拓展也不断与国家、社会、技术、市场等因素深度互动。进入新媒体时代，移动互联网技术、5G、AI、智能语音技术等给广播媒体的发展提供了巨大的想象空间与应用前景。2020 年新冠肺炎疫情期间，中国广播在防疫抗疫中发挥了巨大的作用。处于机遇与挑战的媒体融合时代，广播媒体如何顺应时代要求加快转型升级的步伐，如何有效融入国家治理体系与治理能力现代化进程中，以及如何加强广播的学术研究，成为当前摆在学界与业界面前的现实问题。

基于此背景，由中国广播电视社会组织联合会指导，中国高校影视学会主办，重庆新闻学院（重庆师范大学新闻与传媒学院）承办的

第五届中国广播创新发展高端论坛暨中国高校影视学会广播专业委员会2020年会于2020年12月18—19日在重庆师范大学举行。论坛由"回顾与展望：百年广播新征程""广播史与广播融合发展""防疫抗疫与智媒时代广播""音频艺术与节目创新"等五个板块组成，来自中国传媒大学、中国人民大学、暨南大学和中科网联数据科技有限公司等50余家高校、媒体机构、数据公司的专家学者参加了本次论坛，会议围绕广播诞生100年及人民广播80年的历史演进、发展成就与创新实践，同时关注疫情期间广播的传播实践以及后疫情时代广播的发展方向，并就新媒体时代广播融合发展的理论话语和相关话题进行专题研讨。

一　开其首端，因有沿革

（一）百年广播发展的历史回顾

关于百年广播的发展历程，上海师范大学孙宝国教授赞同申启武教授的五个阶段划分，即广播大致经历了萌芽、缓慢起步、曲折前进、恢复繁荣和逐渐成熟五个历史发展阶段，并认为广播的历史就是媒体融合跨界的重要体现。

中国人民广播八十年的发展历程，在安徽师范大学沈正赋教授看来，是广播党媒品质不断锻造的过程。八十年来，中国广播始终坚持党的领导，在不同历史时期发挥着重要作用：在延安时期，广播党媒在革命根据地开启艰难探索旅程，与敌人展开舆论斗争，成为革命宣传重要工具；在解放战争时期，广播党媒在政治和军事斗争中经历了进退重组的过程，初步建成全国广播宣传网；在新中国成立初期，广播党媒在盛世欢歌背景下逐步发展壮大，不断加强马列主义宣传，报道社会主义建设成就；在改革开放时期，广播党媒在历经曲折发展后进行必要的调整转型，为思想解放与经济领域改革助力；在社会主义发展新时期，广播党媒在媒介市场竞争格局下又走上了媒体融合创新之路，成为弘扬主旋律，传播正能量，讲好中国故事的积极实践者。

中国传媒大学艾红红教授从技术与组织两个方面，梳理了中国人民广播从红中社、新华社到新华广播的历史源流，分析了早期延安新华广播的技术设计以及新华社去科层化、跨部门协作的组织架构，并认为战时新华社的报道实践是纸媒与广播媒体融合经典案例。

交通广播作为中国人民广播事业重要组成部分，其近30年的发展历程也展现出广播发展与国家、经济、社会的深刻互动关系。中国传媒大学高永亮教授通过对中国大陆第一家交通广播媒体——上海人民广播电台交通信息台的回顾，总结其经历的六个向度：一是改革开放为交通广播创造了显著经济效益提供了前提和可能；二是交通广播秉承社会责任，高扬主旋律，传递了正能量；三是交通广播坚持守正创新，不断在内容创新上实现突破；四是交通广播服务国家战略，在一系列重大突发公共事件中起了积极作用；五是积极与新兴媒体加强深度融合；六是全国交通广播实现跨区域的联动，形成品牌效应和发展合力。

人民广播80年辉煌历程，也是广播人精进业务，创新特色广播新闻文本的过程。浙江传媒学院吴生华教授从“两次提出‘要学会自己走路’，推动广播特色新闻文本建设”“广播录音新闻和现场报道的兴起”“常态化广播新闻文本向连线报道和记者口述录音报道并重发展”“广播新闻要发挥融媒体新闻文本建设的引领作用”四个方面分析了80年来人民广播新闻文本的嬗变历程。

百年广播发展的历史厚度也促发广播研究的繁荣，河南大学赵红勋副教授对近年来的学术论文进行考察，发现在新媒体时代，广播研究呈现出多元性和丰富性特征，研究主要涵涉核心特质、内容生产、传播策略、受众话语、人才培养以及媒体转型六重维度。孙宝国教授认为，未来广播学的研究要根植声音传播本位，寻找听觉传播规律，加强广播与社会、广播与人类文明、广播与战争等领域的研究。中国传媒大学刘书峰教授在对中国人民广播八十年的回顾基础上，认为中国人民传播经历了从广播史到收听史的演变，指出广播史的研究要以“人民为中心”的原因，并倡导未来广播史的研究应致力于开拓新的理论视野和发掘新的研究史料。

（二）历史视角下的广播与国家

广播作为大众传播媒介，其发展与不同历史时期社会发展进程中的政治、经济、文化等密不可分，并与之深度互动。重庆师范大学贺滟波副教授从“广播下乡”与国家声音政治、中国当代大众文化萌发的关系出发，探讨了1949年到1955年农村广播收音网给国家建设、农村文化启蒙等带来的深刻影响。她认为，“广播下乡”将国家声音以一种强有力的、毋庸置疑的姿态全面地渗透乡村空间中，使得乡村不再是一个无为的、远离国家政权的“偏远之地”，而是成为一个高度政治化的组织。同时，通过广播喇叭网到广播有线网的发展，城市和农村同时接收信号，实现了广播上的平等。

中国传媒大学王韡副教授认为，广播是继“外籍音乐家来华演出且传授技艺”“舞厅、酒吧、咖啡厅等娱乐场所铺天盖地”“简谱、五线谱等记谱法”“音乐刊物的出版与发行”“唱片”等之后，促发中国流行音乐诞生的重要因素。

上海杉达学院林晓颖老师回顾了以色列广播百年发展历程，认为在不同历史时期，以色列广播与犹太复国主义的历史勾连，让广播在传播犹太文化、促进国民身份认同等方面发挥重要作用。具体来说：建国前的希伯来语广播“耶路撒冷之声”致力宣扬复国主义精神，传播犹太文化；复国初期，构建了统一的民族身份；第四次中东战争后，因非法海盗电台大量出现，复国主义精神逐渐消退，人们开始迷恋西方文化；后复国主义时代的以色列广播业，经历了私营电台兴起以及公共广播网、国防军电台和私营电台形成了三足鼎立之势，到现在互联网时代，以色列广播开始了与新媒体的融合之路。

（三）发展困境与破局之路

中国人民大学栾轶玫教授对当下火爆的视听直播带货现象进行了冷思考，认为直播乱象频出表征出主播、受众、媒介生态三个方面的异化：主播因对“人设”的符号化追求以及对商业的极端化追求，而造成其不断为“人设”所奴役；受众在认知与行为方面正逐渐成为“数字劳工”，进而基于商家、主播、消费者、平台方等关系的媒介生态也出现异化风险，使得直播生态正丧失多样性而走向生态“失谐”。

安徽广播电视台张阿林副台长认为，广播节目视频化是广播融合发展的新机遇，但在内容生产、平台运营、人才资源与版权等方面都存在发展困境，广播突破困境要着力打造垂直类广播视频化节目品牌，发挥现有广播电视专业队伍优势，建设具有广播基因的视频化直播演播室，充分利用主流媒体的节目内容资源，为广播视频化打下坚实基础。

中国传媒大学李建刚副教授认为，随着新闻播客的快速发展，纸质媒体正在把新闻播客作为新媒体战略进行布局和实施，我国广播已经不再有音频新闻传播的独家优势，广播在音频传播里面遇到的强大对手极有可能是纸媒，因此，要把新闻播客作为广播品牌建设与传播的重要策略。

山东广播电视台综合广播副总监李献刚以山东综合广播的探索实践为例，指出融媒生态下新闻广播的困境以及通过视频化进行突围的实践，但他认为，视频化会造成媒体单一，影响多样性发展。因此，在视频化大潮下，广播应该发挥其优势——热线节目和访谈节目。

华南农业大学唐涤非副教授对湖南交通广播进行分析，认为其发展存在传统流量变现难、广告市场难开发、交通引导功能被手机导航所取代等困境，建议交通广播要发挥关注民生、建设应急广播平台、提升娱乐性等优势，合理利用各种媒体资源，以不变应万变。重庆师范大学杨晓茹教授对交通广播营销方式也进行详细分析，认为营销方式单一且影响力小的困境源于定位不鲜明不准确，建议交通广播应注重场景营销、垂直营销、IP 化营销，通过社交网络关系的建设，形成立体营销网络，提高营销能力。

广播事业的发展，离不开人才的支撑，广播人才的培养也成为与会专家关注的重要角度。内江师范学院王帅龙老师认为，即使 AI 主播存在取代播音主持的可能，但在许多方面，人可以做很多 AI 主播无法完成的事，因而要加强对学生新闻播音专业技能的训练，使其兼具技能与艺术修养。贺州学院颜明霞副研究员认为，当前播音与主持艺术人才培养存在“人文意识不强”“艺术本位缺失”“课程设置不合理”等问题，提出“一个中心”即因材施教，“二个提前”即方向提前、实践提前，“三个拓宽”即拓宽学识、拓宽特色、拓宽视野，作为播音与主持艺术人才培养的教学体系构建及对策。

二 因势而谋、应势而动、顺势而为

2019年1月，中共中央政治局举行第十二次集体学习，习近平总书记在学习时强调，要因势而谋、应势而为、顺势而为，加快推动媒体融合发展，使主流媒体具有强大传播力、引导力、影响力、公信力。在技术革新与媒体融合国家战略的促动下，广播发展迎来发展机遇。

（一）因势而谋：媒体融合中的广播发展

华人头条总编辑、阳光学院卢文兴教授认为，广播在媒体融合中要重视“新闻、政务、商务”的功能，建构符合新型传播平台发展规律的理念，拓展多元变现渠道，开发流量资源，增强专业竞争力。

江苏广播电视总台涂有权认为，媒体深度融合发展是对主流媒体体系的重构，在这个过程中，要强化六种新型关系：责任内融化与传播高地化、媒体功能化与接口泛在化、内容精品化与产品市场化、资源平台化与效益最大化、创新体系化与管理动态化、价值聚众化与流量私域化。

广东财经大学彭碧萍认为，在媒体融合时代，广播创新发展要考量广播场景化的传播现实，不断建构以听众为主体，以各种声音元素为媒介的声音传播景观。

（二）应势而动：内容生产与节目形态创新

广东外语外贸大学钱锋副教授认为，广播情感谈话节目经历三十多年的发展，在媒体融合时代并没有缩减，而是形态更为多元，节目内容生产更具温度，因为只要有情感需要，这类节目必定成为社会安定、纾解情感压力的有效途径。

重庆师范大学涉外商贸学院陈沐以2020年走红的广播剧《安家》为对象，分析了电视剧IP的衍生广播剧的改编策略，认为电视剧《安家》的广播剧版叙事形态有三个变化：一是故事长度限制在14分钟内的“一集一事”；二是以说书人来引导叙事视点；三是矛盾设置。这种改编策略扣住主要情节和矛盾，以具体事件为导向完成分集制作，更契合碎片化体验对“短平快”内容和节奏需要，形成微广播剧新形态。

宁夏大学谢明辉教授以“央广系列报道《我们村里的年轻人》特色分析”为题，通过央广对基层年青一代脱贫致富故事的报道，分析了广播系列报道中的创新运用：一是要进行议程设置，强调报道主题要小切口、微视化，呈现的故事要有可听性；二是央广客户端“云听”以及中国之声微博、微信形成的全媒体矩阵发挥了联动效应，产生了聚合效果，增强了该系列报道的议程设置；三是强调融媒体时代广播重大主题报道的理念创新，即小人物大故事，运用大数据无人机等技术手段，强化用户思维，对用户消费习惯进行精准定位。

重庆师范大学张楚副教授以湖北之声的《我们在一起》、央广的《我们的节日》等为例，指出移动互联网时代，声音纪录片在选题、功能、制作主体等方面与广播特写相比，具有新的特征：声音纪录片有再现和表现现实的价值，以再现性声音和表现性声音来分析声音纪录片元素，并阐述其在声音的再现与表现中重构现实生活、构建真实。

（三）顺势而为：新冠肺炎疫情时期广播的实践创新

2020年是极不平凡的一年，突如其来的新冠肺炎疫情改变了社会的运转秩序。面对这一重大突发公共卫生事件，具有时效性强、传播范围广的广播媒体积极作为，在第一时间发布权威信息，有效引导舆论，安定民心。同时，主动作为为统筹疫情防控和推进复工复产牵线搭桥，并通过典型人物与事件报道，传递温暖，鼓舞士气，坚定全社会战胜疫情的信心。

内蒙古大学烁宁认为，新冠肺炎疫情的突如其来给媒体的应急报道带来了新的考验。从各大媒体的应急报道情况看，传统媒体已不再是原有的单一模式，而是开启了融媒体时代下的新矩阵。她以央广网《中国之声》为例，认为《中国之声》在新冠肺炎疫情应急报道中的议程设置思路宽、广，是广播媒体建立全媒体传播体系的很好的榜样。

河海大学朱晓兰认为，农村“大喇叭”以其强制收听性、高强度信息输入以及声音话语的情感优势，在疫情防控中发挥着重要作用。四川传媒学院马东丽通过对疫情期间广播喊话内容的分析，发现广播喊话具有“议题内容充实丰富”“话语表达风趣幽默、极具特色”“直接建构议题多于间接建构议题”“将政治话题解构成乡土语言”等特点，进而认为广播喊话起到了三种效果：一是形成社会共识，广播喊话利用方言建构共情传播，增强了村民认知判断；二是达成安全管理，广播喊话基于乡村安全建构共鸣效应，稳定了村民心态；三是统一行为规范，广播喊话从乡土建构符号建构文化娱乐，改善了村民的行为。

云南师范大学肖青教授通过对玉溪市两个村庄在疫情期间的“喇叭传播实践”的案例研究，认为在新媒体时代，乡村喇叭以及“移动喇叭”多元化嵌入乡村社会，在这一嵌入过程中，建构出一个全新的公共交往空间，让官方和民间的声音都得以表达，促进乡村共同体意识的形成。

三 继往开来，塑造未来

北京广播电视台广播研究中心主任王伟认为，广播应确立以 FM 频点为基点、互联网化传播为核心的互联网战略：一是以现有的存量受众优势，实现向网络的有序拓展；二是高度重视内容的精品化场景化，以及图文音视的融媒体生产能力；三是将 App 视为频点流数字化的发射塔，重视全网平台多端的触达，不作茧自缚；四是引入用户参与内容生产，有效引导主播的生产能力形成矩阵式内容梯队；五是关注互联网技术发展，找到全新的商业变现模式，避免广播沦为互联网技术的边缘产业。

阿基米德（上海）传媒有限公司总裁王海滨认为，未来广播发展应构建以音频为核心的产业新生态，打造物联网多端音频内容需求的生产、分发和运营，同时，他强调广播的升级转型还要与移动互联网整体生态结合得更为紧密。

中国传媒大学张海超博士认为，在移动时代广播媒介要以时间性、视觉性、消费性、互动性为发展取向。他指出，移动广播对传统广播时间性内涵的发展重构了广播媒介的时间权力结构；移动广播对传统广播视觉性元素的发展丰富了广播媒介的信息表征形态；移动广播对传统广播消费性观念的发展创新了广播媒介的经济营收模式；移动广播对传统广播互动性模式的发展增强了广播媒介的用户体验效果。他认为广播媒介只有坚持媒体融合的思维理念，坚持对时间性、视觉性、消费性、互动性的创新，才会解决好自身移动化、融合化的问题，实现长远发展。

湖南广播电视台广播金鹰之声制作人李立伟认为，5G、AI、智能语音等技术给广播带来革命性变化，音频新蓝海将在农村广播村村响、城市户外应急广播、商业空间电台等存在诸多场景可能性。同时，他认为，音频内容全新场景机遇在家庭智能音箱、中文播客以及有声书市场拥有稀缺价值，广播的未来值得期待。

此外，2020 年新冠肺炎疫情的暴发让“大喇叭”在乡村疫情治理中展现其传播优势，不仅唤醒了人们的集体记忆，还建构了国家意志的基层实践，但新冠肺炎疫情毕竟属于突发性公共事件，当回归常态化后，大喇叭如何参与未来的乡村治理呢？郑州大学李雪丽博士认为，可借助制度、权力和组织嵌入村民的日常生活，将大喇叭纳入县级融媒体中心建设的业务范围，成为参与乡村治理的有力工具。

作为最早的电子媒介，广播经历了开启无远弗届新型媒介时代、受电视冲击与取代的音频衰微时代、智能语音技术带来新机遇的音视频融合时代等发展历程。在中国特色社会主义体制下，人民广播则历经艰苦卓绝的创业阶段、“先村社、后院户”的农村广播阶段、“走自己的路”的广播专业化阶段、三网融合以来的数字化、智慧化迭代升级阶段。广播发展的悠久历史和深厚积淀为广播研究创造了优厚条件，智媒时代媒介生态发生巨变，移动互联网与 5G 的普及给广播带来新机遇，本次论坛的举办是广播研究的又一个新的开端。站在广播发展的历史节点上，回望过去，面向未来，学界与业界应继续互通共享，打造学术共同体，以多元立体的研究视角和前瞻性的研究成果，为我国广播研究开创新气象，丰富新视野。

回顾与展望:广播发展新机遇

从哪里来，到哪里去
——百年广播漫谈

孙宝国
（上海师范大学影视传媒学院教授、都市文化研究中心研究员）

摘要： 中国高等院校影视学会广播专业委员会堪称国内为数不多的既执着坚守又锐意开拓的广播学术共同体之一。在众多的无线电发明家中，波波夫和马可尼是佼佼者。从20世纪20年代以后，世界大众传媒由报刊时代进入广播时代。在全媒体时代，广播媒体自然是不能缺席的。

关键词： 百年；广播；无线电；新媒体

为纪念世界广播业迎来100周年，中国高校影视学会广播专业委员会2020年会暨第五届中国广播创新发展高端论坛在重庆师范大学成功举办。笔者荣幸地当选新一届理事会首席专家并应邀作了“从哪里来，到哪里去——百年广播漫谈”的主题演讲。百年广播科技史、学术史、应用史，包罗万象，博大精深，对其进行长时段、全景式的梳理和阐释相信正是下一阶段学界的热点议程。本文无意也无力驾驭上述高大上的主题，仅以演讲稿为底本，尝试以漫谈的轻松方式，略举数例，稍加评析，谨向广播百年诞辰致敬。

一　守望

关于国内百年广播研究，申启武的观点具有代表性。他认为：

“起步于1920年的中国广播研究已经走过了90年的历程，大致经历了萌芽、缓慢起步、曲折前进、恢复繁荣和逐渐成熟五个历史发展阶段，并呈现出三大突破、三大延展和三大瓶颈的发展特征。其中突破主要表现为史学研究系统化、理论研究深入化、技术研究专业化；延展则指的是业务研究的细分、研究领域的拓展以及研究队伍和学术阵地的扩大。与此同时，由于政治、经济、社会以及特殊时代等因素的影响，我国广播研究在发展过程中也遭遇一些瓶颈，突出表现为学科发展边缘化，理论研究相对薄弱，研究方法陈旧单一。”[①] 尽管这是发表于10年前的文章中的观点，但其分析判断仍是成立的。

就当下广播学术研究的走向，张彩等的观点比较中肯全面，他们认为，当下广播学术研究要以人文基础、跨界能力和技术思维为人才培养为路径，“立足新时代新要求，根植声音本位，探索听觉传播规律，在媒体融合中实现广播学专业的创造性转化和创新性发展”。[②]

令人鼓舞的是，广播业界和学界一直在一片唱衰之中，十几年甚至数十年如一日地惨淡经营着这块不可或缺的宣传阵地和学术园地，其中最具个性的灵魂人物非暨南大学申启武教授莫属，主要由他居中协调组织的中国高等院校影视学会会员广播专业委员会堪称国内为数不多的既执着坚守又锐意开拓的广播学术共同体之一。

二　无线电

2020年出版的《5G时代广播发展的理念创新与实践探索》一书[③]将“5G”这一科技术语嵌入书名，这是颇有见地的，因为这充分体现了科技之于传媒的重要性。而要讲到广播科技，就不能不谈到无线电发明和应用的先驱波波夫和马可尼。

---

① 申启武、安治民：《九十年来我国广播研究发展特征分析》，《暨南学报》（哲学社会科学版）2010年第2期。

② 张彩、曹默：《广播百年看广播学：声音本位与听觉传播规律探索》，《现代传播》（中国传媒大学学报）2020年第4期。

③ 申启武、张建敏：《5G时代广播发展的理念创新与实践探索》，暨南大学出版社2020年版。

（一）波波夫与无线电的发明

19 世纪末 20 世纪初，正是以电力技术、电信技术、内燃机技术为代表的第二次技术革命方兴未艾、汹涌澎湃的时代。俄国科学家、发明家波波夫便是第二次技术革命浪潮中奔腾的水掀起的一个浪头。他最早发明了无线电，为实现通信技术的革命，把电报从有线阶段推进到无线阶段作出了重要贡献。

俄国物理学家亚历山大·斯塔帕诺维奇·波波夫（1859 年 3 月 16 日—1906 年 1 月 13 日）是俄国物理学家和电气工程师，是研究电磁波的先驱。他波波夫出生于乌拉尔山区的一个小村庄，父亲是一位神父，1877 年进入彼得堡大学学习，1892 年毕业后留校在实验室工作，1893 年到俄国海军喀琅施塔得鱼雷学校任教。

英国物理学家麦克斯韦预言了电磁波的存在。1888 年，德国物理学家赫兹以著名的电火花放电实验证实了麦克斯韦的预言。这些科学成果为无线电的发明做了理论和实验上的准备。1889 年，在一次军官大会上，波波夫作了题为“光电现象间关系的最新研究”的讲演。他满怀信心地预言，人类的机体中还没有能够觉察电磁波的感觉器官，假如发明了这样的仪器，使人们能够觉察电磁波，那么电磁波就可以用来远距离传播信号。

1890 年，法国物理学家布朗利发现松散的镍粉在电磁波的作用下会凝聚起来，呈良好的导电性。1894 年，英国物理学家洛奇又利用这一现象研制成最初的金属粉末检波器。波波夫闻讯后，立即把粉末检波器用于他的接收装置，并研究了各种金属粉末的特性，对检波器做了改进，研制成自动抖动装置。在此基础上，波波夫于 1895 年年初研制成发现和记录电振荡的仪器，即无线电接收机，由一个检波器、一个继电器、一个电磁式电铃和一组电池组成，其中检波器是一只玻璃管，两端是电极，内装有金属粉末。1895 年 5 月 7 日，俄国理化学会物理部在圣彼得堡开会。会上，波波夫作了关于金属粉末与电振荡的关系的报告，并用他的无线电装置作了收发电磁波信号的表演。

1945 年 5 月 7 日，为纪念无线电诞生 50 周年，苏联部长会议通过决议，规定这一天为无线电节；设立波波夫金质奖章，由苏联科学院颁发给在无线电领域有重要发明和突出成果的科技工作者。今天，在无线电的诞生地喀琅施塔得，一些学校、研究所、博物馆和学术团体以波波夫的名字命名。2009 年波波夫诞辰 150 周年之际，国际电联将其日内瓦总部的一间大会议厅命名为波波夫厅，并在厅内立了一块波波夫纪念牌，以纪念这位无线电先驱。

（二）马可尼与实用无线电通信

伽利尔摩·马可尼，出生于 1874 年 4 月 25 日，逝世于 1937 年 7 月 20 日，意大利无线电工程师，企业家。1895 年成功地发明了一种工作装置，1896 年他在英国做了该装置的演示试验，并获得了世界上第一个无线电报系统的发明专利。他在 1897 年成立了无线电报及电信有限公司，同年改名为马可尼无线电报有限公司。1898 年他第一次成功进行了无线电发射。翌年他发送的无线电信号穿过了英吉利海峡。1901 年他发射的无线电信息成功地穿越大西洋，从英格兰传到加拿大的纽芬兰省。1909 年，他发射的无线电信息成功地穿越六千英里的距离，从爱尔兰传到阿根廷。

1902 年被授予意大利国王大十字勋章。1903 年马可尼还获得过罗马城的荣誉市民称号。1905 年被封为萨瓦城的文官爵位。1909 年和布劳恩一起获得诺贝尔物理学奖，还有英国皇家艺术学会的阿尔伯特奖章，约翰·弗利兹奖章，开尔文奖章；俄国沙皇授予的圣安娜勋章，意大利国王任命他为圣马赖斯和圣拉扎路斯荣誉海军中校。1914 年被封为意大利元老院的议员，获得过英国皇家维多利亚大十字勋章和爵位，1929 年获得了侯爵的世袭头衔。1937 年，马可尼与世长辞，在意大利罗马有近万人为他送葬，同时，英国所有无线电报和无线电话，以及大不列颠广播协会的广播电台停止工作 2 分钟，向这位无线电领域的伟大人物致哀。

与时间赛跑的电磁波对手，波波夫和马可尼的境遇反差巨大：马可尼得到英国政府的全面支持，波波夫则被俄国政府忽视了；马可尼将无线电技术应用于商业领域，波波夫则完全没有这样的机会；马可尼在科学界和商业上可谓是名利双收，成了改造世界的巨人，当获颁诺贝尔物理学奖时，波波夫已不在人世。无线电技术在新闻、军事、交通、移动通信领域都有着强大的应用。无线电广播、电视、传真通讯是20世纪人类社会生活最显著的特点之一。

三 黄金岁月

从广义上讲，无线电波或通过导线向广大地区或一定区域传送音视频内容，都可以称为广播（broadcast）。按照传播信号划分：只传送音频的，叫声音广播或电台广播，简称广播（radio）；同步传送音视频的，叫电视广播（television）。按照传输方式划分：通过无线电微波传送的，叫无线广播或开路广播；通过电缆或导线传送的，叫有线广播或闭路广播。目前国内业界和学界通常所说的广播，是指传送音频的狭义的广播。

广播之前是电话，它是“报务员借以互相聊天的双向媒体”[①]。1920年11月2日由美国匹兹堡西屋电气公司开办的KDKA广播电台是世界上第一个正式每天播报的广播电台，或者说世界上第一家广播电台，这标志着世界广播事业的诞生。KDKA电台开播后，广播很快就被改造为一种几乎完全是传者为主导的单向的大众传媒。无线电广播的优势在其问世不久便彰显出来。从20世纪20年代以后，世界大众传媒由报刊时代进行广播时代。这里仅从广播与战争、广播与政治两个方面略举二三个案例，从中略窥黄金岁月广播影响力之一斑。

（一）广播与战争：以默罗和户栗郁子为例

第一次世界大战期间（1914—1918年），报纸是宣传的主力军，而第二次世界大战（1939—1945年）则让广播尽显威力，这种没有距离且无须纸张的“报纸”成为每一个参战国最有力的宣传武器——社会动员的有力武器，交战过双方进行心理战和电子战的有力武器。在广播大战中，尤为引人注目的是广播人。这里仅举爱德华·R.默罗和“东京玫瑰”户栗郁子两个代表。

---

① ［美］汤姆·斯丹迪奇：《从莎草纸到互联网：社交媒体2000年》，林华译，中信出版集团2015年版，第288页。

爱德华·R. 默罗是第二次世界大战期间优秀广播人的典型代表。从1936年起，爱德华·R. 默罗开始致力于通过广播向美国国内的听众传播欧洲大陆发生的战前新闻。1938年年初希特勒入侵奥地利时，嗅觉灵敏的哥伦比亚广播公司任命当时正在伦敦的节目编辑默罗为欧洲的新闻主管，他随即聘请助手，制作广播节目。从1940年年底起，默罗每天晚上都向哥伦比亚广播公司的听众报道纳粹空袭伦敦的新闻，“我现在感觉探照灯似乎就在头顶扫视，你将马上听到更近一点儿的两声爆炸。听！这猛烈的、冷酷的爆炸声。”[①]“This is London”（这里是伦敦）形象生动地报道了不列颠战役，给美国听众带来巨大的震撼。默罗那平静而令人信服的声音把炸弹肆虐下熊熊燃烧的伦敦展现在美国人民面前，使仍然保持中立的美国领悟到这场战争的性质。诗人阿奇博尔德·麦克利什曾评价默罗的广播：“你在我们的房舍里焚烧了伦敦城，我们感受到了那熊熊火焰。”

相对于默罗，户栗郁子的人生更富传奇色彩，本来与“东京玫瑰”毫无交集，可是命运似乎跟她开了个的玩笑。1916年出生的户栗郁子随父母移民美国，1941年夏，她的姑姑生病无人照顾，父亲户栗纯考虑再三后让户栗郁子回日本帮忙。1941年7月5日，户栗郁子登上回日本的邮轮，但因为护照没有办好，实际上她的签证并没有发下来。回到日本的户栗郁子语言不通，所以对日本国内的紧张气氛并没有多少感觉，当她意识到日美之间的战争一触即发而想回美国时，因签证证件不完备被困在日本。太平洋战争爆发后，户栗郁子已经没有可能回到美国，在拒绝日本警察向她提出放弃美国国籍加入日本国籍的要求后，她的处境变得更加艰难。迫于生计，户栗郁子进入东京电台，成为心理宣传战栏目《零点时刻》的播音员，从而开启了“东京玫瑰”的神话。户栗郁子向美军官兵娓娓动听地讲述家乡美丽自然的风光和安宁和平的生活，以此激发美国大兵的思乡之情，从而无心恋战。当时，许多美军官兵深为她的播音所倾倒，以至

① 姜华：《听！这猛烈的、冷酷的爆炸声！——评〈爱德华·默罗和美国广播电视新闻事业的诞生〉》，《文汇读书周报》2005年10月14日。

进驻日本时都想捷足先登，尽快目睹“东京玫瑰”的芳容玉貌。尽管存在争议，但最终户栗郁子于1949年10月6日以叛国罪被美国逮捕审判，被判处10年徒刑并处以1万美元的罚金，同时剥夺了她的美国国籍。

（二）广播与政治：以炉边谈话为例

富兰克林·罗斯福被公认为是美国历史上最会利用新闻媒介的政治家之一，进行初次炉边谈话的背景，正值美国20世纪30年代大萧条时期，罗斯福也利用刚刚兴起的广播媒介，用“谈话”而非“讲话”的形式将自己自信洪亮的声音传遍全国，带进千家万户，一下子就将总统与民众的感情拉近了，从而在心理上造成了一种休戚与共的神圣感。每当听到炉边谈话时，人们就仿佛看见脸上挂满笑容的罗斯福。美国作家卡尔·卡摩尔曾写道：“我从来没有见过他，但是我认识他，并永远不会忘记他。他，美利坚合众国的总统，用声音来到我的家里，称呼我——朋友。”① 甚至有民众将他的照片剪下来，贴在收音机上。炉边谈话取得的巨大影响，成为广播史上的一个传奇。

四　全媒体时代

人们曾以为印刷会取代记忆，电话会取代邮政，汽车会取代自行车，电视会取代无线电广播、电影和书籍，但这一切并未发生。新技术使利用旧技术的状况发生变化，但并不取而代之。报纸、广播、电视，都曾为新媒体，都曾拥有自己的“新媒体时代”。无论是报纸新媒体时代、广播新媒体时代、电视新媒体时代，还是互联网新媒体时代，都只是人类传媒发展的一个阶段，哪个也不会完全消亡，哪个也没有也可能成为真正的终结者，而只能伴随着传播偏向的转换，而出现的传播模式的迭代。

2019年1月25日，在中央政治局就全媒体时代和媒体融合发展举行第十二次集体学习时，习近平总书记强调，推动媒体融合发展、

① ［美］罗伯特·L. 希利亚德、迈克尔·C. 基思：《美国广播电视史》，秦珊、邱一江译，清华大学出版社2012年版，第70页。

建设全媒体成为我们面临的一项紧迫课题。①“全媒体”这一最权威的提法是很有深意的。因为在全媒体中，广播媒体自然是不能缺席的。由此推之，关于“广播媒体”的很多杞人忧天，甚至危言耸听的提法可以休矣。就广播业界和学界来说，自然可能像现在“大热”的互联网新媒体实践和研究一样，自然应该以平和的心态，从技术、规制、功能等多个角度和层面，对全媒体时代广播媒体进行与时俱进的实践和研究。

① 《习近平：推动媒体融合向纵深发展　巩固全党全国人民共同思想基础》，http：//www.xinhuanet.com/politics/leaders/2019-01/25/c_1124044208.htm。

红中社、新华社与新华广播

——基于技术与组织视角的人民广播溯源

艾红红

（中国传媒大学新闻学院教授、博士生导师）

摘要：1940 年 12 月 30 日，延安新华广播电台试播，呼号 XNCR。1941 年 6 月新华社在发送文字电讯时，为与总台广播呼号一致，呼叫格式由过去一直使用的“QST DE CSR”改为“CSR DE XNCR”。1944 年新华社开设定向美国旧金山的英文新闻电讯业务，呼号同样为 CSR DE XNCR。延安台的新闻播音稿主要由新华社广播科提供；播音工作与机器设备维护则由中央军委三局九分队负责。这种一体两“翼”、一号两“端”，同样内容、不同编码（电码与口语）的业务模式，是党在极端艰苦的抗战状态下探索出的，也是无线电设备利用率和传播信息识别度最高的一种方式。而新华社、中央三局九分队以传播内容为中心、以传播目标为导向的跨部门、去科层化的合作模式，无形中开启了共产党人媒介/媒体融合实践的先例。

关键词：新华社；XNCR；广播；媒体融合

2021 年是新华通讯社（前身为红色中华通讯社，简称“红中社”）成立 90 周年，也是新华社在时称“文字广播”的明码电讯呼号中增加“XNCR”字符，从而与试播不久的延安新华广播电台统一呼号 80 周年。当时新华社这种文字广播（摩尔斯明码电讯）与口语广播（声音）两种业务并行开展，一体两“翼”、一号两“端”的技术实现方式，还有它与中央军委三局跨部门合作的组织架构，是党中央在面对外部巨大不确定性和内部技术与财力不足条件下的无奈选择，却无形中开启了以政治、军事宣传为核心进行媒体“融合”先例。

一 延安新华广播电台的技术实现

1940年12月30日晚，中国共产党领导创办的第一座口语广播电台——延安新华广播电台在延安西北30多里的王皮湾村开播。在全民抗战的时代背景下，在国共合作出现波折的历史关头，延安新华广播电台的播出，无疑具有极为重要的战略意义。

（一）一体两“翼”，一号两“端”

若按当时标准，延安不具备创办广播的基本条件：维系一座电台需要定期连续的稳定电力供应，但延安当时没有电厂，无居民供电，连毛泽东、新华社夜晚照明都用的是煤油马灯。为解决电力问题，中共中央成立了以周恩来为主任的广播委员会（1940年5月后改由朱德兼任），并决定由中央军委三局九分队负责，在军委三局局长王诤带领下日夜攻关，土法上马，采用一个废旧汽车的引擎加燃烧木炭产生的煤气带动发电机供电，从而为延安新华广播电台的播音提供了电力保障。

电台的发射机是周恩来1939年去苏联治病时共产国际赠送的一部1000瓦短波机。由于发电机供电不足，电台实际输出功率仅300瓦。起初，延安新华广播电台每天下午播音，每次两小时。每次播音开始时，播音员会反复念诵电台呼号“XNCR”和波长，提醒听众接收。《新中华报》也在不久后开始不定期地刊载该台的节目单。

在延安新华广播电台播音业务启动的同时，“新华社明码广播台CSR，除个别时间机件发生故障外，均保持不间断的广播工作”。[①] 至此，新华社文字广播（呼号CSR）与口语广播（呼号XNCR）的一体两“翼”业务架构初步搭建完成。

---

① 中国人民解放军历史资料丛书编委会编：《中央军委作战部第三局一处一九四一年工作的总结》，《通讯兵文献》（上），解放军出版社2017年版，第1208页。

半年后，“为着加强效率，扩大接收区域”，发报机电力自 6 月 5 日起已由 100 瓦特改为 500 瓦特，呼叫格式亦由“QST DE CSR”改为‘CSR DE XNCR’，以便与总台广播呼号一致。”[①] 也即从 1941 年 6 月 5 日开始，新华社对外发送的文字电讯中除保留原呼号 CSR 外，还增加了与语音广播一致的“XNCR”字符。其中，“DE”为摩尔斯码国际通信缩语，意为“this is”（这里）；“QST”为“收听”之意。

“一般来讲，呼号指的是从事无线电通信的法定代码。世界上从有通讯社以来，就有固定的社名、呼号，使用一定的广播频率进行定时的新闻广播。比如法新社的呼号为‘AFP’、美联社的呼号为‘AP’、路透社的呼号为‘Reuters’。”[②] 据新华社高级记者郑德金考证，“CSR 的呼号是红中社从 1931 年 11 月 7 日对外发送时启用的，改名为新华社之后一直沿用 20 多年，直至 1956 年新华社将汉字莫（摩）尔斯广播改用模写广播为止”。实际从 1941 年 6 月后，新华社文字广播的呼号中既保留了“CSR”字符，也加入了口语广播的呼号“XNCR”，且有充分证据表明，新华社这种使用一个呼号、发送两种编码（电报与播音）的业务模式，至少维持到抗战结束前（见下文）。

（二）“文字广播”与“口语广播”

1931 年 11 月 7 日，在江西瑞金召开的中华苏维埃第一次全国代表大会召开当天，负责宣传工作的王观澜就编辑了相关新闻稿件，由承担文字发报工作的王诤、刘寅、曾三等采用摩尔斯电码对外发送了明码新闻电讯，这是红中社开展业务的发端。当时的无线电发报设备是红军在第二次反“围剿”战斗中缴获的一部 100 瓦无线电台，电力来自一部轰鸣作响的油机。即便如此，红中社的无线电明码发报活动仍取得一定效果，其新闻讯息还被上海的中共地下电台接收后发表于《红旗周报》。

所谓明码广播，是指电台发送的讯息，可以按照标准电码规定的

① 中国人民解放军历史资料丛书编委会编：《中央军委作战部第三局一处一九四一年工作的总结》，《通讯兵文献》（上），解放军出版社 2017 年版，第 1208 页。

② 郑德金：《从红中社成立到改名新华社的过程》，《新闻大学》2015 年第 6 期。

含义进行解码。与之对应的概念是密码广播，就是电讯接收方只有与发送方共享一个编码解码系统时，才能破解其中的含义。

1933年5月，中央又成立专门抄收新闻电讯的新闻台，行政编制隶属中央军委，业务上归红中社。具体分工为：中央军委三局负责无线电机件的维护与相关业务培训，新华社负责摩尔斯电码的抄收与翻译成中文。

中共中央到达延安后，新华社抄发电讯业务的工作逐步常规化、制度化，其内通外联的作用也越发重要。1937年2月4日，中共中央发出毛泽东起草的《通知收听新华社广播党的政治方针》电文，要求"（甲）新华社广播我们的政治方针，各首长均应指导电台按时接收。（乙）广播时间为下午五时，波长51米至52米，呼号CSR。（丙）有未收广播的应报告。"① 很显然，此处的新华社"广播"，指的就是摩尔斯码明码电讯。这一时期，毛泽东经常在晚上由警卫员提着马灯陪同到新华社来，了解最新消息，并对时局发表评论，指导社里的宣传工作。

1940年春周恩来从苏联带回广播发射机后，中共中央成立了以周恩来为首、由中央军委三局局长王诤和新华社社长向仲华等参加的广播委员会，负责领导筹建延安新华广播电台。当年12月30日口语广播开展起来后，稿件是由新华社广播科负责的，中央三局继续负责机器的维护与播音工作。

1943年春，延安新华广播电台发射机上的大型电子管再次损毁，而这已是该台的最后一个备用管，暂时无法提供补充和更换设备，口语广播节目只好停播。

1944年5月，英国人林迈可夫妇到达延安，看到广播发射机闲置，认为"只要建一个好的定向天线，是有可能把电波传送到美国西海岸的"。② 随后林迈可被聘为八路军总部通讯顾问和新华社对外广播

---

① 中共中央文献研究室编：《通知收听新华社广播党的政治方针》，《文献和研究（一九八六年汇编本）》，人民出版社1988年版，第346页。

② 新华通讯社史编写组编：《新华通讯社史》第1卷，新华出版社2010年版，第201—202页。

顾问，参与指导了发报设备改装和架设天线等工作。两个多月后，口语广播发射机维修好并安装了天线。1944 年 9 月 1 日，这座发射机首次向世界发出了以“CSR DEXNCR”为呼号的英文电讯稿。美国联邦通讯委员会 FCC、《纽约时报》、美联社和合众社都接收和引用过新华社的英文广播。

这种跨界跨洲的传播，极大扩张了延安话语的制空权，也为“XNCR”这一呼号赋予了新的内涵。

（三）“文字广播”用法的由来

据笔者考证，将通讯社无线电明码传输新闻的业务称为“文字广播”，并在全国推广，源于“中央社先生”萧同兹主持国民党中央通讯社后①。此前则罕见这一命名及称呼。1932 年，萧同兹受蒋介石直接委托出任国民党中央通讯社社长，开始励精图治改革。其中的一个重要举措，就是在社内自设电台，通过“全国七大都市电讯网计划”，打造内通外联的新闻传输网，仅仅三年时间，中央社的无线电专线传输就成为当时各报社接收新闻通稿的主渠道。中央社无线电传输新闻的明码电报业务则被命名为“文字广播”，从而与“口语广播”成为并行的两类新闻传播方式。

“新闻广播共分两种：一为播音，二为播文字和电码……外国文字及中国电码广播（即用四个数字的组合代表一个汉字，笔者注）。欧美各国文字发源于拉丁文，全系拼音，字母极简单，发电时无须再用电码，直截了当用原文发出，不过略加省写，减少字数而已。我国文字不用拼音，字形复杂，发电必用电码，故多一次翻译手续。”②“世界各国大通讯社，如英之路透，美之合众、美联及国际新闻社，日本之同盟，苏联之塔斯，德之海通，法之哈瓦斯等社，均有一种文字广播。将采集之新闻，按日广播。由设在各国的分社，按时抄收，编送当地各报。我国报纸每日采用之由中央社转发路透社、合众社、

① 中国人民政治协商会议常宁县委员会文史资料研究委员会：《肖同兹和中央通讯社》常宁文史资料（第 4 辑），1988 年第 9 期。

② 唐际清：《报学杂话》，《大公报》（湖南）1946 年 6 月 18 日至 1947 年 7 月 21 日。

国际新闻社的国际新闻，由中央社直接抄收，选择译发者。故我国中央社总社为增强和集中宣传起见，经交通部特许，每日由下午二时至次晨三时，也有一种新闻电码广播，呼号为 CAP，简称甲播。凡中央社设有分社地方，由分社负责抄收此项甲播，译编缮印之后，分送订用社稿之报社发表。没有设分社的地方的报馆，经交通部登记之后，可自备收报机，抄收应用。所以各地报纸刊载的中央社电讯（本地新闻例外），因来源相同，内容也相同。此外，中央社总社另有广播三种：一为 COP，定名为小广播。时间在每晨九时至十时，内容系简要之国内外新闻，专供战地及敌后各部队及政治工作者，编油印报和壁报之用。二为 CRP，定名为社论广播。专发党报社论或专论，系由中央党报社论委员会主办，目的在统一本党言论及阐扬国策。凡遇重大问题发生，本党主张立刻可以传达到全国各地。三为 CSP，系英文广播。将本国新闻，译成英文播送，专供各国报纸，特为海外华侨所办英文报之用。亦为国际宣传之另一方法也。”①

由此可知，当时的所谓“文字广播”，实际是通讯社提供的以摩尔斯电码为编码系统的明码新闻电报业务。前述的“文字和电码”，更准确地应该说是摩尔斯电码表上的文字与数字。这一编码与解码的系统，不仅与口语广播迥异，而且技术实现与呈现手段也有很大区别，不可将二者混为一谈。换言之，通讯社的明码电报业务与广播电台的口播业务虽均需借助无线电技术，但即使放在任何时空条件下看，二者的关系都不是一种升级迭代的关系，而是并行发展，是两种不同的业务，不能将二者一个作为“前身”，一个作为“现世”。

表 1　　摩尔斯电码

字符	摩尔斯码	字符	摩尔斯码
A	·—	X	—··—
B	—···	Y	—·——
C	—·—·	Z	——··

① 唐际清：《报学杂话》，《大公报》（湖南）1946 年 6 月 18 日至 1947 年 7 月 21 日。

续表

字符	摩尔斯码	字符	摩尔斯码
D	—··	0	—————
E	·	1	·————
F	··—·	2	··———
G	——·	3	···——
H	····	4	····—
I	··	5	·····
J	·———	6	—····
K	—·—	7	——···
L	·—··	8	———··
M	——	9	————·
N	—·	。	——··——
O	———	，	·—·—·—
P	·——·	？	··——··
Q	——·—	；	—·—·—·
R	·—·	：	·————·
S	···	.	·————·
T	—	–	—····—
U	··—	／	—··—·
V	···—	）或（	··——·—
W	·——		

二　延安新华广播电台的组织架构

虽说“文字广播”概念的“普及”和“通用”化过程主要是由于国民党中央社的壮大及采用了这个概念，但如前文所述，直到抗战结束前，中央通讯社的业务都依循的是传统通讯社路径，即从事采集、加工和提供新闻信息，为其他新闻媒体和各类用户服务的新闻机构。其主要职能，是向新闻报刊、广播台、电视台（当时没有电视，因此中央社也未开展这项业务）等新闻媒体提供新闻。不独没有从事广播这类“跨行”业务，更没有创办报纸。

新华社不同。它从红中社时期就间断性地实行过社、报合一的体制。延安新华广播电台开播后，新华社实际又成了一个融报纸、通讯社、广播电台于一体的机构。这种跨媒体运作的模式，在同一时期国统区的民营媒体机构有类似操作，如少数报社还经营通讯社，再如少数通讯社同时经营报纸。但将通讯社、报纸与广播电台几项业务合而为一，综观当时的全国乃至世界，则除新华社外，绝无仅有。

（一）去科层化、跨部门协作的“制”播分离机制

上述融媒体的架构并非新华社自身发展的内部驱动，而是基于当时艰苦的作战环境，在最大限度节约人力物力，并最大限度发挥宣传力的指导思想下，由中共中央统一决策部署的。

1940年，正是抗日战争最艰苦的时候，也是国共两党在各地不断发生摩擦冲突的关键当口。此时身处延安的中共中央，对外发声的渠道却严重受阻。沦陷区不说，就是在已经开展合作的国统区，由于国民党当局实行严格的战时审查，以《新华日报》为首的中共党报和民间报纸也面临发行困难、内容受限等问题。正是在这一背景下，中共中央提出，要克服一切困难，创办自己的广播电台。为克服技术与人事等方面掣肘，只能不拘一格，多部门合作，共同攻克技术难关，其中就包括中央军委三局的无线电队技术人员和新华社新闻工作者。当时，电台播音员、机务工作人员的编制归中央军委三局，广播稿由新华社广播科提供，也就是双重领导、“制”/播分离的体制，一直实行到抗战结束后。

由于新闻信息的编辑和传发系统不在一地（当时新华社在清凉山，与电台所在到王皮湾相距约20公里），因此每天由通讯员骑马将新华社做好的广播稿送到王皮湾的广播电台所在地，供播出使用。

值得关注的是广播科在这一组织结构中的位置。抗战时期，广播科作为新华社的一个业务部门，承担的主要工作就是“改稿”——即把新华社的文字稿改为适于口播——或修改书面化的内容，或使之朗朗上口，或精减文字内容，适于在固定时段播出。换言之，广播新闻的内容主要来自通讯社提供给报刊的相关报道。解放战争爆发后，有时为了提高传播实效，毛泽东等专门为广播撰写的稿件或朱德、王震等名人的演讲，会提前在电台以声音形式呈现，然后被报纸全文转载。

而这种基于以同样的内容进行适合不同媒体平台的再加工、再分发现象，恰好是今天衡量媒体融合程度的一个关键指标。

1946 年 4 月，党中央决定，把军委三局无线电总台担负延安新华电台播音和机务工作的队伍和业务划归新华社电务处管理。6 月新华总社成立电务处，统一集中管理新闻台、通报台、文字广播台和口语广播台后，这才结束了这种技术与业务分离的状态①。也就是说，直到此时，延安新华广播电台才算名副其实的“新华社广播”。而随着 1947 年中共中央撤出延安，延安新华广播电台在坚持一段时间后于 3 月中旬转移至瓦窑堡，电台的名字也改为“陕北新华广播电台”，呼号 XNCR 不变。

1948 年 10 月，新华总社成立广播管理部，负责统一指导解放区各地广播电台业务。1949 年 6 月，中共中央决定，将新华总社语言广播管理部扩充为中央广播事业管理处，隶属中共中央宣传部，管理并领导全国广播事业。中国共产党的广播事业与通讯社事业至此才正式分家。

不难看到，与国统区党办电台归国民党、政府办电台归交通部管辖这种现代社会普遍推行的纵向分割的科层化体制不同，延安新华广播电台的整体运行更加灵活机动，甚至在电台声音播放功能无法恢复前，还能将设备改装为发送电报之用。这一方面是当时艰苦条件下的无奈之举，另一方面也体现了当时中共中央在处理相关问题时机动灵活、不拘一格的创新精神。

抗战时期新华社与中央军委三局密切合作，打通广播业与通讯社事业分属两个行业的思维惯性，以无线电设备为底层平台进行的超常规传播实践，无论是在当时还是现在评判，都是一种组织创新，是打破传统的层级式组织形态而构造的一种全新组织架构，是在一个高度不确定的场景中，对瞬息万变的形势做出的快速反应。这一选择做到了把有限人力、电力与无线电资源的最大化利用。

当时除了新华社，是否还有其他机构尝试过改装和切换无线电发

① 《新华通讯社史》编写组编：《新华通讯社史》第 1 卷，新华出版社 2010 年版，第 449 页。

报台与口语广播台的行为？答案是肯定的。武汉保卫战期间，国民政府交通部的一架1000瓦短波无线电机就被征用为广播电台，用于从事国际宣传。本文认为，上述事件与延安新华广播电台1944年的改装一样，都是面临重大突发性事件时的一种非常规操作；不过武汉短波电台的改装，显然属于一种“低版本、高配置”的技术升级，而延安1944年将发送声音的广播电台改造为只发送电码，技术上属于一种“高版本、低配置”的逆向操作，只有缺少发射机件的特殊情形下才会使用。

现代通讯社本就处于整个新闻业的上游与顶端，其核心业务就是提供给新闻媒体或机构有价值的利于消除不确定性的新闻性信息，因而其着眼点从来都不是媒体形式，而是最新和最有价值的内容。这也是通讯社与报刊、广播、电视等直接面对受众的媒体的最大区别。基于这一机构特征，通讯社会随时更新迭代有利于提高信息传播效率的媒介，无障碍地进行所谓媒介融合，而不是像单一媒介——报纸、刊物、广播、电视等那样，被其外在形态及依此形态搭建的组织架构所绑定，在出现新的媒体形式时，尤其是被互联网新媒体“一网打尽”时，还要在“谁融谁”“怎么融”等技术与组织的外部问题上踯躅不前。

（二）中央高层和一般听众对新华广播的认知

对于这座历尽艰辛创办的广播电台，中共高层自然是高度重视。1941年5月25日，中共中央书记处发布《关于统一各根据地内对外宣传的指示》，强调各地方报纸下的通讯社，应成为对外宣传的重要机关，广播台及起广播台作用的战报台，应划归通讯社，并设立广播委员会专门负责广播材料的审查编辑，并由宣传部指定一位政治上坚强的同志领导之，并经常检查其工作……各地应经常接收延安新华社的广播，没有收音机的应不惜代价设立之。各地报纸的通讯社，应由专门同志负责接收与编辑的工作，应同延安新华社直接发生通讯关系，并一律改为新华社某地分社。关于电台、广播内容与广播办法等，应受延安新华社之直接指导……各地报纸应经常发表新华社广播，其他根据地的广播登载与否，应根据本决定第二项来审查处理。[①] 上述电文的“广播”一词，显然是当时的一种习惯性混用，即同时包含了新华社的口语广播和电讯。

当时中国共产党报刊对广播问题的报道，也多有混用“广播”概念的现象。如 1939 年 6 月 3 日，《新华日报》（华北版）第四版登载的一篇题名为《论学习马列主义诸问题》的专论，副题是“延安新华社广播”。按时间推算，这应该是延安新华社的电讯稿。《新华日报》（华北版）1941 年 4 月 2 日第二版则以《延安新华广播电台，4 月 3 日开始播音，放送中共中央重要文件等》，称其为“延安新华社国语广播电台”节目单显示，当时电台是每日播出 3 次，一次 1 小时。这篇报道的“播音”一词，划清了其与电讯稿的界限。1945 年延安新华广播电台复播后，延安《解放日报》经常刊载该台节目，包括其中播出的歌曲及稿件等，仅当年 9—12 月就有 17 篇，多数为电台播出过的稿件。1945 年 9 月 11 日，《解放日报》头版刊载《延安广播电台，即日开始广播》的文章：“延安广播电台，即日起开始中国国语的广播，呼号 XNCR。”这是当年第一篇提及延安新华广播电台的文章，之后的 16 篇均刊载于《解放日报》第四版，内容均为该台播过的稿件。

还有报纸称“播音”为“语言广播”。如《东北日报》1945 年 11 月开始连续追踪报道的“延安语言广播”[②]，其实是张家口新华社广播的节目单与播出时间。

一般听众对延安新华广播电台的称呼则更加多样。有的称其为“延安广播”，有的则称“新华社广播”。如刊载于 1947 年 11 月 15 日《人民日报》的一篇文章，标题就叫《新华广播在前线》：“来到大别山后，解放军某部，一个分遣出去单独活动作战的大队，在半个月当中，因为行军作战频繁，很长时间，没收听到新华社的广播，指战员们都很着急。”“没有收音机的机关，晚上总是常常接到电话说：‘今

---

① 中国人民解放军历史资料丛书编审委员会编：《通信兵文献》（上），解放军出版社 2017 年版，第 1062—1063 页。

② 《延安语言广播》《东北日报》1945 年 11 月 12 日、13 日、17 日、20 日、23 日第一版都刊载了同样标题的延安广播节目单。

晚收到新华社广播了什么重要新闻。'"[①]

何以产生述五花八门的认知与称谓？

首先，延安新华广播电台开播，是在国共合作的背景下创建起来的。电台开播后，国民党政府要求其向重庆注册认证，但延安新华广播电台显然没有遵照上述要求，而是自主播音。电台呼号“XNCR”的首字母“X”为国际电讯联盟分配给中国的代号，但后面三个字符“NCR”却是中共中央自行决定的，是 New Chinese Radio 即“新中国广播”的英文缩写，因此延安新华广播电台的呼号与当时国统区序列分明的电台呼号并不一致。

其次，延安新华广播电台的报时制度是“上海时间”，跟国民政府 1939 年之后规定的国统区通行中华陇蜀时（东七区时间），等于是开启了一种新的时间叙事，自然也是一种新的话语方式。由此，无论是国民党当局，还是日伪当局，都把“阻断”延安广播的扩散作为一项重要任务。电台开播后，国民党当局一方面秘密侦查台址，另一方面派人“每日指定专员收听，逐日俱报广播内容”还布置河南广播电台就近干扰延安广播，并激计划予以取缔。[②]

日伪当局也有多次干扰电台播出的行为。而对当时的中国共产党来说，延安新华广播电台的“后台程序”是如何运作的、电台名称的规范性等显然都成了次要问题。让更多人听到中国共产党中央的声音，才是当时延安广播的重中之重。

三　结语

随着互联网技术与数字媒体的成熟与推广，“媒介融合”“媒体融合”不仅成了业界的主流操作模式，也成了内涵与外延清晰的一个“新”概念。目前大家具有普遍共识的“媒体融合”，主要指“把报纸、电视台、电台和互联网站的采编作业有效结合起来，资源共享，集中处理，衍生出不同形式的信息产品，然后通过不同的平台传播给

① 1947 年 11 月 15 日《人民日报》的一篇文章，标题就叫《新华广播在前线》。

② 赵玉明：《中国现代广播简史》，中国广播电视出版社 1995 年版，第 75 页。

受众”。但较少有人关注的是，一个新概念的提炼与流行，有时并非新兴事物的标签，而是历史的“潜流”发展到其有目共睹时的产物。围绕延安新华广播电台口语播音的媒体实践，其中既有不同机构之间的密切合作，又有把一种内容加工为适于报刊与广播两种媒介的业务实践，可以说既在机构形态，又在业务流程上暗合了今日“媒介融合”的思想与实践。

从广播史到收听史:加强以人民为中心的广播史研究

刘书峰

(中国传媒大学学术期刊中心编审,《中国广播电视年鉴》副主编,
国家语言资源监测与研究有声媒体中心研究员,硕士生导师)

摘要:在人民广播事业创办80年的历史中,人民始终是中国广播事业的主体。人民广播事业的来源和发展要依靠人民,人民广播事业的使命和目标是人民。在广播史的研究中,人民是广播史研究的出发点和目标,广播史既要记载人民为广播事业作出的贡献,也要记述广播事业给人民带来的影响。广播史的研究应坚持以人民为中心探索,以收听史的研究视角,开拓新的理论视野,发掘新的研究史料,将广播史的研究进一步推向深入。

关键词:人民广播;广播史;收听史

中国人民广播事业于1940年12月30日诞生。80年来,我国人民广播事业从无到有,从广播大国走向广播强国。以《中国广播电视通史》《中华人民共和国广播电视简史》等为代表的中国广播电视史研究,充分记录了人民广播事业取得的辉煌成绩,总结了人民广播事业的宝贵经验。人民是中国广播事业的主体,人民是广播史研究的出发点和归宿。对广播历史的研究应注重加强以人民为中心的书写,以收听史来开拓广播史研究的视野,继续将广播史研究推向深入。

一 历史实践：人民是广播事业的主体

（一）人民广播事业的来源和发展要依靠人民

回顾中国人民广播的历史，坚持人民主体地位是中国人民广播事业发展一以贯之的核心理念。1945 年，毛泽东在《论联合政府》中指出："人民，只有人民，才是创造世界历史的动力。"人民广播事业的来源和发展依靠人民，是我国长期革命和建设经验的实际总结。无论是在革命时期，还是社会主义建设时期，人民群众始终是人民广播历史的创造者，是推动人民广播不断发展的根本动力。"人民群众对新闻广播工作是能动的积极的因素，而不是被动的消极的因素，是不能随意支配的，在某种程度上讲，广播机构不能支配群众，而人民群众则能左右新闻广播工作。"[①] 因此，人民广播事业的来源和发展，都要依靠人民群众。

解放区的人民广播电台始终注意把联系群众、听取群众意见和为听众服务作为重要的工作方针。1945 年 10 月 25 日，延安《解放日报》发表了在广播史上具有重要地位和意义的《大家办广播》，称"人民大众的号角要人民大众来鼓吹"，这既体现了全党办广播的要求，更是呼吁以人民为主体进行广播事业的建设。中华人民共和国成立以来，依靠人民群众的力量，从建设全国广播收音网及有线广播网开始，发展收音员队伍，充分发挥了广播团结和教育广大群众的功能。1983 年的第十一次全国广播电视工作会议后，形成了全国四级办广播、四级混合覆盖的发展态势。随着经济社会的发展，中国逐渐成为广播大国，并与新闻出版电视互联网等媒体一起，整体向"强国"的目标迈进。在新的历史时期，习近平总书记指出："中国梦归根到底是人民的梦，必须紧紧依靠人民来实现，必须不断为人民造福。"[②] 新时期的人民广播事业发展，同样必须始终坚持从人民立场出发，将人民广播的发展与中国梦的实现紧密联系在一起。人民既是中国梦的主

---

① 康荫：《新闻广播学研究》，广播出版社 1982 年版，第 261 页。

② 习近平：《习近平谈治国理政》，外文出版社 2014 年版，第 40 页。

体，也是中国广播实践中国梦、实现中国梦的历史主体。

（二）人民广播事业的使命和目标是为了人民

在1946年9月5日播出的《大家都来说话——XNCR周年纪念广播》中，中国人民广播的初创者在延安台宣告："我们创办这个台，有一个真诚的愿望，就是我们说的话，不仅仅要代表人民的利益，而且我们愿意把它变成全国人民说话的地方。"[①] 1965年9月，毛泽东为广播事业题词："努力办好广播，为全中国人民和全世界人民服务。"这幅带有明显时代特征的题词，指明了我们广播事业的使命和宗旨：广播要为人民服务。为中国人民广播创办奠定了重要基础的周恩来总理，全方位关怀、支持、指导广播事业的发展，在对农村广播、体育广播、少数民族广播、对外广播等多个方面都有十分具体的指导意见。比如有关农村广播，他"从节目设置到方针，从宣传内容到方法，都提出了具体意见，为办好对农村节目指明了方向"。[②] 从中华人民共和国第一代领导人开始，就明确了人民广播为人民的使命和目标。

中华人民共和国成立初期，全国广播收音网及农村有线广播网起到重要作用，通过收听小组等群众收听组织的建立和收听工作的开展，在当时"交通不便、文盲众多、报纸不足"的条件下[③]，充分发挥了广播在政治思想教育、促进生产和丰富人民精神文化生活方面的作用。改革开放以来，广播与电视、报刊等媒体一起进入发展的快车道，成为"我国改革开放和实现社会主义现代化的强有力的新闻舆论工具和宣传教育工具"[④]。党的十九大报告指出，新时代中国特色社会主义必须坚持人民主体地位，坚持立党为公、执政为民，践行全心全意为人民服务的根本宗旨，把党的群众路线贯彻到治国理政全部活动之中，把人民对美好生活的向往作为奋斗目标，依靠人民创造历史伟业。新

---

① 中央人民广播电台研究室、北京广播学院新闻系编：《解放区广播历史资料选编（一九四〇——一九四九）》，中国广播电视出版社1985年版，第72页。

② 赵玉明：《周恩来同志与广播电视》，《赵玉明文集（第二卷）》，中国广播影视出版社2014年版，第65页。

③ 《各级领导机关应当有效地利用无线电广播》，《人民日报》1956年6月6日。

④ 赵玉明：《中国广播电视通史》（新一版），中国广播影视出版社2014年版，第436页。

时代赋予了人民广播全新的任务。随着人民生活的明显提高，当前社会的主要矛盾变化也说明了新时代人民对广播提出的要求越来越高，这就需要通过进一步提升人民广播发展水平来实现。正如聂辰席在2019年全国广播电视工作会议上指出的，新时代的广播工作“要回应人民呼声、满足人民愿望，为人民书写、为人民创作，努力奉献人民喜闻乐见的优秀精神食粮，努力提供人民共建共享的优质公共服务，不断增强人民群众获得感、幸福感、安全感”。[①]

二　内在逻辑：人民是广播史研究的出发点和目标

（一）记载人民为广播事业作出的贡献

人民广播事业创建于抗日战争时期的艰苦岁月。人民广播事业的逐步壮大，是在人民解放战争的胜利后，逐步发展起来的。在老一辈广播人艰苦创业、辛勤耕耘的基础上，新一代广播电视工作者承前启后、勇于创新，创造出当前繁荣茂盛的广播电视事业。在广播史研究中，应重视记录人民为广播事业作出的贡献，加强对广播人物的研究和记载。

在广播史学工作者的不断努力下，2000年，北京广播学院出版社出版了《中国广播电视人物词典》，在全国广播电视系统内选取2600多位杰出代表，成为广播电视优秀人物记录的集大成者；《中国广播电视年鉴》逐年选取当年业绩突出的广播电视人物和新任领导进行记载，细水长流；各地编纂的首轮和第二轮《广播电视志》和《人物志》，则充分在体现地域特色的基础上，为众多已经去世的优秀广播电视人物树碑立传；另外，许多广播电视界人物还出版了文集和回忆录。然而，纵观对广播电视人物的记载和研究，仍然存在数量不足、比例失衡等问题，如有研究者将其归纳为“研究广播电视系统领导的成果多，研究广播电视一线记者的成果少；研究广播电视名播音员、主持人的成果多，研究广播电视名编辑、技术人员的成果少；研究广播电视业界人物的成果多，研究广播电视学界人物的成

① 《聂辰席在2019年全国广播电视工作会议上的讲话》，《中国广播电视年鉴》2019年。

果少”。[①]

在各地编纂的广播电视志中，许多“为早期中国广播事业的开拓、发展有巨大贡献的人，在各地的广播电视志编纂中均未给予足够的重视和相应的记述”。[②] 人物研究是史学研究的重要组成部分，我们应在更广阔的人文社会科学背景下，继续加强广播人物的研究。

（二）记述广播事业给人民带来的影响

从广播诞生开始，这个能将声音传播至无远弗届的媒介就受到人们的喜爱。随着经济社会的发展，广播走进千家万户，走到每个人的身边，一度成为人们最接近、最亲密的媒体。在广播史的研究中，要加强反映人民对广播的态度、情感，如实记录广播事业对人民生活的影响、心灵的抚慰、精神的塑造。“对于人民的态度，历来是党的新闻广播事业的一个基本态度，是区别于其他广播事业的一个显著标志。”[③] 在革命战争时期，广播起到团结人民、鼓舞人心、打击敌人的作用。在探索社会主义时期，广播有教育人民的作用。1951 年，梅益在为《人民日报》撰写的社论中指出，“人民广播事业对城市劳动人民的影响，尤其显著。广播在工厂、矿山和其他企业中，意见证明是进行思想教育、推动生产和开展文化娱乐的有力武器之一”。[④] 1964 年 4 月，陆定一在第八次全国广播工作会议上作报告，指出“广播要搞新东西，特别是移风易俗如火葬、结婚不搞请客送礼、计划生育、婆媳关系等的宣传”。[⑤] 在建设有中国特色社会主义时期，广播更多起到信息传播、经济建设、娱乐服务等作用。1998 年，党中央、国务院启动广播电视村村通工程，解决广播电视信号覆盖“盲区”农民群众收听广播、收看电视问题。近年来，加强

---

① 庞亮:《广播电视历史人物研究三议》,《现代传播》2014 年第 12 期。

② 刘书峰:《正面人物的想象与政治标准的桎梏——广播电视志里的早期广播人物》,《上海地方志》2016 年第 4 期。

③ 康荫:《新闻广播学研究》，广播出版社 1982 年版，第 259 页。

④ 梅益:《大力开展工人中的广播工作》，广播电影电视部政策研究室《当代中国的广播电视》编辑部编:《梅益谈广播电视》，中国广播电视出版社 1987 年版，第 35 页。

⑤ 《陆定一同志与广播电视》,《赵玉明文集（第二卷）》，中国广播影视出版社 2014 年版，第 144 页。

农村地区广播电视无线覆盖，成为各级政府的公共服务职责。

人民是包括广播在内的社会各项事业发展的主体，人民广播事业发展的成败得失必然应由人民群众来检验和评判。广播事业应建立、坚持人民衡量标准，把人民满意作为衡量广播发展成效的基本准则，在广播宣传中听取群众声音、考虑群众意见，让人民群众有更多获得感、幸福感。随着实践的发展，广播史的研究也应注重反映广播事业的发展对人民群众日常生活、心灵情感的影响过程，记载新时期广播作为公共文化服务建设、丰富市民文化生活、保障和提高老百姓精神文化生活重要载体的新发展。

三　发展趋势：探索研究的新视角

（一）开拓新的理论视野

在近20年的人文社科理论研究中，以语言学的转向开始，“转向”成为各学科研究的热门词语。广播史研究的收听史转向，并不完全受西方哲学发展的影响，而是根植于人民广播事业的发展态势及广播史研究本身的内在逻辑。1949年以后，中国共产党对广播事业的投入和对内容播出的调控，把国家事业发展和听众个人体验更加紧密地结合了在一起，广播与听众的互动越发频繁和深入。事业建设方面，从新中国成立初广播收音网的建设到20世纪90年代中后期开始的村村通建设，直至广播成为公共服务体系中的重要一环；内容宣传方面，“长期以来在新闻传播中流行的‘传媒为本’理念正在渐渐为‘受众为本’所取代”。[①]事业建设与内容宣传的发展变化，都直接作用于广大听众，与听众的收听感受息息相关。收听史的研究，将广播这个日常生活的媒体与人们的日常经验建立起更紧密的联系。进入新的历史阶段，广播听众正在成为“具体的、清晰的、细分的，有更多个性化需求”的用户，[②] 从“听众”

---

① 童兵、陈杰：《围绕“五论”的六十年争论——新中国成立以来新闻学理论研究管窥》，《中国地质大学学报》（社会科学版）2009年第9卷第6期。

② 唐晓菁：《从听众到用户——新媒体给传统广播电台带来的变革》，《中国广播电视学刊》2014年第5期。

到“用户”，这不仅是名称或概念上的改变，而且是媒体发展到一定阶段的必然现象，有其背后深层次的经济社会发展逻辑。探索以人民为中心的收听史研究，也成为广播史研究的新视角，成为广播史研究中亟须加强的方面，为广播史的研究增添新的生命力。

新的角度带来新的视野，收听史的研究以更为广阔的社会文化视角探寻广播的历史，建构人们收听广播与国家发展、社会变迁的内在联系，是广播史研究的拓展和深入。广播是一个动态的系统。从事业到内容，从组织到个人，从记者到播音，从录制到传输，从收听到影响，所涉及的主体都应是广播史研究的对象。当前的广播史研究内容最多、影响最大、水平最高的，主要是机构史、事业史、制度史等，收听史重点关注听众的收听行为、收听效果、收听影响，将大大充实中国广播史的研究内容和视野。

（二）发掘新的研究史料

1946 年 7 月，延安新华广播电台向听众发出公开信，征求对开办节目的意见：“在目前播送的新闻、评论、通讯、时事讲话、解放区介绍、故事、歌谣中，有哪些是你喜欢听的，哪些不喜欢听？你还希望增加些什么项目？各报馆及各通讯社对于记录新闻有何意见？你们那里收听的情况怎样？播音时间是否恰当？对播音技术有何意见？如何改进？均请提出具体意见。”① 此后，多个解放区的人民广播电台也纷纷发出征求意见的启示，并根据反馈改进节目，满足人民听众提出的要求。听众联系工作，一直是人民广播事业 80 年来的优良传统和重要经验。作为广播史的研究，应当超越广播业务实践中将听众反馈定位于如何提高节目制作播出水平方面，更近注重其史料价值，探讨听众来信背后的意义，发掘广播对听众个体的影响、对人民生活的影响。

采用什么样的史料作为研究基础，本身代表了研究的方向和旨趣。史学研究的不断发展，正是建立在新材料的发现和对旧材料的重新解读基础之上的。当前的广播史研究以档案、文件、报刊为主要史料来

① 《延安广播电台广泛征求听众意见》，《人民日报》1946 年 7 月 29 日第 2 版。

源，而以人民为中心的收听史的研究，则应在重视以上材料的基础上，更加关注听众个体的具体反应和社会反响。作为广播史研究者，要重视从人们的日记、回忆录、传记、文集、年谱、信件中寻找第一手资料。从这些史料字里行间中体现出的情感、态度、认识背后，挖掘更深层次的内容。在更广阔的人文社会科学视野下，重新认识、发掘史料的意义，从新的角度给广播史研究注入动力，推向深入。

80 年来，中国人民广播事业的发展一直是以人民为中心展开的。人民广播事业的来源和发展依靠人民，人民广播事业的使命和目标是为人民服务。习近平在中央政治局第十二次集体学习讲话中说："我们要加快推动媒体融合发展，使主流媒体具有强大传播力、引导力、影响力、公信力，形成网上网下同心圆，使全体人民在理想信念、价值理念、道德观念上紧紧团结在一起，让正能量更强劲、主旋律更高昂。"[①] 人民是广播史研究的出发点和目标，广播史的研究应既客观地记录人民为广播事业作出的贡献，也应全面记述广播事业给人们带来的影响。在新的历史条件下，收听史作为中国特色广播电视理论研究体系的重要组成部分，有利于将广播史研究进一步引向深入。

［本文系 2019 年国家社科基金重大项目"新中国 70 年新闻传播史 1949—2019"（19ZDA320）阶段性成果、中国传媒大学中央高校基本科研业务费专项资金资助的研究成果。］

① 习近平：《加快推进媒体融合发展，构建全媒体传播格局》，《求是》2019 年第 6 期。

深度融合背景下广播媒体创新及其底层逻辑

王　伟

（北京广播电视台广播研究中心主任）

摘要： 广播媒体于逆境之中创新求变，在内容付费、直播带货、平台运营和短视频领域为深度融合做了多种有益尝试。深度融合的本质是传统媒体面对影响力与收入下滑的无奈之举。未来的媒体不应在危机时才被迫转型，而是要在内部根植创新求变的文化基因，让持续创新、创造价值成为一种信仰。

关键词： 深度融合；广播媒体；转型创新；底层逻辑

2020年是不平凡的一年。受宏观经济环境和新冠肺炎疫情的双重影响，实体经济受创，广告投放锐减，传统广播媒体的日子可谓雪上加霜。常言道：穷则思变。经济学观点也认为，经济下行周期往往是创新的重要机遇期。同年，中央出台《关于加快推进媒体深度融合发展的意见》，广电总局发布《关于加快推进广播电视媒体深度融合发展的意见》，深度融合、创新求变已成为主流媒体肩负的重大时代使命和责任。

一　广播媒体创新热点

回顾过去的一年，广播媒体在内容付费、直播带货、平台运营和短视频领域都涌现出了创新势头。种种迹象表明广播媒体正在以前所未有的姿态融入移动互联网的时代大潮。

（一）内容付费渐成重要商业模式

艾瑞咨询发布的《2020 年中国网络音频行业研究报告》显示，预计 2020 年中国在线音频用户规模达 5.42 亿人，76% 的用户在音频平台有过付费行为，网络音频用户平均花费为 202.3 元。用户付费已成为网络音频行业的主要商业模式之一，付费模式主要分为订阅和会员制，付费内容涵盖亲子、历史、职场、曲艺、情感、二次元、教育、健康、外语等多个类别，主要分为音频节目（播客）、有声书（含广播剧）、音频直播以及网络电台四种形式。音频内容的生产主体及合作模式主要有三类：第一类是各大平台和版权方合作生产。产品以有声书为代表，在整个音频内容付费中占比庞大。版权方通过与各大平台合作开发的模式，共享版权资源，后期收入分成。第二类是商业平台和各类型主播合作生产。商业平台借助各类主播的影响力，采取 PGC、PUGC 和 UGC 的模式生产和制作音频内容。随着 AI 技术的成熟，虚拟语音主播开始崭露头角。第三类是电台 App 和 PGC 主播合作生产。这类内容多是传统广播电台自建音频平台，利用采编播、嘉宾、政府机构等资源形成内容生产闭环，对以 PGC 为主的内容生产者进行统一运营和管理。

在这股付费风潮的带动下，众多广播媒体纷纷加入付费音频的生产行列，其中不乏成功案例。《小虎爱推理》是北京广播电视台音频客户端"听听 FM"出品的系列儿童广播剧，这部剧的核心受众是 6—12 岁小学生，内容定位为亲子推理剧，从校园、家庭、社会多个层面展示当代小学生的成长世界。故事情节围绕着由生活现象引发的"探案"过程展开，带领小听众进入每一个"案发"现场，从细节中寻找"案情"的蛛丝马迹，最终"破案"成功。该剧首批上线 100 集，采用"80 集免费 +20 集付费"的盈利模式在听听 FM 和喜马拉雅平台同步推出，上线一个月就达到了喜马拉雅最高内容评估级别 S 级，进入亲子新品榜第四名。截至 2020 年 12 月底，总播放量超过 3000 万人次，总订阅量近 10 万人，平均每月收入超过 1 万元。后续计划在一年之内上线的付费内容还有 600 集，预估每月能带来 10 万元的收益。按照与剧本授权方的约定，还可在未来 10 年的版权期内持续产生盈利。

（二）直播带货在疫情之下异军突起

一场新冠肺炎疫情让线上经济迸发出前所未有的活力，各路大佬纷纷强势入局直播带货。在这轮热潮中，广播媒体也纷纷下场试水，由广播媒体牵头，网红带货达人配合，为湖北省各类农作物、产品代言。广播的这轮直播带货具有以下特点：第一是以公益为主，以帮扶弱势人群作为带货主要目的，所售商品盈利部分皆由湖北省接收，为促进当地经济复苏贡献绵薄之力。第二是专业可信度高。广播媒体拥有政府信誉背书，很多主持人凭借多年积累在听众心目中树立了良好的口碑，听众愿意听从主播的推荐，从而提高了直播带货的效果。第三是激活了广播媒体的私域流量。广播媒体在线下和线上拥有数量庞大的听众和潜在用户。通过这轮直播带货，广播媒体完成了拉新、留存、活跃、转化、裂变的正向循环，激活了自己的私域流量。而私域流量本身所具有的自己所有、免费触达、反复使用的特性，更是使之成为广播媒体直播带货的天然适配群体。第四是融合了内容输出。广播作为主流媒体在带货的同时还把自身的优质内容融入带货直播中。例如：2020 年 6 月 10 日，北京广播电视台多个广播频率联合推出大型融媒体直播——“京鄂交响曲”。本次直播带货融合广播和视频直播的多种创新玩法，兼顾可听性和可看性，开创了“综艺 + 电商直播”的新模式。本次公益直播当天总观看量超过 1864 万次，总点赞数超过 132 万次，总成交额超过 35 万元，既完成了直播带货任务也输出了优质内容。

广播媒体试水直播带货为探索新型盈利模式做出了有益尝试。从长远来看，在带货达人已经占据商业带货领域之后，广播媒体再进入这个领域，首先是要培养出口碑良好且具有专业素养的带货主播，其次是要配备专业的服务团队，再次是建立必要的激励机制，最后是要充分发挥广播地域化的优势，走出差异化路线。

（三）平台运营开启商业探索之路

各地电台借助客户端和“两微”等社交平台展开立体耕耘，大力提升广播在云端的影响力。在融媒体运营上，广播突破了传统的“自给自足”运营模式，开始探索市场化、商业化运作。湖南广电“芒果动听”由马栏山文创基金和科大讯飞共同创办的合资公司采用市场化方式运营，以生产自制内容为发力点，内容付费将是未来主要的盈利模式。2020 年 3 月上线的中央广播电视总台“云听”客户端主打“听精品”“听广播”“听电视”三大内容板块，通过知识付费、互动打赏、广告营销等业务功能，带动产品逐渐向商业化运营进军。2020 年 6 月上线的深圳广播电影电视集团“深爱听”客户端则以用户运营为核心，垂直服务深圳本地车主，逐步打造政务、教育、交通、健康、医疗等行业领域融合生态圈。

（四）短视频拓宽广播表现形式

短视频逐渐成为传统主流媒体布局移动传播的主战场，其简短、生动、直观等特点与广播的信息传播形式也有一定的天然共性。对于广播媒体来说，走进移动互联网空间，创新表达方式，短视频是一个重要的载体。广播媒体的短视频内容主要有三类内容：新闻、直播、视频短剧。例如：合肥新闻广播 FM91.5，自 2019 年 7 月 30 日在抖音发布第一条短视频，截至 2020 年年底，拥有粉丝近 500 万人，已开通商品橱窗，可实现初级的流量变现。吉林交通广播以主持人播讲脑筋急转弯式的幽默段子为主的直播“疯狂的匣子”，自 2019 年 1 月 8 日发布第一条抖音视频，截至 2020 年年底，拥有粉丝近 200 万人。湖南电台音乐之声主持人戴晓琛的抖音号以办公室幽默对话为主题拍摄了系列视频短剧，自 2018 年 1 月 20 日发布第一条抖音视频，截至 2020 年年底，拥有粉丝近 300 万人。这三个案例是广播媒体探索短视频领域初见成效的缩影。前两个案例与广播结合较紧，但第三个案例在广播元素的基础上更具短视频特性，充分体现了广播人对短视频产品调性的精准理解。

二　广播媒体转型创新的底层逻辑

转型总与危机相连，所谓的深度融合其本质是传统媒体面对用户流失、客户流失、人才流失、平台影响力与收入下滑的转型举措。未来的媒体不应在危机时才被迫转型，而是要在内部根植创新求变的文化基因，让持续创新、创造价值成为一种信仰。无论业务如何发展，广播今天乃至今后的转型都离不开以下三点，即重新定位、布局未来与重塑文化。

（一）重新定位

探讨广播媒体转型的逻辑，知名科技公司微软逆境重生的经验极具参考意义。微软曾在 1999 年年底创下市值 6000 亿美元的历史峰值。此阶段的微软以 Windows 操作系统为核心，盈利模式是收取授权使用费。随着移动互联网时代的到来和智能终端的增长，以个人电脑为基础的核心产品与大环境渐渐脱节。当安卓与苹果通过培养生态建立了难以逾越的护城河，彻底瓜分了移动端操作系统之时，微软彻底错过了移动互联网发展的黄金期，2013 年市值跌至 2248 亿美元的低谷。2014 年第三代领导人萨提亚·纳德接手微软并着手战略转型，第一步就是放下过去转变角色，对微软进行重新定位。微软不再封闭地将 Windows 作为核心增长模式，而是以服务者的姿态积极参与到移动互联网生态之中，通过免收智能手机的 windows 系统授权费；将 Office 等软件推广到竞争对手的平台上；与苹果从对手变为深度合作等一系列举措，重新与移动终端用户建立了连接。

传统媒体的经历与微软相似，都曾因垄断性渠道优势错过了移动互联网发展的黄金时代，错过了低成本培育新媒体渠道与产品的时间窗口。随着传统媒体的渠道价值被移动终端与社交媒体稀释，以广告为主的盈利模式已经摇摇欲坠。广播媒体若要真正实现深度融合转型，必须果断放下曾经作为垄断平台的主导思维，以服务者的姿态嵌入生态，与流量平台展开全方位合作，摸索并适应新生态的规则，成为流量平台的顶级合作者，与用户建立更为紧密的连接。

（二）布局未来

危机的形成并非一两天，转型更不可能一蹴而就。在起步就已经落后的情况下，传统广播媒体应当积极寻找、布局下一个战略机遇期，才有可能转型成功。广播未来的发展机遇是全面云化，创新服务，掌握用户。移动互联网时代用户可以全天在网随时连接服务，这些服务虽然来自不同的企业，但是共享资源部分如数据中台与用户中台将被大型公有云厂商垄断。未来媒体需要更智能准确的分析用户，并以此为基础持续创新迭代产品与服务，支撑其发展需求的“基础设施”必须功能强大也势必会造价高昂。而公有云厂商服务具有规模效应，可按需使用、按量计价，所以任何媒体自建成本都不可能比采用云厂商提供的公共服务模式更低。利用公有云服务将大大降低媒体生产的成本，先与公有云生态靠拢的媒体必将获得先发优势，在市场上更有竞争力。因此，广播媒体深度融合转型，要在现阶段利用各种手段与用户建立强链接，掌握核心用户，布局新时代产品，投资趋势，实现增量。

（三）重塑文化

创新的道理与人生相似，衰老不可逆，在青壮年时培育下一代，血脉才可得以延续。美国管理学家、企业生命周期理论创立者伊查克·爱迪思（Ichak Adizes）在《企业生命周期》（*Managing Corporate Lifecycles*）一书中将企业生命周期分为十个阶段，分别是：孕育期、婴儿期、学步期、青春期、壮年期、稳定期、贵族期、官僚化早期、官僚期、死亡。他指出，任何垄断企业都有蜕化成官僚体系的趋势。当垄断地位可以持续时，危机会被高利润暂时掩盖，但是僵化的官僚体系注定无法对新的市场形势快速做出反应。一旦市场环境改变，垄断地位遭遇挑战，危机就会立刻爆发。如果企业长期坐享无风险垄断利润旱涝保收，内部各级的注意力将更多转移到资源与利益的分配。曾有一篇名为《互联网公司的两万人陷阱》的文章在网络上广受泛关注。文中历数了百度、腾讯、Google、阿里等知名互联网公司在呈现官僚化趋势时是如何通过升级文化与调整公司治理结构使公司保持创业创新状态的应对之道。传统媒体转型不应仅研究成功后的互联网公司如何治理，而是更应该回顾历史，研究他们在创业初期与危机时刻所采取的种种策略。上述企业的业务战略虽然各有不同，但是他们追求创业创新精神的文化是共性。

虽然现阶段广播媒体身处逆境之中，却也是难得的创新机遇期。黑石集团创始人苏世民（Stephen A. Schwarzman）在《我的经验与教训》（*What It Takes：Lessons in the Pursuit*）一书中写道：处于困境中的人往往只关注自己的问题，而解决问题的途径通常在于你能如何解决别人的问题。为人人避之不及的问题提供解决方案才是竞争最小、机会最大的领域。对于用户而言，其媒体使用的场景化、离散化、融媒化趋势不可逆，其有限的时间只能分配给产生更多价值的媒体，所以未来的媒体必须成为个性化程度高、可以为用户省时、省钱且提升效率的“刚需”。对于客户而言，传统媒体应当回归“营销专家”的角色，从销售自身渠道变为整合多渠道资源的用户资产管理者，探索全新的服务场景，为客户精准适配“人、货、场”。能帮助用户与客户提升效率、赚钱，或者能帮助他们节约时间、省钱，媒体的运营与商业模式才能更畅通。在媒体创造价值的道路上，价值是因，利润是果，创新是手段。为他人赋能，才能与他人共赢。

人设奴役与数字劳工：异化理论视角下的直播带货

栾轶玫

（中国人民大学新闻学院教授、博士生导师，
新闻与社会发展研究中心研究员）

摘要： 新媒体时代，网络直播带货成为新的消费形式，众多媒体平台参与直播带货，拉动经济增长，取得了良好的社会反响。本文从直播带货的人设奴役、被异化的主播、平台及受众以及媒介生态的异化等方面对直播带货进行剖析。

关键词： 直播带货；平台中心化；媒介生态异化

截至 2020 年 3 月，我国网络直播用户规模已经达 5.60 亿人，占据了网民整体的 2/3 以上。[①] 可以说，直播成为 2020 年的一大热门话题。虽然直播一定程度上满足了人们的心理需求，电商直播也带动了传统经济产业链的变革，但是在直播的快速发展以及相关行业规范和法规都难以及时配套的情况下，直播行业乱象更加显露。如果说，前几年直播出现的问题仍浮于表面，那么当前直播中的异化已完全凸显并在不断深入。凭借技术支撑、人性驱动、资本介入，网络直播这一生态中的各个流程中都已出现人与社会的异化。

---

① 中国互联网络信息中心（CNNIC）：《第 45 次中国互联网络发展状况统计报告》2020 年，第 55 页。

一 主播异化："人设"奴役

在今天的网络直播中，对立的主体发生了变化，工人变为"主播"，劳动产品转变为非物质的"直播节目"，对立的形式也由"工人被资本家奴役"转变为"主播为人设奴役"。"人设奴役"具体是指人为符号奴役，不仅体现在"人设"这个最终的符号与结果之中，也体现在主播为营造人设而逐渐被资本、平台和市场奴役的过程之中。

（一）对"人设"的符号化追求

带有表演性质的人设本身无可厚非，但当追求"人设"变成一种只是为了迎合大众审美而丢失了真实的本我成分时，就与直播的初衷，即直播的真实感相对立。同时，人设需要长时间持续的营造才能实现标签化，这就意味着人设的"不可逆"。当主播一心只为了追求人设而需长久营造与自己真实的本身具有差别的角色时，一方面会造成主播对自己的角色以及对真实自我的认知迷失，另一方面长时间持续的"人设扮演"，主播会被其营造的"人设"奴役，渐渐地，主播需要为"人设"而活。因为一旦主播行为偏离人设，就会陷入"人设崩塌"，由于"人设"而获得的红利也会消失。

由此我们可以看出，在追求人设的过程中，主播对自身角色的认知以及对本我的认知会慢慢陷入迷失。而主播打造的"人设"在其长时间持续营造的过程中会反过来变成奴役和限制主播的力量，主播这一主体在不知不觉中成了"为人设而活"的客体，也就失去了作为人的自由解放和全面发展，这就构成了主播对于自我角色认知的异化。

（二）对商业的极度单一性追求

主播追求"人设"的目的在于实现商业性追求，对商业性的追求本身并不是一种异化，而是直播正常发展的需要。但是目前异化的趋势在于主播对商业性的极度单一性追求，"极度"意味着主播为了实现商业性利益会不惜采取极端化行为，"单一性追求"体现在主播做直播唯一的目的就是实现商业上的盈利，在这种追求下，无形中主播会被其背后的资本、平台和市场奴役而产生"劳动异化"。

当商业性成为主播极度的单一性追求后，主播会倾向于迎合当前平台的奖励机制和市场的遴选机制，无形之中被资本所奴役。目前平台方的奖励和曝光机制多以单一的数字进行量化，比如抖音中的“抖币”数量，直播间的礼物数值等，数额越高，主播就能获得越多的奖励分成或首页曝光机会；而市场的遴选机制也是流量与数据至上，衡量和选择主播都以其粉丝人数、观看直播人数、直播热度等一个个量化数据为标准。在此标准下，主播会投入大量的时间成本与经济成本以获得更好看的“数据”，比如昼夜颠倒进行长时间的直播或者倒贴钱来运营直播。看似主播是自发地在进行“数字劳动”，表面上也比以往的劳动者获得了更多的自由，但其实该场景下的剥削实现了“去空间化”，主播不再是作为一个独立的“人”存在，而是一个生产剩余价值的工具，唯一的目的就是生产数据产品。

主播处于一个由技术和大数据构成的庞大机制中，在这个庞大的机制中，主播的生产与交流必须借助数字化的平台才能实现，主播的生命也只有附着在数字化的平台上才有意义，甚至才能被看见。在数字化时代中，作为主体的主播被相对于主体的社交平台与市场客体控制，陷入了更为隐匿的数字剥削旋涡中，也就逐渐偏离了自由自觉的类本质。

二 受众异化：“数字劳工”

在直播这一媒介生态中，除了主播为人设而奴役进行不自主的生产劳动，观看直播的受众也演变为“数字劳工”。受众沦为“数字劳工”主要表现在认知与行动两个层面，认知层面是受众对时间的“失判”导致其无法脱离逐渐失去了自身的“劳动主体性”；行为层面主要指受众在直播间的消费行为异化，即受众在看似平等的对话空间中低价甚至免费出卖自身的“数字劳动产品”。

（一）认知层面——时间的失判

受众观看直播的初衷在于从直播中获得有价值的信息，其中可能包含知识的补充或身心的放松，而异化的产生在于当前直播对闲暇时间的侵入和控制已经开始使受众对于其个人时间失去了自主权。由于直播的现场感和互动感需要受众付出较高的时间成本，一旦直播开始，直播的客观环境与人性易成瘾的双重因素影响下，受众会轻易投入大量时间进行全程参与。若受众在直播上消耗了大量的无效注意力后，直播就完全变为压制人的一种力量，并逐渐无法与受众脱离。这种异化劳动“把原本你我的自主活动、自由活动贬低为手段，也就把人的类生活变成维持人的肉体的生存手段”。①

（二）行为层面——消费的失判

媒介的“去中心化”消解了过往传播者和受众之间的权威，实现了平台中的平等交往，一方面体现在受众可以通过发送弹幕、刷礼物等参与直播中，另一方面直播的即时互动性让受众拥有了与主播对话的机会。因此为了获得主播及直播间其他人的注意，受众会不惜花费大量的金钱。

但是，我们也看到，这种“平等交往”是平台与资本营造的一种“虚假平等”，暗含着互联网下新的阶级分化。在过往的劳动异化中，工人与资本家的异化是一种阶级敌对的斗争关系，即工人为了生存而必须向资本家出卖劳动力，资本家在得到了工人的“劳动力”后产生出剩余价值会给予工人以工资为主要形式的较低的价值回馈。信息化社会中，这种人与资本家的异化状态表现得更具“隐蔽性”，甚至有时是受众“自愿”付出劳动，资本平台通过数字技术可以低成本甚至免费获取受众的“打赏”以及各种信息，而这些“打赏”与信息也是属于受众个人的“数字劳动产品”，平台与受众不对等的结果就使受众失去了其作为“人”的本质，也就产生了异化。

三　媒介异化：生态失谐

直播本身是一种媒介形式，直播带货是直播功能的再拓展，但是受新冠肺炎疫情影响，2020 年年初，直播带货爆发式发展，原先的商业模式发展进程被突然打断，数据驱动与资本介入等因素使得带货方与供货方都产生异化现象。

---

① ［德］卡尔·马克思：《1844 年经济学哲学手稿》，中共中央马克思恩格斯列宁斯大林著作编译局，人民出版社 2018 年版，第 54 页。

(一) 带货方: 多方主体卷入造成生态失衡

1. 主播——非专业性主播入场消耗行业“好感度”

除了专业带货的电商主播外，非专业性主播也开始大量涌入直播间，比如明星带货，这些群体参与直播带货多是为了利用平台和自身的双倍流量增加曝光率而获得短期红利。他们的重点在于“直播”而非“带货”，因此往往极度缺乏专业业务能力。

2. MCN 机构——数据泡沫化趋势严重

在全民直播带货的时代，观众注意力成为稀缺资源，而当数据流量成为衡量主播带货能力的重要指标时，便涌现了大量虚假数据和数据造假行为，并逐渐形成一条畸形的“流量产业链”，数据泡沫化趋势严重。在这条“流量产业链”中，MCN 机构发挥了重要作用。MCN（Multi-Channel Network）是一种新的网红经济运作模式，主要是将不同类型和内容的 PGC（专业生产内容）联合起来，在资本的有力支持下，保障内容的持续输出，从而最终实现商业的稳定变现。但是当前 MCN 机构乱象严重，从主播的粉丝打造到主播带货的成交量再到直播转换率，每一个流程中都存在不同的“刷数据”现象，共同制造出直播带货流量的虚假繁荣。

3. 直播平台——平台中心化加剧马太效应

移动互联网的发展与普及使得直播不存在技术门槛，抖音、快手、B 站等移动直播平台基本实现了无障碍操作，线上的社会化与高科技的平民化发展看似成就了传播的平等，但是在“入口平等”的背后仍存在“规则不平等”。一方面缘于内容平台的中心化，这决定了主播直播带货的中心程度，以淘宝、抖音为典型代表的移动直播平台多以“优质内容”为导向，中心化程度比较高，大约 3% 的视频占据 80% 的用户播放量。而流量是主播带货的基础，因此流量推荐及中心化机制会导致流量多集中于头部，从而引发马太效应；另一方面由于受众的注意力有限，头部主播的内容已基本满足了用户需求，那么其他的腰部和底部流量很难被用户关注，这也就进一步推动了马太效应，“头部越强，中小主播就越弱”，逐渐形成头部主播年收过亿元，腰部和底部主播生存艰难的极端模型。在当前的直播电商中，以李佳琦、薇娅和辛有志为首的头部流量主播聚集了大部分流量，成为行业的天花板，而随着进入者的不断增加，场内竞争加大的同时马太效应也会明显加剧。

（二）供货方——“低价竞争”造成“低质”模式

当前直播电商背后，是以价格为主导的同质化竞争，可以说“低价”是吸引流量、促进转化购买的主要因素之一。但是正规商家与品牌不可能长期以低价进行售卖，而头部主播对品牌、商家的产品价格又拥有更多定价权，这就导致许多中小主播和商家难以一直以低价来留住消费者。那么为了持续获得盈利，中小主播或商家只能通过采购来源不明、质量存疑的产品，或者真假掺卖的方式来进行售卖。同时，平台方和政策方未及时跟进出台相应的监督和管理措施，导致直播售卖假货与低劣产品和相应监管脱离。“主播带货”成本转嫁给商家，最终商家无法承受然后转嫁到消费者身上，由消费者买单，由此陷入一个恶性循环，长此以往，不仅不利于整个行业发展，还会产生更多低质低价产品，逐渐使得电商渠道成为低劣、制假售假重灾区，而消费者也会逐渐放弃直播带货。

“直播带货”模式旨在于将供货方、带货方和用户三者之间实现互动，通过营造“共在”的社交场域精准消费需求，增加消费数额和提升品牌效应，同时在这一良性互动中带动直播这一媒介生态的发展。但是当前的“直播带货”已变成一种资本游戏，当“直播带货”被用来为资本服务时，异化现象就会出现在各个环节中，逐渐违背直播带货的初衷。长此以往，直播生态陷入单一化，而丧失多样性的媒介生态注定会走向生态“失谐”，从而阻碍直播生态的良性发展与直播生态中“人”的自由解放与全面发展。

视频化:广播融合发展的新机遇

张阿林
(安徽广播电视台副台长)

摘要: 随着全球化发展的加剧,数字化和人工智能也在快速发展,2014年媒体融合成为国家战略。在这样的背景之下电视媒体不断进行融合,而传统广播的变革却面临着艰难的抉择。本文根据安徽卫视在广播融合发展中的实践经验,探讨了广播融合发展的新机遇,即视频化,从而为建设新广播生态提出建议。

关键词: 新广播;媒体融合;视频化

2014年我兼任安徽卫视的总监,这一年中央正好提出媒体融合发展的国家战略。2013年总书记首次提出媒体融合,2014年成为国家战略。我们一直在思考,也一直在实践,电视的媒体融合到底应该怎么做?融合发展应该怎么做?我在电视的实践中苦苦追寻融合发展,在广播的实践中,找到了广播融合发展的出路,也就是视频化。视频化实际上存在于我们生活的方方面面。信息的碎片化、视频的短小化成为了我们生活的基本要素。

随着数字化和人工智能的快速发展,传统广播也面临着转型与发展的关键抉择。我们都在行动,怎么做?百年广播面临着变革的艰难选择,那么视频化可以说成了广播融合发展的重要机会。1993年5月1日,中央电视台播出了《东方时空》,这是中央电视台的电视新闻改革的一个标志性栏目,它改革的最大载体就是它语态的变化。2020年我们实践的广播视频化，同样也是广播语态的一种新变化。

一　广播转型发展的四大机遇

第一个机遇是政策性机遇，关于打造新型主流媒体、主流队伍进入新媒体主流阵地，它的极端重要性，总书记多次讲过，而且各地也出台了相应的措施，县级融媒体中心的建设已经完成。在县级，无论是广播节目还是电视节目，它们融合的视频化过程基本完成，现在的难点就在市级、省级。所以关于这个千载难逢的机遇，第一个就是政策的机遇。在这将近八年的过程中，习近平总书记亲自谋划策划，推动媒体融合的发展，而且中央政治局与全媒体时代的媒体融合发展专门进行了集中的学习，包括党的十八届三中全会和刚刚结束的五中全会关于“十四五规划”都明确提出媒体进行深度融合的任务。这些都表明媒体融合迫在眉睫，而且肩负使命重大，相关政策给我们提供了强大的支持。

第二个机遇是技术性机遇。互联网经历了从传统互联网到移动互联网再到现在的智能互联网的发展阶段。传统互联网主要是靠固定网络，终端为 PC 机，它解决的是信息传输的问题。移动互联网主要是以 3G、4G 为传播渠道，终端为智能手机，它解决的是生活中的问题。现在的智能互联网是以移动互联网、大数据、智能学习共同组成的一个智能系统，是网络、感应、数据、人工智能的综合体。它不是 4G +，它就是 5G。项立刚先生在有一本书叫《5G 机会》中总结了 5G 的六个特点：第一个是高速度，就是在上传速度上，4G 是 6 兆，5G 的上传是 50—60 兆，是它的 10 倍。在下载方面，5G 的速度理论上是 4G 的 20 倍。它的带宽是完全不一样的。第二是它的范阵，它可以遍布我们生活的角角落落，甚至是矿井下面。第三是它的低功耗。第四是它的低时延，这个低时延是非常重要的。3G 的时延是 100 毫秒，4G 是 20—80 毫秒，5G 是 5—10 毫秒。毫秒是个什么概念？一秒等于 1000 毫秒，也就是说我们眼睛眨了一下就是 1000 毫秒，而 5G 只有 5 毫秒到 10 毫秒，也就是说它远程控制是几乎可以做到面对面的操作。那么从精确点的来讲，比如手术刀，如果远程控制的话，那一刀切下去的时候，切得是非常精准的，但是如果是4G就会有延时，有可能就切错了位置。还有就是它的万物互联，这个万物互联恰恰是广播的机会，因为随着智能汽车、新能源汽车的逐步普及，车联网、物联网将会成为车载系统的一个重要平台。那么在车联网、物联网里面，会植入大量的App和相关的系统。广播进入车联网和物联网，也就是广播可以直接切入新基建的。另外还有一个是网络安全，只有安全，网络才有价值，所以技术对视频化的强大支撑实际上就在我们身边。总书记说“一粒种子可以改变一个世界，一项技术可以创造一项奇迹”。

第三个机遇就是行业变革的机遇，实际上就是与时俱进的广播融合发展的机遇。在2009年到2019年这十年间，中国的电视走了一个倒V字形，它的转折点在2013年年底到2014年，因为在2013年年底发布了4G牌照。当时广播电视的大部分人都没有意识到这个牌照会对这个系统带来强大的冲击。所以从2014年开始广播电视在网络的疯涨下和网络的侵蚀下断崖式下降。广播的下降趋势现在已经开始走缓，但电视依旧在下降，所以行业的变革机遇摆在了我们的面前。

第四个机遇就是需求性机遇，除了主流阵地的建设和主流意识形态的工作职责使命，另外还有巨大的社会需求潜力和发展的空间。仅仅从广告价值来看，《2020中国电视收视年鉴》有个数据，到2019年年底，全国拥有广播电视台2422座，广播的广告收入是121.2亿元，也就是说它占整个广播电视广告收入的12.1%。那么2019年短视频的电商直播收入是1128亿元，而到了2020年，今年上半年的整体市场规模就达到了1302.4亿元，视频化带来的市场空间巨大。

二 改变传统的广播生态，建设新广播

（一）观念的改变

第一是改变广播从业者的专业思路，打破广播工作的局限，使广播人的音频思维变成全媒体思维，这个空间思路的打开可以使广播的多元发展成为现实。第二是改变听众对于广播的认知，听众对于传统广播的认知是声音这种音频。另外一个也改变了用户对接受方式的认

知，所以广播节目的视频化不仅极大丰富了平台的信息和表达的方式，而且更增加了平台的互动性，也解决了听众、用户想知道谁在说、怎么说的好奇心，优化了接受的体验和习惯。

视频化的革命性意义是改变了广播传统的工作模式。视频化使广播进入了一个崭新的发展阶段，它改变了广播从出生以来就是音频信息传播的“经典”传统形象，它的工作模式由“音频”转化为“音频+视频”的“双语言”工作模式，而这种语态的变化和1993年“东方时空”语态的变化是一样的。如果说“东方时空”语态的变化是接地气的，是以人为本的，是讲述老百姓的故事，那么现在的“双语言”视频化同样也是接地气的，它改变了用户对广播的认知和接受，而且视频化增量了年轻的用户，所以广播的这种“双语言”形态，我们称为“新广播”，也就是具有互联网基因的广播。

这种新广播“双语言”的工作模式不仅使广播的前后期概念发生了质的变化，而且也对广播工作者提出了技术的要求。视频化的装备也成为了标配，技术对广播的引领显得更为重要。以前技术对广播电视的引领主要体现在电视上面，只要电视设备一转型升级，那么电视就开始转型。2K、4K，现在还有8K，那么广播转型是在哪里呢？但是视频化同样也是技术，会改变广播的发展轨迹，会创新广播的生态系统。

（二）构建新广播的新生态

一是视频化把传统广播从“只能听”的原生态转化为不仅“能听”而且同时“能看”的声画共用的“音频+视频”的“双语言”生态模式。原生态实际上从1906年马萨诸塞州播出的谈话、音乐的声音，按照广播的技术标准模式，它可以视为为广播诞生的标志。但是1920年，在纽约播出了全世界的第一条新闻，也就在当年美国政府向一个KDKA的广播电台发放了第一张牌照，所以我们的百年广播史是从那第一张牌照开始的。广播的原生态从1906年开始，它就是一种声音载体。这么多年了没有变化，但是视频化改变了广播的整个生态系统，所以这种“双语言”的生态模式加上广播天生具有的低成本、可移动，伴随便携等新媒体的特质，使广播成为一种新的新媒体形式，构建广播的新生态系统成为可能。从阵地上来说，它扩大和强化了新型主流媒体的新阵地。

二是视频化通过移动互联网实现了广播播音现场的可视化、内容的可视化、场景的多元化、交互的及时化。它增加了用户的新体验，尤其是对年轻用户的注意和吸引，它通过5G技术将给广播的视频化带来不可估量的潜能。

试论广播融媒体平台整合与变现策略

卢文兴

（华人头条总编辑、阳光学院现代传媒系教授）

摘要：本文通过文献分析、实地调查和案例剖析，倡议广播融媒体不仅要精简精办传统频率，也应对线上多元媒介矩阵进行整合，以避免所构建的平台和注册的账号，在互联网技术更新迭代中遭到淘汰。文章建议从统一广播线上线下媒介一体化概念和媒体整体印象开始，对已有的平台账号整合，抓大放小、聚焦挖潜，走规模化集约化运营道路；积极探索“新闻+政务服务商务”的运营模式，拓展媒体传播新功能，从收集、传递信息为人们生产生活提供参考与指导，转型升级为利用信息为人们生产生活面临的各种问题提供整体性的解决方案；在互联网传播进入成熟运营阶段，坚守专业化路径，打通线上线下两种传播之间的专业障碍，从合格的广播人转为专业的互联网传播者；改变传统营销模式，探索广告经营与产品销售相融的多元化变现渠道，为广播融媒体的不断做大做强开辟出广阔的新天地。

关键词：广播融媒体；平台整合与变现；策略

在越来越多的报纸停刊、电视频道关闭或被合并的情形下，广播人也在不断地收缩传统广播频率和线下传播活动，整合优质资源用于构建线上多元媒介矩阵。这是因为我国传媒市场份额80%以上被互联网平台所拥有，留给传统媒体的不到20%[1]，处于弱势地位的传统广播所获更少；与此同时，广播转型升级后的融合传播，不仅收复了传统广播丢失的市场“版图”，还在总体上形成了略有扩张的态势。据中科网联的最新统计，2020年全国广播累计触达6.78亿名用户，环比扩增1.34%。[2]

对于发展势头正猛的互联网广播，本文从文献分析、实地考察和案例剖析中发现，也需要未雨绸缪地进行平台与账号的整合。其原因在于，随着互联网新技术的迅猛发展，既带来了许许多多更加契合人们需求的新产品新玩法，也因为迎合人类喜新厌旧心理而导致不少的互联网产品在更新迭代中消亡。如广播人耗费了大量心血耕耘的SP、BBS、WAP等，现已日渐式微；曾经风靡一时的门户网站，鲜有网民问津了；坐拥3亿用户的腾讯微博，已于2020年9月永久关闭；“今日头条”母公司“字节跳动”旗下的“悟空问答”App，也不时传出难以为继的信息了；日活超5亿人次的新浪微博和近11亿人次的腾讯微信，在快速崛起的短视频和直播带货的冲击下，未来究竟能走多远也不得不让人深表疑虑。

因此，广播布局线上的多元传播平台，一方面需加强互联网新产品的研发和运用，从最大限度满足用户需求中造就传播新优势；另一方面应果断舍弃被迭代的和谨慎投资发展潜力有限的互联网产品，将宝贵资源整合到极具活力和上升空间的新型传播平台，并注意拓宽营销变现渠道，以确保媒体社会效益与经济效益的良性循环。

一 基于媒体集约化运营的整合

当前，广播线上多元媒介矩阵的用户在急剧增长，有的与线下受众平分秋色，有的甚至远超线下受众，但线上营销的贡献率远低于线

① 吴振东、周琳：《中国网络媒体论坛：于变局中开新局》，https：//xueqiu.com/6697055042/160117698，2020年9月28日。

② 《12月广播融播指数EMC榜单》，https：//www.sohu.com/a/446712461_738143，2021年1月26日。

下渠道。问题的症结在于，广播“互联网+”所形成的新型传播平台，目前在媒体属性规定上尚未形成一个统一的概念，有“广播+”的说法，也有用“广播+音频”替代，还有的提议“大音频媒介”。对广播线上线下媒介的不同定义，正是广播媒体多元化传播态势的真实反映。广播线下受众与线上用户分散在多个端口，媒体的营销也存在线上线下两个渠道分头进行，广播电台或广播传媒中心、广播各频率、节目部或节目组以及个人，在经营上八仙过海、各显神通，受众、用户乃至广告发布者的思维中，尚未对广播线上线下媒介矩阵形成整体印象。

此外，广播在线上构建的多媒介矩阵，经营管理上也面临三方面困扰：一是传播资源与力量的分散，难以打造“拳头产品”；二是广播人线上经营人才匮乏，摊子铺大了，增加了投资风险；三是不少广播线上媒介的粉丝与流量总体上不少，而分摊到各平台就都不够用了。

可见，广播线上传播平台与账号的整合，必须走规模化集约化发展道路。首先，对广播“互联网+”的内涵与外延，应当有一个清晰的媒体形象定位。从当前广播所布局的“传统广播、官方网站、网络电台、微博微信、客户端、小程序”等平台与账号，线上线下融合传播文本、图像、音频、视频等多形态信息，本文认为用广播融媒体这一概念囊括广播线上线下所有媒介更符合实际，也容易形成整体印象并得到社会各界的广泛认可。

其次，在平台与账号的选择上需抓大放小、聚焦挖潜。选择距离流量规模效应最接近的平台账号，而后集聚资源和力量，在相对集中的时间内迅速突破，达到平台发布广告所规定的流量基准规模和自我开展营销活动所需要的流量底数；同时，注意瞄准全网性、成长性和未来性的平台账号，追求传播大场景、发力经营大赛道。

再者，在运营管理机构设置上坚持分进合击。即吸粉引流突出广播各频率、栏目和节目主持人的个性化优势，开展营销则应将线上所有平台和账号集中起来，凸显广播传媒的整体性优势。这既是媒体做大做强提升市场竞争力的要求，也是互联网新兴媒体“赢者通吃”的规律所决定的。同时，整合经营机构，既可避免内耗，又有益于提升效率，节约运营成本。

当然，集约化运营也应视平台规模而定。像中国之声、中国交通广播、中国环球资讯广播等国家级及一些省级头部广播频率，线上月均点击量超千万人次乃至亿万人次的，即使在多个平台与账号上进行运营，也能产生规模化效应。

在推进广播融媒体集约化运营的过程中，还应始终以社会效益为先。对于一些服务特定群体和担负特殊使命的广播线上平台与账号，必须舍得投入最优质的资源，确保其社会效益的最大化。

二 基于媒体新功能拓展的整合

国际传播学奠基者认为，媒体在参与社会信息的收集与传递中，承担着三项基本功能：守望环境、协调社会各部以回应环境和使社会遗产代代相传。[①] 后又增添了一项功能："提供娱乐"。

进入互联网传播时代，信息收集与传递的网络化、数字化和智能化，为传媒的社会服务拓展了新领域，增添了新功能。这从早期门户网站新浪等涉足政务账号并形成数十万规模，到后来各级政府纷纷自设政务网站；从腾讯研发的微信支付中日益增多的社会生活服务项目，到美团团购业务的风生水起，可以看出互联网传媒在社会服务中的无限可能。

基于此，我国在2018年推进全国县级融媒体中心建设时，提出了"引导群众、服务群众"的新要求。2020年在建设互联网新型传播平台时，进一步要求创立"新闻+政务服务商务"的运营模式。

这是传媒变革的重要方向，也是其营销转型的必由之路。我们知道，传统媒体是通过创作优质内容增强自身对受众的吸引力，从而在传媒市场中获得更大的份额。这是媒体自诞生以来数百年赓续不变的运营规律。互联网传媒对吸粉引流的持续发力也是基于这一原理。只不过互联网传媒在吸粉引流之后，既盯着传统广告市场，更瞄准现代

---

① ［美］哈罗德·拉斯韦尔：《社会传播的结构与功能》，展江、何道宽主编，中国传媒大学出版社2013年版，第132页。

数字经济；既争取更大的传媒市场份额，更做强数字经济产业。传统媒体与互联网传媒的深度融合，需要把这两种运营模式有机结合起来，从媒体广告“小天地”，进入经济社会“大世界”。

广播融媒体平台整合，也需循着这一新发展轨道大步前行。即在线上线下多元传播运营中，从收集、传递信息为人们生产生活提供参考与指导，转型升级为利用信息为人们生产生活面临的各种问题提供整体性的解决方案，从期待获得更大广告“蛋糕”，转为努力在数字经济大产业中作出更大贡献，从而为媒体营销开辟更大的市场空间。

其实，广播自成立媒体工作室和 MCN 机构起，就开始了直接服务社会功能的探索。如广东珠江广播 2016 年推出的第一个主持人工作室——“黎婉仪财富管理工作室”，为社会提供理财服务；河北交通广播“郑毅汽车工作室”，业务涉及汽车全产业链产品开发，利用频率和电子商务平台销售汽车后市场产品，开展新车、二手车、汽车零部件等信息综合服务。

打造 IP 矩阵，探索直播带货，是广播融媒体新功能拓展的又一重要举措。浙江广播城市之声 6 个主播抖音账号的粉丝总量，截至 2020 年 10 月底已超过 1000 多万人次，成为媒体营销的主要依托。湖南广播音乐之声主播戴晓琛抖音账号粉丝量迄今已超过 300 多万人次，点击量达 15 亿次，为开展直播带货打下了坚实的流量基础。广东广播音乐之声主播林琳，2020 年第一季度抖音直播月均音浪 200 万（折合人民币 20 万元），直播带货 30 分钟破 500 万销量。

2020 年年初，新冠肺炎疫情暴发后，广播融媒体在助力复工复产和疫区经济恢复中，更是发挥了积极的作用。应当看到，广播融媒体在政务服务商务中的探索，与传统广播早期开辟的多元经营道路，既相同又有区别。相同之处在于都从经济社会后台走向前台，也都依托主流媒体的社会公信力和影响力。但传统的多元经营，有的与媒介本身毫无关联，如涉足房地产业等；有的虽也在媒介平台上运营，如广播专题节目的产品销售，但其模式及成效与当前视频化营销完全不同。传统的广播专题营销，是通过主持人在节目中的推介，用户对产品认知无法做到目睹；而直播带货既避免辗转各实体店的麻烦，又可在视频直播中直观地对产品进行全方位审视，在“人、货、场”三要素高度统一情形下，由品牌、信任、体验和社交等元素共同催生线上卖场，从而带动消费市场的新风口。具有主流媒体公信力的广播，在拓展媒体新功能的平台整合中，进入视频化新直播领域，既可增添服务社会新渠道，也增强了媒体的自我造血机能。

三 基于媒体专业化路径的整合

从总体上看，广播融媒体在网红达人排名和直播带货总量上，远远落后于淘宝、快手、抖音等互联网平台。在国家商务部发布的2020年第一季度全国400万场直播中①，广播线上传播平台所占的比例少之又少。这说明，广播融媒体在直接服务社会生产生活方面还有极大的上升空间。

同时，在全国网民已达到9.4亿人时，互联网平台的粉丝与网民总量的天花板已非常接近，线上传播领域的蓝海正加速转变为红海，李佳琪、薇娅、罗永浩等“顶流”网红达人不可能总是创造奇迹，一些网红、明星靠庸俗手段直播，或许一时能乘风破浪，但在广大消费者的理性回归之后，虚浮的光环终将湮灭。被爆假燕窝、假羊毛衫和频上热搜的直播“翻车”事件，说明理性的力量始终没有退场。

互联网成熟运营的制胜之道，始终取决于媒体的专业化水准。而这对于在专业传播领域经历了百年风云的广播来说，无疑是一个重大的发展机遇。相较于各大互联网平台良莠不齐的传播大军，大多来自985、211名校的广播人，个人素质、形象气质、声音条件、专业水平都稍胜一筹。广播从20世纪80年代出现“珠江模式”后，已经有30年的直播历程，在主题策划、直播定位、优质内容创作、现场组织和把控、吸粉引流等全流程驾轻就熟。正因为如此，抖音在2020年推进带货直播时，把与各大主流媒体的精诚合作，作为其开拓新领域业务的取胜“妙招”。国家级省级广播融媒体精心策划的一场场直播带货，

① 李逸萌：《直播带货为什么这么火》，www.xinhuanet.com/fortune/2020－04/30/c_11259254-05.htm，2020年4月30日。

取得了远超广告收入的靓丽业绩。

因此，广播线上平台的布局与整合，必须以当前屡禁不止的互联网传播乱象为鉴，坚守主流媒体的责任担当，以专业化和高品位的内容，扭转“劣币驱逐良币”的非典型发展规律。“触网”的广播人，不仅要保持原有的专业优势，还应虚心学习和掌握互联网传播新业务，打通线上线下两种传播之间的专业障碍，从合格的广播人转为专业的互联网传播者。这是互联网传播时代大多数广播人亟须补上的关键课程。社会上的许多MCN机构的内容生产，之所以被称为伪原创，就是因为他们并没有进行真正的原创，而是对专业媒体机构和自由创作者所生产的内容进行互联网化包装，使之更符合网络用户的欣赏口味。那些线上广播播放量超千万次的头部频率，其成功经验即改变原来将线下内容直接搬到线上的传统做法，而是根据各种场景下用户的使用习惯，有针对性地进行碎片化改造，使信息标题、导语、形态、风格和线下传播内容完全不同，更具新闻性故事性，更能满足人们的好奇心理，从而最大限度地吸引眼球。

广播融媒体的发展壮大，不能没有更多的“刷屏”“爆款”和现象级产品的支撑，更不能失守“舆论引导、思想引领、文化传承、服务人民”的传播制高点，[①] 这是其作为新型主流媒体的专业要求。所以，无论在线下还是线上，广播人都不能在报道重大事件、传播重要主题上降低标准，在保持正确的政治方向、舆论导向和价值取向上放松要求，在追求真善美、传递正能量上无所作为。实际上，在全国广播频率中吸粉引流最多的，往往是在“硬核信息”传播中表现更出彩的。

广播融媒体的专业化之路，还必须面向广大的下沉群体，把公益性传播作为其坚持人民性的重要体现。在当前疫情防控和发展经济中，多做一些如“支援疫区恢复经济直播”“支持小微企业复工复产直播”“脱贫攻坚直播”“乡村振兴直播”“滞销农产品直播”“推动国内经济大循环直播”等，这是广播线上传播平台有别于一般互联网传播平

---

① 李秋红：《建设广电新型主流媒体，如何推进融合化、高清化、特色化发展》，https：//www.163.com/dy/article/G0MKBMOU0517D57R.html，2021年1月19日。

台的重要特征。

四　基于媒体多元化变现的整合

广播自建融媒体平台，需要高投入与高效益的有机结合。高投入是产生高效益的前提。没有巨额的投入，就不可能有新技术的开发和新平台的构建，更不会产生高效益。高效益是高投入的目的。没有效益的投入，既浪费资源，也不可持续。

当前，提升广播线上平台传播效益，需纠正投入与产出的一些认识偏差：

一是整合广播频率融媒体平台以打造“信息航母”为终极目标。制定发展时，未同步思考吸粉引流与经营创收的联动。媒体营销不善于发挥线上庞大流量的作用，仍以线下创收为主渠道。

二是对全网开放性公域流量与封闭性私域流量的认知不准确。全网开放性平台，拥有通畅的“内循环”，私域发展到一定量，会得到公域的“助推”，使得流量直线上升；而封闭性平台，没有“内循环”，所有私域账号只能面向“外循环”孤军奋战。二者在流量成长性上大不相同。如微信公众号拥有“十万+”就很不容易了，而在抖音、快手等平台上注册账号，“十万+”稍加努力即可达成，“百万+”“千万+”也不是遥不可及。

三是以为平台账号流量是“蓄电池”，只会越攒越多。其实，互联网平台总流量池的增长，已进入相对稳定阶段，而随着越来越多的平台账号参与分流，各平台账号的平均流量只能不断减少。同时，流量既可从公域向私域流动，也可由私域向公域转移。也就是说，流量稍纵即逝，不及时变现，就将错失良机。

四是误以为只有优质内容才能吸引流量。其实，账号的准确定位、平台发布的优质内容、网红主播的人气聚集力和丰富而又优质的产品是相辅相成的。流量集聚与平台变现的同步进行，也就是在经营中成长才是事半功倍的方式。相反，意图通过自身内容优势引流吸粉，等待有了足够的流量再开展经营则事倍功半。

五是经营上除了收入平台的有限奖励费，不愿意探索流量变现其他模式和渠道，更不敢自建流量运营团队和产品营销链条，都必然影响平台账号的经营收入。

上述五个方面的理念偏差，也并非广播人所独有。正因为有更多媒体人和自媒体人在内容经营和变现上的“不作为”，才有了当前全国数万家的 MCN 机构专门承担这一职能。

这充分说明，要实现投入与产出的平衡发展，广播人首先要跳出传统媒体一门心思做大广告“蛋糕”的思维框架，探索广告经营和产品销售相融合的多元化变现渠道，为广播融媒体的不断做大做强开辟广阔的新天地。

厦门广播电视集团打造七淘广播社群，即是多元化变现的一个典型案例。其新颖之处在于提出“直播电商 + 社交电商 + 社区经济”三位一体的媒体电商新模式。七淘广播社群自 2020 年 3 月成立以来，借助区域媒体公信力、融媒整合传播力（包括广播、电视、新媒体及户外 LED 屏等全媒体资源的整合）、广电专业技术力（包括专业拍摄、采编、制作、播出设备和团队）、主播人气号召力（各广电台的当家主播或主持人，都可谓是当地最具影响力的意见领袖），通过广播广告、节目口播宣传、每周直播秒杀、品牌直播专场、邀请人群有奖、活动现场吸粉、线下地推等多种形式，在厦门本地建立起 70 多个微信社群，群内粉丝超过 3 万人，且 95% 以上是七淘商城平台购物会员。2020 年 10 月，七淘广播社群 25 辆集烹饪、影音播放、车身广告于一体和配置了七淘电商系统、供应链资源的“网红地摊车”亮相社区街道、商圈广场，进行体验营销、品牌宣传、扫码人群送礼等活动，成为地面推广的“吸粉”利器。①

福建省广播影视集团广播传媒中心旗下 7 套广播频率拥有数千万线上流量，采取自我变现与借力变现两大策略。其中，都市私家车广播、交通广播等单频率线上粉丝数百万人的，通过“人、货、场”品牌化合力营销，探索自我变现新路径。其他频率抱团并借助社会化

① 王东、王子午：《案例｜打造三位一体城市媒体电商新模式》，https：//new. qq. com/omn/20210121/20210121A003PZ00. html，2021 年 1 月 21 日。

MCN 机构进行流量增强和营销变现，获得可观的经济效益。

当然，任何营销都不允许削弱广播融媒体对社会效益最大化的追求。为此，在多元化变现整合中，需坚持三个方面的底线要求：一是建立与 MCN 机构的合作必须有所选择。对于平台账号流量较少，或自身经营团队与产品供应链不完善的广播融媒体，可通过与口碑好、有经验的 MCN 机构合作，对存量和增量内容进行互联网包装，增强平台账号的吸粉引流能力。在与 MCN 机构开展经营合作时，必须加强对内容包装的审查，以确保政治方向、舆论导向和价值取向不出任何问题。同时也需要对产品种类和品牌质量做出一定的限制，以确保规范健康运营。二是无论是自我变现还是借力变现，都应坚持有所为有所不为的原则。任何营销模式，都决不为假冒伪劣产品开绿灯，也绝不与互联网传播中现存的任何乱象同流合污。三是要防止过度商业化。广播融媒体的多元化变现，是为了拓宽社会化服务的广度和深度，必须与利益至上和唯利是图划清界限。否则，将极大损害主流媒体的公信力和传播力，进而影响广播融媒体的未来发展。

音频传播与公共应急广播

广播等音乐传播媒介与中国流行音乐的诞生

王　韡

（中国传媒大学艺术研究院副教授）

摘要：1927 年由黎锦晖创作、黎明晖演唱的歌曲《毛毛雨》的问世，标志着中国流行音乐在上海诞生，迄今已走过了近 90 余年的历史，已经发展成为中国社会受众人数最多、受众面最广的音乐文化形式之一。流行音乐由于其自身的属性，与科技的发展有着密切的关系。广播等音乐传播媒介对中国流行音乐的诞生起到了重要的推动作用。20 世纪 20 年代末，简谱、五线谱等记谱法已经在中国社会广泛开展。众多音乐刊物出版与发行。舞厅、酒吧、咖啡厅等娱乐场所铺天盖地。78 转的黑胶唱片和手摇留声机在社会上广泛流行。无线电广播在中国开始设立。有声黑白电影广泛热映。这些音乐传播媒介直接助力于中国流行音乐的诞生。

关键词：音乐传播媒介；中国流行音乐；流行音乐演唱

1840 年第一次鸦片战争开始，西方列强用枪炮强行打开了中国的国门。随即而来资本主义的政治、经济、文化等各个方面都对当时的中国社会产生了强烈的冲击。1911 年辛亥革命推翻了清朝政府以及长达二千多年的封建统治，却因中国民族资产阶级自身的软弱性与妥协性，最终胜利果实被袁世凯篡夺。资产阶级提倡的新文化走向历史舞台，与封建阶级的旧文化相对立，1919 年的五四新文化运动时达到高潮，要求学习西方、立志改革、富国强兵的思潮成为中国社会当时的主潮。伴随着西方文化及各种思潮的传入，一种源于欧美的音乐文化形式——中国流行音乐诞生了。1927 年由黎锦晖词曲创作、黎明晖演唱的歌曲《毛毛雨》问世，标志着中国流行音乐在上海诞生。中国流行音乐也正式成为中国音乐文化中的重要形式之一。中国流行音乐的诞生与当时较为多样的音乐传播媒介有一定关系。音乐传播媒介助力中国流行音乐的诞生与发展。

一　外籍音乐家来华演出且传授技艺

伴随着上海开埠，国外的文化也纷纷涌入。有西方宗教的传播、外国侨民的侨居、国外音乐家及团体来华的演出。20 世纪 20 年代有许多外籍著名音乐家来华演出，例如：美籍奥地利小提琴家弗里茨·克莱斯勒（Fritz Kreisler）、美籍匈牙利小提琴家约瑟夫·西盖蒂（Joseph Szigeti）、美籍波兰钢琴家阿图尔·鲁宾斯坦（Artur Rubinstein）、意大利钢琴家梅百器（Mario Paci）、俄国男低音歌唱家费多尔·伊万诺维奇·夏里亚宾（Chaliapin Fedor Lvanovich）、意大利女高音歌唱家加里·库契（Amelita Galli-Curci）、日本女高音歌唱家三浦环（Miura Tamaki）等，这些音乐家除了在中国演出，有的还留在上海从事音乐教育活动。音乐家梅百器就在上海工部局管弦乐队担任指挥，同时他还进行一系列的教学活动，像谭抒真、丁善德、傅聪等都曾求教于他。此时的上海，中西方音乐文化交融的氛围非常浓厚，这在客观上影响了我国的音乐家。中国流行音乐之父黎锦晖先生在 1920—1927 年的八年中，始终坚持每周五去听交响乐，同时还欣赏国外歌舞剧团的演出，例如：意大利米兰歌剧班的正歌剧、轻歌剧，向·旦尼斯（Danis-Shawn）舞蹈团的舞剧表演，上海俄侨演唱的歌舞剧，日本宝家歌舞团的演出。正是这些积累成为其日后进行歌舞剧、流行音乐创作的素材。

二　舞厅、酒吧、咖啡厅等娱乐场所铺天盖地

20 世纪 20 年代初期，上海舞厅的数量、跳交际舞的人数都比较少，社会对交际舞这种形式的接受程度也较有限。随着 1927 年上海第

图 1　三浦环图

图 2　加里 · 库契

图 3　俄侨在上海演出

图 4　梅百器和他的中国学生们

一家商业性的舞厅——大东歌厅的出现，在此之后的二十年中，歌舞厅的数量与规模迅速发展起来，20 世纪 30 年代舞厅的发展达到了高峰，成为上海当时最重要的文化娱乐场所。根据上海档案馆的查实，仅 1930 年登记注册舞厅的数量就达到 39 家（见图 5），未登记注册的也有 10 家以上。“整个三四十年代，上海一地到底出现过多少舞厅，已无法有一个准确的数字，但目前还有确切地址和名称可考的起码超过 70 家。”① 这充分说明上海的舞厅行业已经达到一个相对成熟的阶

① 张伟：《沪渎旧影》，上海辞书出版社 2002 年版，第 47 页。

段。当时上海的舞厅发展已经远远超过了中国任何一个城市和地区，就连相对开放和发达的香港当时也仅有香港大酒店舞厅、浅水湾酒店舞厅和半岛酒店舞厅三家。同时期的日本东京也不及上海，“虽拥700万人口，面积大于上海数倍，而舞业之盛，则远不如上海”。[1] 可以说此时上海舞厅的繁荣程度就是在远东地区也很闻名。这些舞厅中以百乐门、仙乐斯、大都会、新仙林最为有名，也最为高档和豪华。舞厅都拥有自己的爵士乐队，除了演奏乐曲外还为聘请的歌星进行伴奏。高档有名的舞厅都聘请菲律宾或俄国的外籍乐手，中低档次的舞厅则聘请华人较多。乐队演奏和歌星演唱的曲目多是爵士乐或流行舞曲风格的作品。

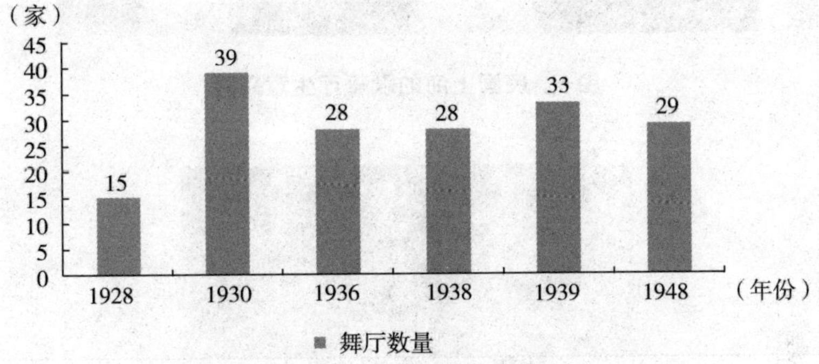

图5[3]　20世纪20年代—40年代舞厅数量呈现

另外，在当时上海的咖啡馆、酒吧等娱乐场所也有流行音乐的播放或流行歌手的演出，也为流行音乐的传播与发展助力。位于法租界亚尔培路上的巴西龙那咖啡馆，据资料记载常常是这样的情景，“无线电传播出轻佻的调子：来吧，再给我一个吻；吻你的香唇，也

① 梁心望：《电声》，上海电声周刊社1937年版，第185页。

② 以上数据系根据《上海指南》，1928年版/上海地方协会编《上海市统计》，1933年版/上海市政府统计处编印《上海市统计总报告》，1937年版，第39页/上海档案馆档案，档案号S320－04－00005，第274页/郑逸梅编《上海通（新编）》，1940年版，第95—96页/上海市档案馆档案《上海市舞厅商业同业工会总结报告》，档案号S321－04－00001，第5页的相关资料整理而成。

吻酒杯。每天在此地进进出出的人就多得很，各色各种的人都有得到来”。① 从此文中也可以看出，当时歌手演唱的流行歌曲是这些场所的音乐主流。

图 6　民国上海的歌舞厅生意兴隆

图 7　民国时期的上海百乐门歌舞厅外景

① ［英］爱狄密勒：《上海：冒险家的乐园》，包玉珂编译，上海文化出版社 1956 年版，第 55 页。

表1 **民国时期上海歌舞厅相关信息表①**

序号	原名（曾用名）	旧址	今址
1	大方	三洋泾桥大方饭店内	福建南路大方饭店
2	大东	英华路永安公司内	金华路30号华联商厦
3	大华	爱多亚路马浪路口	延安东路741号
4	大沪	静安寺路254号	南京西路254号人民饭店
5	大陆	浙江路430号	浙江中路430号
6	大新	虞洽卿路大新公司内	西藏中路南京路第一百货商店
7	大中华	福州路大中华饭店内	福州路西藏中路上海旅行社
8	大都会	戈登路56号	江宁路56号静园书场
9	上海	宝善街石路口	广东路福建中路口
10	小都会	静安寺路70弄2号	南京西路70弄2号
11	小舞场	福熙路慕尔鸣路口	延安中路茂名路口
12	月宫	北四川路月宫饭店内	四川北路
13	米高梅	虞洽卿路新世界游乐场内	西藏中路447号五星剧场
14	安乐宫	爱多亚路安乐宫饭店内	延安东路57号
15	丽娜	虞洽卿路77号	西藏中路77号
16	丽都花园（丽丽）	麦特赫司脱路丽都花园	泰兴路306号政协礼堂
17	国际	静安寺路国际饭店内	南京西路170号
18	国泰	虞洽卿路新世界游乐场内	西藏中路451号西藏书场
19	国联	广西路54弄5号	广西路54号
20	金山	三马路金山饭店内	汉口路678号
21	皇宫	宝善街	广东路440弄10号
22	胜利	北京路	北京东路760号
23	埃尔灵	杜美路古拔路口	东湖路富民路口
24	高峰	敏体尼荫路大世界游乐场内	西藏南路1号大世界
25	高士满	静安寺路577号	南京西路577号
26	逍遥	虞洽卿路	西藏中路377号音乐书场
27	巴黎	虞洽卿路	西藏中路
28	巴黎花园	霞飞路马浪路口	淮海中路马当路口
29	东方（夜都会）	虞洽卿路东方饭店内	西藏中路120号市工人文化宫

① 孙琴安：《上海百乐门传奇》，上海社会科学院出版社2010年版，第241—242页。

续表

序号	原名（曾用名）	旧址	今址
30	东亚	南京路东亚酒楼内	南京东路东亚饭店
31	仙乐斯	静安寺路	南京西路441号仙乐商场
32	立德尔	静安寺路278号	南京西路278号
33	圣太乐	虞洽卿路250号	西藏中路250号
34	圣爱娜	静安寺路斜桥街口	南京西路吴江路口
35	好莱坞（大陆）	愚园路好莱坞游乐场内	愚园路1204号
36	远东	虞洽卿路远东饭店内	西藏中路90号
37	百乐门（吉士）	愚园路218号	愚园路218号红都电影院
38	华都	爱多亚路	延安东路579号
39	伊文泰	愚园路1238号	愚园路1238号
40	维纳司	马浪路	马当路41号
41	甜甜斯	愚园路532号	愚园路532号
42	维也纳	虞洽卿路新世界游乐场内	西藏中路437号红旗电影院
43	绿宝	爱多亚路麦高包禄路口	延安东路661号
44	惠令登	教会大道	宁波路33号
45	黑猫	虞洽卿路	西藏中路
46	逸园	亚尔培尔路逸园内	陕西南路225号文化广场
47	新华（伟宫）	爱多亚路	延安东路545号

随着歌舞厅在上海的建立和发展，舞厅中都聘请了自己的爵士乐队，这对中国流行音乐的发展有很大的影响。其中爵士乐手有菲律宾人、美国人、匈牙利人、捷克人等，也有一些中国人参与其中。这些乐队中俄罗斯人组建的爵士乐队影响最大。例如：由俄籍钢琴家、作曲家海格纳组建的海格纳爵士乐队，由赖斯基组建且常在上海卡夫卡斯餐厅、马伦·拉奇餐厅演出的赖斯基爵士乐队。同时，还有艾尔莫拉耶夫爵士乐队、伦斯特列姆爵士乐队、史密斯爵士乐队、舍夫佐夫爵士乐队，菲律宾人组建的唐乔司乐队、罗平乐队、康脱莱拉斯乐队、纳尔逊乐队，白俄人组建的别尔沙茨基五重奏乐队、费奥多罗夫弦乐队、南考林乐队、海力笙乐队等。另外，20世纪40年代中期，真正意义上的上海第一支华人爵士乐队——吉米·金（Jimmy King）乐队成立，打破了外国乐队的垄断局面。同时由华人建立的还有余约章乐

队、陈鹤乐队、黄飞然乐队、凯旋乐队等。这些爵士大乐队的乐师，不但演奏流行乐曲，还给流行歌星进行伴奏，担任唱片的制作人、编曲等工作，甚至教习爵士乐的演唱，对中国流行音乐的发展起了巨大的推动作用。

图8　第一支华人爵士乐队（上海百乐门演出照）

图9　在百乐门歌舞厅演出的外国爵士乐队

三　简谱、五线谱等记谱法

在音乐传播中，乐谱是最早的传播媒介。所谓的乐谱就是用文字、数字等符号表示音乐创作中的速度、力度、音高、音值、音量甚至音色，以及演奏中的指法、演唱中的表情等，用来记录乐曲或者歌曲的一种技术手段。对于记谱法最早的起源可以追溯到唐代的燕乐减字谱，简谱普及之前我国大多使用的是工尺谱。简单地说，工尺谱是由“上、尺、工、凡、六、五、乙”来分别代表音符“do、rel、mi、fa、sol、la、si”，这是我国特有的记谱方式，在音乐史上有其进步性，但也有一定的弊端存在。随着新文化运动后中西音乐的频繁交流，以及大批中国留学生从国外回国，把国外音乐界采用的简谱和五线谱的新式记谱方式也带回我国。简谱顾名思义就是简洁、明了记谱的意思，尤其是单旋律的记写一目了然。对于调的改变，不用改变谱例中的音高，只把调号更改即可，它学习起来也比较简单。20 世纪初期，简谱促进了学堂乐歌的发展与传播。由沈心工 1904 年编撰的《学校唱歌集》就是中国最早的一本自编简谱歌曲集。另外，简谱在 20 世纪 30 年代的救亡运动中，也是音乐传播的主要媒介。尤其是在不发达、生活贫困的农村，当地没有广播电台、电影等传播媒介，人们都是通过对简谱的掌握而学唱了很多的救亡歌曲。同时，五线谱是国际音乐界通用的一种记谱方式。对于音的相对高度表达更为直观，多声部旋律

图 10　沈心工

的记写也更加彰显其优势所在。在当时的专业音乐学校，五线谱的使用是校方提倡的音乐记录方式。这时期培养的音乐家们都在使用五线谱的记谱方式进行音乐创作，基本摆脱了工尺谱的影响，这也跟教习的音乐教师有关。这些教师一般都是归国的留学生或者本身就是外国人，像萧友梅、黄自、梅百器等都提倡五线谱的记谱方式。

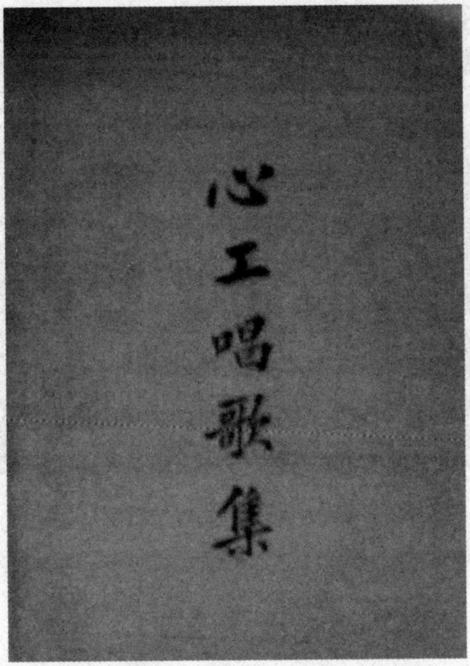

图 11 《心工唱歌集》

四 音乐刊物的出版与发行

专业音乐学校与社团的建立，促进了音乐刊物的出版和发行，一般学校和社团自身下设刊物。这当中，20 世纪三四十年代由上海国立音乐专科学校创办的刊物《乐艺》《音乐杂志》[①] 影响较大，同时还有《戏剧与音乐》《中华口琴界》《音乐周刊》《音乐教育》等近

① 在中国近代音乐史上，出现过几种称为《音乐杂志》的刊物，除了上海国立音乐专科学校创办的，还有国乐改进社、北京大学研究会等创办的。

20种，也有较大的受众。据中国艺术研究院音乐研究所的资料室查询，从新文化运动到新中国成立前我国发行刊物共计133种。[①] 这些期刊的创办拓展了音乐传播的新途径，让音乐家们有了阐述自己音乐理念、发表音乐言论、进行学术交流的场所，同时也促进了音乐文化的传播和发展。

图12 《乐艺》期刊
第一卷第四号

图13 《乐艺》期刊
第一卷第五号

五 唱片

20世纪初期，手摇式的圆盘唱机和78转粗纹唱片传入我国并迅速流行开来。这种78转的唱片时长约为三分钟，与一首流行歌曲的时长基本吻合。由于受唱片存储时间的限制，当时的流行歌曲多是短小、明快的，听觉上给人以轻松的感受，这也迎合了上海高速的生活节奏下纾解压力的需求，其传播也远远超过了传统民歌和戏曲音乐。受时间上的限制，导致当时流行歌曲的音乐结构不可能像西方歌剧中的咏叹调那样复杂，常采用单二部或再现单三部的曲式，甚至更短的分节

① 此数据根据中国艺术研究院音乐研究所资料室编、文化艺术出版社1990年版《中国音乐期刊篇目汇录（1906—1949）》的目录查询得出。

歌的形式。这也是典型的科技决定音乐形式的例子。

图 14　美国哥伦比亚箱式手摇留声机（78 转、三发条）

图 15　《月圆花好》78 转粗纹唱片（周璇演唱）

1915 年前后，商人乐浜生在上海徐家汇谨记桥家汇路 1434 号购地建厂，生产粗纹唱片，使用雄鸡商标。20 世纪 20 年代初 EMI 公司收购法国的 Pathe-Marconi 唱片公司，1921 年成立“百代”唱片公司，这也成为最早在中国成立的法资唱片公司。该公司成立前期多录制中国传统戏曲并广受大众的欢迎，随着公司实力的不断发展，引进了当时最为先进的录音设备。再加上其是外资企业，国民政府无权过多干涉，公司就有了很多制作生产上的自由。因此，又以大众的喜好为方向，盈利为目的，先后录制了一系列流行音乐作品。周璇、胡蝶、聂耳等一大批音乐人士都在此唱片公司进行过创作、制作或演唱录音等活动。另外，1917 年上海虹口大连路上建立了一家中日合资的“大中华”唱片厂，以“双鹦鹉”作为商标，孙中山亲自命名并予以支持。1927 年日方撤资，其成为完全国营的唱片公司。随后不久又建立了上海胜利唱片公司，这三家唱片公司是当时中国唱片业的龙头，上海也成为中国唱片制造业的中心。

图 16　百代、丽歌、歌林等唱片商标的设计稿

百代唱片公司为了获取更多的唱片消费者，赚取更多的利润，邀请了当时著名的一线红歌星、作曲家、乐手联合制作出版了一张名为《明星锦集》的唱片，在当时风靡一时，十分畅销。其中的歌星有胡蝶、黎明晖、王人美、黎莉莉等，乐队的演奏人员除聘请国内的著名乐手外，还邀请了一些白俄乐师。作曲和编曲主要为黎锦晖、陈歌辛等人，在音乐的录音、制作上也是非常的精心。另外，很多公司专门邀请作曲家根据歌星的嗓音条件、形象气质等方面对其量身制作，还不惜给予歌星、作曲家丰厚的报酬，百代公司曾给予红歌星周璇 6% 的唱片版税。“据中国唱片厂 1964 年登记的库存旧唱片目录统计，百代、丽歌、和声、高亭、胜利等唱片公司灌制的流行歌曲唱片，最多的是被称为‘金嗓子’的周璇，约有 150 张以上，白虹约有 125 张，姚莉约有 117 张，龚秋霞约有 67 张，王人美约有 62 张，其他灌制唱片的歌星还有白光、李丽华、李丽莲、李香兰、欧阳飞莺、吴莺音、张露、黎莉莉、严华、梅熹等。”①

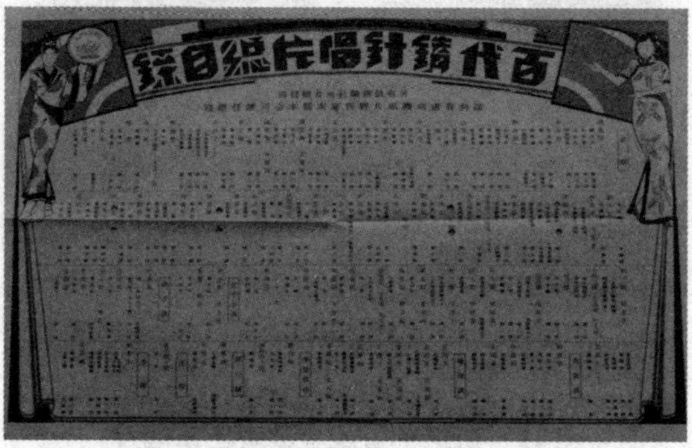

图 17　早期百代公司唱片总目录

20 世纪三四十年代是美国爵士乐的发展高峰期，同时也是中国流行音乐快速发展的阶段。此时美国爵士乐大师汤米·多希尔（Tommy Dorsey）、哈利·詹姆斯（Harry James）、班尼·古德曼（Benny Goodman）等人的唱片通过各种途径进入到中国的上海，他们的音乐在上海传播甚广。爵士乐成为当时音乐界的时尚乐种，上海也被誉为“亚洲爵士乐之都”。

图 18　汤米·多希尔的爵士乐唱片

① 上海百年文化史编纂委员会：《上海百年文化史（第二卷上）》，科学技术文献出版社 2002 年版，第 772 页。

图 19　班尼·古德曼的爵士乐唱片

六　无线电广播

1923 年年初美国商人奥斯邦在上海开办了一个 50 瓦的广播电台，中国第一座广播电台就此诞生。1923 年 1 月 23 日 20 点，该电台在上海广东路大来大楼正式播音。首次播放的就是当红的流行歌曲，这也为大众聆听流行音乐开启了新的途径，文化界当时为之一振。这种新的公共媒介以投资少、见效快、传播速度快、覆盖面广等优势而受到关注。因此，无线电广播事业开始迅速发展并日益繁荣起来。仅 1931 年至 1932 年两年时间，上海就兴建了 30 多家。到 1934 年上海已经达到了 54 家电台的庞大规模。20 世纪上半叶上海的无线电广播占据了全国的 70% 以上，最多时有 90 多家。此时的电台有一个最大的特点就是其主要的宗旨和目的是娱乐性和商业性，大多时间播放的都是流行歌曲或者是戏曲音乐和广告，较少播放新闻。“这一时期市区许多商店的电喇叭以及大量拥有收音机的普通家庭，每天都能收听到《夜上海》《夜来香》《蔷薇处处开》《玫瑰、玫瑰我爱你》《香格里拉》和《何日君再来》等一大批流行曲目”。①

由于受当时的技术条件所限，电台的播放只能采取直播的方式，

① 陈钢：《上海老歌名典》，上海辞书出版社 2002 年版，第 394 页。

图 20　中国第一座民办广播电台的录音间

再加上流行音乐歌唱类的节目最受大众的欢迎，一系列名为“歌咏社”的歌唱团体应运而生，其专门到电台进行现场直播的演出。比较有名的有姚敏、姚莉兄妹的“大同社”，朱婴的“爵士社”，严华的“晓露社”，韦骏的“璇宫歌咏社”等，而且这些歌咏社，大多是各占一所电台为“山头”，其有效地助力于电台的流行音乐传播。

表 2　　20 世纪 30 年代上海的电台一览①

台名	地址	频率（瓦）	呼号	备注
华泰	广东路 378 号	45	XLHB	
大东	斜桥街 80 号	250	XQHA	RADIO SHANGHAI 所设
华美	跑马厅路 445 号	500	XMHA	RADIO ENGINEERING CO. 所设
大陆	北京路中法大药房 3 楼	100	XHHK	1936 年开播
沈氏		15	XLHH	
汇中	外滩汇中大厦	100	XGMS	
华侨	爱文义路 1729 弄	500	XMHC	RADIO SHANGHAI-SERVICE CO. 所设
同乐		50	HLHC	1937 年 2 月 1 日起开播
快乐		50	HLHD	

① 许敏：《上海通史：民国社会》第 10 卷，上海人民出版社 1999 年版，第 247—248 页。

续表

台名	地址	频率（瓦）	呼号	备注
建华		100	HHHB	
周协记		7.5	XLHI	1937 年 2 月 1 日起开播
亚东	甘世东路新顺兴里	100	XLHJ	
新新	南京路新新公司	50	XHHG	
东陆	浙江路 245 号 东方旅社	100	XLHG	1932 年 1 月 1 日起开播
敦笃堂		15	XLHK	
敦本堂		100	HLHL	
奇闻	赵主教路 274 号	30	XOHB	MRS. C. M. ROBERTSON 所设
大中华	南京路 599 号	100	XHHU	
安定		50	XHHD	
友联	福煦路 930 弄 5 号	100	XHHV	
上海市	江湾市中心	500	XGOI	上海市政府设，1936 年 3 月 8 日开播
富星	葛罗路 94 号	100	XHHX	1934 年 1 月 15 日开播
李树德堂	忆定盘路 150 号	100	XHHE	
明远	湖北路 132—134 号	100	XHHE	佛教净业社设立，1934 年 1 月 22 日开播
佛音	赫德路 418 号	500	XMHB	
东方	东方饭店	100	XHHG	
中西	福州路中西大药房	100	XHHH	
华美	南京路 565 号	100	XHHI	中华研究所设

七　有声黑白电影

早在 1896 年，西洋影戏作为无声默片电影就在上海徐园的又一村放映。之后不久上海成立了电影制作中心。1927 年前后美国“华纳兄弟”首拍的有声黑白电影登陆上海，在上海的百星大戏院与虹口新中央大戏院试映。电影史有如下记载：“1929 年 2 月 4 日，上海的夏令配克电影院放映美国影片《飞行将军》，这是有声电影在中国的第一次正式公开放映。半年之后，上海各电影院先后改装有声放映设备，但内地中、小城市，仍然放映无声电影。尽管如此，中国电影界从

1930年年初开始，不顾重重困难，进行了第一批有声电影的尝试。”①

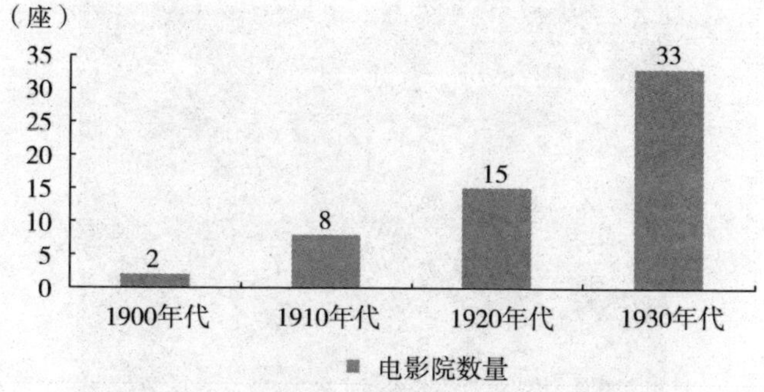

图21② 1900—1930年代电影院建造数量呈现图

图22 20世纪30年代上海街头的美国电影海报

随着有声黑白电影在上海的公映，以及国人对电影技术的初步掌握，电影制作人与观众对电影中的音乐部分越来越重视。为此，此时间出现了一批专门为电影创作音乐的作曲家，任光、聂耳、贺绿汀、冼星海、吕骥、刘雪庵、黄贻钧等都创作了大量脍炙人口的电影音乐作品，这其中就有一大批的流行歌曲。“中国城市歌舞音乐（流行音乐）的发展，后来与中国电影音乐（特别是电影歌曲）的发展合为一

① 倪骏：《中国电影史》，中国电影出版社2004年版，第41页。

② 根据屠诗聘编《上海市大观》中的1937年《上海市年鉴》有关统计数据制作。

图 23　新光大戏院电影宣传海报

图 24　新光大戏院电影票

体，成为中国娱乐性通俗音乐的主体。整个（20 世纪）30—40 年代，它们一直在城市市民文化生活中占有不小的影响。”① 此时的歌星纷纷进入电影界，为电影录制歌曲，如周璇等；同样，电影明星也步入歌坛，如赵丹、胡蝶等。歌坛和影坛融为一体，流行歌曲成为影音乐中

① 汪毓和：《音乐史论新选》，中国文联出版公司 1996 年版，第 190 页。

的重要组成部分。另外，此时期电影院开始大规模的建造，尤其是20世纪30年代电影院的建造数量比20年代翻了一倍还多。

综上，流行音乐由于其自身的属性，与科技有着密切的联系，广播等音乐传播媒介的发展对其就有着巨大的推动作用。此时的中国流行音乐诞生地上海已经拥有了较为完备且发达的音乐传播媒介，为中国的诞生及发展提供了科技保障。

音频新蓝海：声音场景的若干种可能

李立伟
（湖南广播电视台广播传媒中心）

摘要： 5G + AI 将给广播带来革命性的变化，本文从公共场景 + AI 赋能、AIoT 给音频内容全新的场景机遇、播客三个方面，阐述音频这个新蓝海在声音场景上的若干种可能性，从给农村广播村村响、城市户外应急广播、商业空间电台等角度阐述广播的场景可能，从智能音箱内容编排、海外播客和中文播客现状分析广播在声音蓝海中的价值稀缺和优劣势。

关键词： 5G 智慧广播；村村响；应急广播；播客；智能音箱

一　公共场景广播 + AI 赋能

FM 之外，广播的全新机遇在哪里？5G 时代，技术将给广播带来怎样的变革？湖南广电的“5G 智慧电台”试图给出答案。5G 智慧电台是由 5G 高新视频多场景应用国家广电总局重点实验室智能音频研究中心自主研发的人工智能编排系统和全天候广播节目集成，可通过智能抓取、智能编排、智能编排、智能监控、云端分发、一键式自动化生成新闻、资讯、天气、路况、音乐串接等播出内容，简单来说，就是通过 AI 技术代劳重复劳动（主播、基础编辑），5 分钟生成一家电台。目前该系统已经在全国 200 多家县级广播电台铺开使用，在县级融媒体建设注入强心剂，为县级电台的“内容重建”赋能。AI 赋能下的广播，不仅将带来FM广播生产流程上的变化，还将带来公共场所的巨大声音场景。

（一）农村广播村村响

“村村响”工程是国家一项重要的惠民工程，也是一项应急举措。以湖南省为例，湖南目前建有101个县级播控平台、1742个乡镇广播站、27421个村级广播室，2.4万套音柱和33.59万只高音喇叭，抗击疫情期间，村村响的优势爆发出来，各级电台制作了各类型的节目和宣传，取得了较好的效果。

“村村响”工程是一个潜力巨大的平台，它将党和政府的声音传遍田间地头，也将广播“重新”下沉到村镇市场。如何创作符合当代农村群众喜闻乐见的内容，探索与建立新时代对农广播内容体系成为全新的课题。

（二）城市户外应急广播

近年来，湖北荆州等城市已经开始推动建立城市户外应急广播体系，在城市的大小公园、绿地、群众聚集场所和公交站台建设智能大喇叭，连接城市应急广播FM信号。

目前城市户外应急广播体系正在建设中，以疫情期间农村“村村响”巨大正面影响为契机，推动与应急管理部门和相关机构等联合建立城区户外应急广播体系，推动广播在户外城市空间的全面覆盖。

基于城市公共场景的音频传播场景的建设，在特殊时期起到城市应急宣传的作用，日常起到公益宣传、资讯传播等作用，可以预见，其商业和社会价值不低于“户外广告牌”。

（三）商业空间电台

在我国台湾地区，全家便利商店在台湾的3600多家门店中播放的是24小时FAMI RADIO（实质是全家产品宣传广告+通路定频某个合作电台），形成独特的品牌内容音频流。

我国有超过12万家便利店（2019年年初数据），仅长沙地区就有1.68万家便利店，便利店作为新零售时代的最重要的商业基础设施，在实体商业低迷的背景下，便利店开店数和销售额依旧保持两位数的高增长。商超、便利店中的店内广播是一块尚未开发的处女地，运用

5G智慧电台为商超广播赋能，为连锁商超品牌打造品牌电台，利用商超空间客流价值，挖掘全新的场景广告富矿。

以湖南知名的某连锁健身机构为例，为健身机构定制各类宣传片、健身案例专访、科普节目、小专题节目，并加上音乐和日常天气的语音更新，成为一个独立的某某健身机构电台，在健身房场景中滚动播出。

场景对声音的需求是巨大的，5G智慧广播面对的是一片包括农村、城市、商超等场景在内的，无比广阔的声音的能量场。

二　AIoT：音频内容全新的场景机遇

广播有两个经典的场景——车载和汽车家庭。

AIoT（人工智能物联网）＝AI（人工智能）＋IoT（物联网）。

随着5G的普及，智能音箱将成为家庭AIoT的终端，车联网让车厢的移动互联网内容成为刚需。广播该如何面对这种全新的未来场景？

目前，各大音频App、电台和各大车载供应商在车联网的争夺上已经几近红海。本文重点聚焦智能音箱。

（一）智能音箱的现状和机遇

智能音箱是下一代信息终端、家庭交互入口。预计到2024年，全球智能音箱安装量将达到6.4亿台。[①]

截止到2019年年底，全球智能音箱安装量约2亿台，其中中国拥有约6000万台，美国9000万台。按照中国智能音箱将跨过6900万台、16%渗透率的“国民级”产品的门槛。参照天猫精灵“一个智能音箱对应2.4个用户”的算法，智能音箱的总覆盖人群将达到1.65亿人以上。

（二）下一代智能音箱内容产品

家庭场景之下，智能音箱听什么？

智能音箱里可以收听到的各大音频平台的庞大内容和传统电台直

① Canalys：《2021年全球智能音将达到1.63亿台》，《199IT中文互联网数据资讯网》，http：//www.199it.com/archives/1142422.html。

播节目，是智能音箱内容基础设施。目前，智能音箱已经开始建立自有、独特的内容体系。智能音箱平台的运营部门的内部考核已经变成了唤醒率、交互频次、使用时长，等等。

1. 智能音箱播出流/直播流

除了技能型交互外，陪伴性收听依旧占据智能音箱内容播放的主流。目前智能音箱已经成熟运作的“早上好”“晚安”等基于场景常用词唤醒后的10—15分钟内容编排，这些是多节目拼组的“智能音箱直播流”雏形。

智能音箱可以无须牌照，持续开发、生成若干个技能（电台），如基于用户情绪的“我不开心电台”“失恋了电台”；基于用户标签的“5岁小朋友电台”“70岁老人电台”等。

5G智慧广播等AI音频系统的介入使这一切更加值得被想象，根据用户地域属性和标签、喜好形成音频内容流，为每个用户生成一个“AI真人陪伴电台”，让一人一频在智能音箱率先实现。

2. 本地化内容开发

智能音箱在地化如火如荼开发中。平台方希望通过本地内容的开发，提高唤醒率。以湖南电台金鹰之声为例，2020年起与阿里巴巴人工智能实验室合作，开展天猫精灵湖南地区用户的在地化内容生产和用户运营，并探索商业化开发。

3. 故事类产品

有声书是目前各大音频平台最受欢迎的内容和最大的收入来源之一，网络广播剧亦是猫耳FM突出重围的武器。AI语音交互+广播剧让一种全新的讲故事形式——互动剧成为可能。

三　声音的下一个风口：播客

什么是播客？广义上，所有互联网为载体的音频内容，都可以被称为播客。狭义的播客是指Podcast，我们一般以“音频”指代以喜马拉雅为代表的音频平台上的流行内容，而只将podcast称为播客，可以理解为一种Audio Blog（声音博客）、个人化的电台，一般有都访谈、单人、虚构类、非虚构类节目形式。

（一）海外播客热潮

根据 Edison Research 的数据，2019 年有 6200 万名美国人每周听播客，约有 32% 的人每月听一次（2018 年为 26%）。

2019 年起，美国顶级流媒体音乐平台 Spotify 大举进攻播客行业，发起了多起上亿美元的播客内容制作公司的收购案，并对外宣称这是一次“相当于买了下一个 ESPN”的交易。与此同时，美国第二大无线电广播公司企通传播（Entercom）、索尼音乐等也发了数起千万美元级的播客内容制作公司的收购。

（二）中文播客的现状和机遇

国内的播客发源很早，可追溯到 2005 年的反波 Antiwave。但是中文播客一直以独立姿态存在在一个小众的圈子里。

从 2020 年开始，中文播客开始被资本聚焦，即刻推出小宇宙 App，快手推出皮艇 App，蜻蜓、喜马拉雅等音频平台纷纷筹备泛播客型 App，一批面向大众、体验更佳的播客平台开始搭建。

同时，一批相对头部的播客开始转型成为播客机构，日谈公园、Justpod、声动活泼、津津乐道等起步较早、在行业内较有影响力的播客开始通过机构化运作试图构建播客网络。我们可以理解为播客行业的初步 MCN 已经形成，国内的播客行业试图以组建行业联盟的形式来捆绑进行商业化探索，有的还在 2020 年双十一中取得不错的盈利。

虽然，播客已经开始有了大规模进军大众市场的雄心，但是我们必须看到，当前我国的播客主要以个人化、兴趣化操作，多是一些垂直领域话题、长达 1—2 个小时的聊天或者单人脱口秀，是一个中产年轻人小圈层内的物种。像《故事 FM》这样由专业的制作团队生产的破圈级别的播客，在中文播客行业可谓凤毛麟角。

有播客从业人员接受采访时指出，当前的中国播客市场更像是美国在“Serial”（2014 年，美国第一个爆款播客节目）出现前的状况：有一些爱好者参与其中，但并没有引发大众的广泛关注，也没有让市场注意到它潜在的商业价值。播客的商业变现在中国还处在一片混沌之中。

广播能不能做出优秀的播客呢？20 世纪 90 年代以来，我国的广播电台以“大板块、大直播、多互动”等为显著特点的“珠江模式”为主，主持人集“采、编、播、控”于一身，大板块直播中充斥了大量主持人随性语言内容、听众互动加流行歌曲串联。节目成本的降低带来节目品质的降低，造成广播整体精品稀缺，相较之下，播客已经是一种相对精品内容。

在资本还未大规模包围国内的播客的情况下，这似乎是一个传统入局播客的好时机。通过播客化带动电台节目的精品化，不失为当下广播节目留存价值低、“水话多”、形式单一、形态陈旧等问题解决之道。

四 结语

短视频持续挤压国民娱乐时间，人的用眼面临极限。听的场景越来越多，智能音箱销量越来越广，物联网终端都配备上了喇叭，音频的增长成为必然。

当前的音频行业，在传统音频 App 面临盈利陷阱、头部 KOL 被瓜分一空、知识付费增长面临瓶颈、传统有声书 IP 难以抢夺大背景下，我们需要走出一条全新的音频之路。

发挥媒体的优势，抢夺公共空间话语权，保持地域强势媒体优势。用 5G 智慧广播赋能县级电台、车联网智能音箱，实现“一县一频”“一人一频”技术驱动广播走出去；紧盯海外音频市场变化和内容创新，取其精华去其糟粕。广播可供想象的未来越来越丰富。

新的场景和渠道徐徐铺开，地域的界限正在被打破，新内容正在等待重新被定义，辽阔的音频新蓝海正在前方，愿广播“长风破浪会有时，直挂云帆济沧海”。

融媒体节目推进社会治理的创新实践

——以《公仆走进直播间》为例

朱　旭　孙　瑞　何　娟　靳　鑫　孙　颖　赵　敏

（海河传媒中心广播新闻中心）

摘要：当前，随着信息技术快速发展，媒体融合发展步伐日益加快，不断拓展社会治理的载体和渠道、方法和手段。新时代，进一步加强和创新社会治理，不断提升社会治理现代化水平，需要充分发挥媒体融合发展的作用。本文以天津广播《公仆走进直播间》节目实践为基础，深入分析融媒体节目推进社会治理的创新与实践，在形式、内容、融合传播、反馈监督机制等方面深入研究分析，对于媒体融合和提升社会治理能力都有着指导意义。

关键词：媒体融合；社会治理；创新；《公仆走进直播间》

党的十九届四中全会通过了《中共中央关于坚持和完善中国特色社会主义制度、推进国家治理体系和治理能力现代化若干重大问题的决定》，提出了新时代坚持和完善中国特色社会主义制度、推进国家治理体系和治理能力现代化的总体要求，对推进国家治理体系和治理能力现代化作出了具体工作部署，具有重大的理论意义、现实意义和深远的历史意义。作为国家治理的重要工具和不可或缺的重要力量，新闻媒体特别是主流媒体要充分认识自身在推进国家治理体系和治理能力现代化中的使命任务，主动对标对表，做好自我调适，在推进社会主义国家治理中创新实干、奋发进取，争创新业绩、展现新作为。

一 媒体融合发展与融媒体节目创新实践

北京市习近平新时代中国特色社会主义思想研究中心在 2019 年 12 月发表了一篇名为《人民日报以媒体融合发展助力社会治理》的文章，文中开篇明义："媒体融合发展是信息技术的重要应用领域。当前，媒体融合发展推动形成全媒体传播体系，正在深刻影响社会治理……要善于利用媒体融合发展促进社会治理专业化、信息化、智能化，提高社会治理现代化水平。"而"所有权的融合，是媒介行为主体的融合，是媒介融合的内涵中层次最高的一点"。

《公仆走进直播间》节目隶属于原天津人民广播电台新闻广播，开办于 1994 年 2 月，最早是由天津市人民政府办公厅和天津海河传媒中心广播新闻中心（原天津广播电视台）联合主办，是全国开办最早的集政府服务与媒体监督为一体的直播节目，二十六年来，作为天津资深、权威时政访谈节目，节目始终弘扬"政府服务、舆论监督、权威发布、百姓谏言"的节目宗旨，在推进政府为民服务、促进政务公开、加强舆论监督等方面作出了积极贡献，也因此连续入选过天津广播电视台十大最具影响力节目，荣膺中国新闻名专栏等称号，而近年来，节目随着天津媒体的深度融合改革，正在以更加高效、权威、务实的姿态积极实践媒体融合传播，取得了良好的传播和舆论引导效果，为天津社会治理创新贡献了特殊的力量。

（一）海河传媒中心媒体融合为节目创新实践打下坚实基础

上文提到，"所有权的融合，是媒介行为主体的融合，是媒介融合的内涵中层次最高的一点"。2017 年 2 月，天津市委书记李鸿忠就在全市宣传思想文化工作会议上明确提出，要拿下天津报纸、电视、广播、网络的融合之战，打造新型主流媒体。2018 年 4 月，经过一年的研讨，数易其稿，天津市委审议通过《天津海河传媒中心组建方案》，力争用三到四年时间打造成新型主流媒体和传媒行业旗舰。2018 年 6 月 15 日，天津市委常委、市委宣传部部长陈浙闽在天津市媒体单位处级以上干部大会上宣讲了海河传媒中心成立的步骤、方案和目标。2018 年 11 月 2 日，天津市机构改革领导小组第二次会议讨论通过

《天津市机构改革实施方案》（简称《方案》），《方案》在涉及媒体机构部分，明确将天津日报社、天津广播电视台、今晚报社所属的频道频率、子报子刊、新媒体等所有资源进行整合，组建天津海河传媒中心。

2018 年 11 月，天津海河传媒中心正式挂牌运行，天津海河传媒中心在国内第一次实现了省级媒体机构的“六合为一”。海河传媒中心所整合的机构中，包括了天津市市一级的全部媒体，其中正局级机构有四个，分别是天津日报社、今晚报社、天津广播电视台和天津广电传媒集团，此外还有两个副局级机构，分别是中国技术市场报社和天津报业印务中心。改革前，天津媒体机构中局级领导职数是 8 正 32 副，改革后被大幅削减为 2 正 11 副，处级干部职数由改革前的 433 名压缩至 197 名，大批干部通过内退、调出或转入业务岗位消化。通过改革，各类内设机构从 117 个被压缩至 57 个，组织内部叠床架屋的局面大大好转。

改革动作之大，力度之深，不仅创下天津媒体发展历史上之最，在国内媒体发展史上也属罕见，改革后的海河传媒中心，能够充分整合天津主流媒介资源，让原分散于报纸、广播、电视、网络等各渠道的媒体资源更加高效整合、提质增效，也为对外输出高质量、专业的融媒体产品提供了人才和实力等多方位保障。

（二）《公仆走进直播间》节目的创新实践

海河传媒中心成立后，原隶属于天津广播电台新闻广播的《公仆走进直播间》节目纳入新集团三大新闻事业部之一的广电事业部广播新闻中心，整合了原新闻广播、滨海广播、经济广播等频率新闻采访力量的新闻中心为龙头时政访谈节目配备了更加专业的编播力量，同时具备了更多元的媒体资源。目前，节目播出时间为每星期一至星期三的上午 8:10—9:00，节目时长 50 分钟，日常节目主要形式为邀请各区政府、各部门、各相关企业的领导和专家走进天津广播直播间，向听众介绍有关政策，听取群众建议，受理群众反映问题。

近年来，《公仆走进直播间》节目深入贯彻落实习近平新时代中国特色社会主义思想和党的十九大精神，围绕市委市政府中心工作，在媒体融合背景下为政府和群众搭建更有效的沟通平台，节目影响力不断提升。每年年初的“区长访谈”特别策划和年终的“委办局长年终访谈”系列节目，也已经被打造为节目的权威品牌和特色，除此之外，围绕市委市政府中心工作和新闻热点策划的特色系列节目也亮点频出。例如2018年以来，《公仆走进直播间》节目就先后推出“现场会后话发展”“与河长湖长面对面”“文明条例大家谈”“夜间经济路在何方”“向企业家报到”“平安天津在行动”“家长您好——与教育局长面对面”等特别策划，引起市领导和社会各界广泛关注。天津市委常委、市委宣传部部长陈浙闽对《现场会后话发展》特别节目予以批示：直面问题，直奔现场，融媒互动的做法值得提倡、赞赏！2020年，天津市委常委、常务副市长马顺清、副市长曹小红、副市长董家禄也都对节目的创新与成效给予批示肯定。

2020年年初，一场新型冠状病毒肺炎疫情突如其来，使百姓日常生活和社会治理常态发生了巨大变化，深刻考验着各级各部门包括媒体的应对反应能力。疫情发生之初，海河传媒中心《公仆走进直播间》节目配合广播新闻中心整体“战疫”特别策划，利用长期积累的政务资源了解、发布各级政府部门的“抗疫”权威消息，及时答疑解惑、回应百姓关切。

从2020年5月开始，国内疫情进入常态化，《公仆走进直播间》节目开始有了更多主动权，围绕服务“津门战疫”打出了一整套“组合拳”，为津门特殊时期的社会治理作出积极有力的贡献。

1.“迎难而上　双战双赢——2020区长访谈”

相比于往年年初启动的区长访谈，2020年的区长访谈晚了两个多月。当疫情防控逐步进入常态化后，2020年5月18日至6月24日，天津市人民政府办公厅、市委网信办、海河传媒中心在天津新闻广播《公仆走进直播间》栏目联合组织推出特别策划“迎难而上　双战双赢——2020区长访谈”。全市十六个区政府主要负责人走进津云中央厨房直播间，向群众汇报统筹推进疫情防控和经济社会发展工作的工作进展和具体举措，听取群众意见建议，为群众排忧解难。通过此次实践，天津在不断提升网信工作能力水平的基础上，也推动了媒体融合传播与社会治理创新。

创新点一：不断提升网络传播能力水平，推动媒体深度融合，传播数据同比提升 50%

“迎难而上　双战双赢——2020 区长访谈”实现主流媒体、网络媒体和商业媒体的深入融合，采用先在天津新闻广播与津云客户端音视频直播，再通过天津广电网络导视频道在电视播出节目精华版，并通过融媒体多样化传播报道，形成津云、津抖云、抖音、腾讯、新浪、搜狐、网易等全网平台推送的模式与合作机制。

此外，伴随着海河传媒中心深度融合，“迎难而上　双战双赢——2020 区长访谈”从策划、宣推、播出到节目内容分发和延伸报道，在海河传媒中心已经形成报屏声网一起发动、各媒体一体化运转的格局。由于多媒体手段的运用，加上津云中央厨房的深度融合，节目从过去只听得见，到现在不光听得见，还看得见、留得住。根据节目内容制作形成音频直播、视频直播、视频转播、图文报道、广播报道、短视频报道等多样化的融媒体产品，在新媒体上推送后，所产生的影响甚至超过了节目本身。

权威信息发布、热点问题回应、舆论监督推动……2020 区长访谈形成较高的关注热度，不断刷新着天津市民的注意力。其中《观察：天津这位区长的代言短视频为什么火了?》《视频：宝坻区区长直播现场鞠躬致谢，为何?》都成为爆款融媒体产品，在多个媒体平台广泛转发，其中河北区区长代言短视频在新华视频传播接近 90 万次，全网累计传播超过百万次，“宝坻区区长直播现场向 92 万宝坻人民鞠躬致谢”单条短视频在抖音平台传播超过 40 万次。

截至 2020 年 6 月 28 日，全网发布“2020 区长访谈”“迎难而上　区长代言”相关文章 6946 篇，累计曝光量 9028 万次。YouTube 视频网站未来电视自运营频道、WillTV 终端等境外平台累计曝光量 2900 余万次，总计超过 1 亿 2000 余万次，比 2019 年“向群众汇报——委办局长年终访谈”传播数据提升 50%。

创新点二：推进媒体融合、新闻发布与媒体传播的常态化合作模式

“迎难而上　双战双赢——2020 区长访谈”继续采取向群众汇报的形式，围绕市委市政府中心工作，结合统筹推进疫情防控常态化和

经济社会发展的工作重点和社会热点，以问题为导向，谈举措、谈落实、谈成效，同时倾听群众代表和专家学者意见建议，为群众排忧解难。在区长访谈进行期间，2020 年 6 月 16 日，天津市政府新闻办启动“向群众汇报”系列主题新闻发布会，天津市政府副秘书长、市政府新闻发言人许颖悟介绍了“向群众汇报”系列主题新闻发布会的主要特点以及“迎难而上　双战双赢——2020 区长访谈”阶段性成果，进一步增强新闻发布的传播效果和社会影响力。

在《向群众汇报——2019 年委办局长年终访谈》首次成功合作模式的基础上，节目突出民生导向，回应群众关切，推进新闻发布与媒体传播的常态化合作机制，形成市委宣传部、市委网信办、市政府办公厅与海河传媒中心的密切对接，形成综合协调、信息汇聚、运转高效、媒体融合的运作机制，推进中央媒体、海外媒体、网络媒体对《公仆走进直播间》特别策划传播内容的新闻发布与传播，扩大天津的舆论影响力。

创新点三：媒体融合推送社会治理创新，深入基层和一线，推动问题真正解决

经过精心策划与反复协调沟通，“迎难而上　双战双赢——2020 区长访谈”改变以往暗访调查的模式，这次创新设置“迎难而上在现场，跟着区长去走访”重要环节，结合群众反映的热点问题，记者跟随区长去现场走访调研，把整个过程录下来，并把视频带到节目现场播放，请区长回复进展与成效。

其中，“河北区建昌道飞地社会治理”“河东区老人家食堂为何无人问津”“南开区西湖道美食街区如何避免一管就死一放就乱”“西青区李家园棚户区何时搬迁”“北辰区宸欣家园 200 棵树被砍伐”“武清区崔黄口镇户厕改造不到位”“蓟州区喜邦公路长年堵车如何解决”“静海区农村人居环境整治进度慢”“滨海新区亿利生态公园管理细节不完善”等问题，都是在节目的推动下，得到了实质性解决，充分体现新闻媒体推动社会治理的力度和效果，也展现了区长们不忘初心、务实为民的工作作风，真正实现“向群众汇报，为群众解忧”。截至 6 月 28 日，2020 区长访谈特别策划直播过程中共接听热线问题 330 多

个，对群众在节目中反映的问题，市政府办公厅要求相关职能部门明确责任人和办理时限，加大督办反馈力度，《公仆走进直播间》也及时推出问题反馈专题节目，切实做到民有所呼、我有所应。

创新点四："迎难而上 区长代言"短视频互动活动，引起网络和全国媒体高度关注

在特别策划中，还推出了"迎难而上 区长代言"短视频互动活动，邀请十六位区长为区域内重点文化旅游名片或重点产业等录制推介短视频，播发后引发社会各界高度关注，区长"不端着，接地气，说白话"的代言方式让人耳目一新，赢得网友一片点赞，河北区、东丽区、武清区、蓟州区、静海区、滨海新区等区长代言短视频发布后迅速在主流媒体和社交媒体广泛传播，也引起新华网、央广网、中国日报等全国媒体关注。这一活动在天津媒体传播历史上具有开创性，不仅改变了区长和公仆的形象，也为复工复产起到了实实在在的推动作用，尤其是在疫情防控常态化和世界智能大会期间传播，成为城市区域发展一张张亮丽的"名片"。

通过十六位区长的生动代言与推介，和平区五大道文化旅游区、河北区意式风情区、河西区陈塘商务区、南开区老城厢地区、红桥区三岔河口、河东区的直沽文化、东丽区东丽湖、津南区的天津智谷、西青区杨柳青、北辰区国家级产城融合示范区、宝坻区潮白河、静海区团泊湖、武清区南湖风景区、蓟州区独乐寺以及滨海新区中新天津生态城等区域名片得到全方位展示，美图、美文、美声，精彩的短视频传播，让天津市民和国内外朋友重新认识了天津这座城市，发现着身边的美好，坚定着天津人的自信与自豪。

结合合作机制，天津市委网信办、市政府新闻办还整合天津市十六位区长代言短视频，利用"天津发布""感知天津"、未来电视海外传播平台及中央媒体平台在世界智能大会期间向全国和海外集中发布"迎难而上 区长代言"中英文版，继续良好的宣传态势。

由此实践作为新尝试的开端，《公仆走进直播间》节目研讨推动天津市委网信办与市政府办公厅、海河传媒中心等主流媒体开启了更加深入的合作，实现媒体融合、新闻发布、媒体传播、舆论监督的有

机结合，为进一步加强和创新社会治理拓展载体和渠道、方法和手段，充分展示网络信息在提升社会治理现代化水平过程中的重要作用。

2. “平安天津在行动”特别策划，提升社会治理效能和水平

在各区落实市委市政府“迎难而上、双战双赢”工作后，特殊时期的社会治安又成为社会治理的重点。为了深入落实天津市委平安天津建设领导小组扩大会议暨市委政法工作会议精神，为决胜全面建成小康社会、推动高质量发展，创造安全的政治环境、稳定的社会环境、公正的法治环境、优质的服务环境，天津市人民政府办公厅、市公安局与天津广播新闻中心《公仆走进直播间》节目于2020年7月27日—8月5日推出六期“平安天津在行动”特别策划，分别邀请滨海新区、南开区、河北区、西青区、北辰区、武清区主管公安工作的副区长走进直播间，通过天津新闻广播（FM97.2 AM909）、津云客户端、“平安天津”微信平台向群众汇报在推进平安天津建设过程中的经验做法，倾听市民群众对公安管理工作的意见建议，增进市民群众对平安天津建设的理解支持，凝聚共识，形成社会合力。

创新点一：充分反映平安建设实际成效，创新设置“好警察讲好故事”环节

平安是人民幸福安康的基本要求，是改革发展的基本前提。在“平安天津在行动”六期特别节目中，各区分管公安工作的副区长结合全区社会治安实际，围绕目标定位，向广大听众、观众、网友详细汇报在创新社会治理工作方法、严打违法犯罪、严防可控性案件、严厉整治治安乱点、强力推进扫黑除恶、强化“放管服”改革等方面的具体工作，如何在平安建设中下真功夫、出重拳、下重手，全力提升辖区群众的安全感和满意度。值得一提的是，各区分管副区长也改变个人的表达语态和汇报风格，内容突出案例和实际情况，表达更接地气，就像跟亲人说话一样接受访谈，互动交流，气氛融洽，充分展现了新时代公安领导干部的良好形象。

此外，在“平安天津在行动”特别策划中，还创新设置“好警察讲好故事”环节，邀请基层公安干警介绍具体事迹，通过一个个真实案例和故事展现平安天津建设的成绩与特点。其中，全国优秀人民警

察、被誉为“社区闺女”的公安南开分局华苑派出所社区民警马燕、天津滨海新区公安局板厂路派出所所长于智义、公安河北分局宁园街派出所优秀社区民警陈炳云同志、曾参与跨国电信诈骗押解任务的公安西青分局青年民警只瑞、公安北辰分局果园新村派出所指挥调度室副主任肖光义、公安武清分局以自己名字命名社区警务站的社区民警张培培都在节目当中汇报了他们在平安建设中的真实故事与感受，内容丰富、生动感人、引人入胜，取得了不错的传播效果，充分展示了新时代基层民警的服务意识、担当精神与全新形象。

创新点二：充分体现“向群众汇报”理念与实质，多渠道听取群众意见建议

在“平安天津在行动”特别策划中，充分体现“向群众汇报”的理念和实质，特别注重通过现场群众代表、热线电话、微信网友等多方渠道反映问题和建议，参与节目的分管副区长、公安分局相关部门负责人结合问题建议进行答复交流，相关问题进一步推动落实，跟踪问题解决进展，分别针对交通秩序、户籍政策、《天津市文明行为促进条例》落实效果、打击防范电信诈骗、社会治安等方面的问题进行解答。截至8月5日，六期特别节目共接听群众反映问题建议近110个，都已报送给各区公安分局，并进一步推动答复落实。

此外，节目还邀请市人大代表、市政协委员、职业律师、群众代表等参与节目，结合每个区平安天津建设成效和相关问题进行点评和建议，分管副区长结合建议情况进行交流，并介绍下一步平安天津建设的主要工作打算。南开区退休党员、人民调解员、群众代表冯大姐就参与南开区专场的特别节目，结合平安社区建设提出相关建议，南开区副区长、公安南开分局局长赵年伏同志对冯大姐提出的意见进行解答，让冯大姐感到满意，非常高兴能有这样的机会与公安局领导直接沟通交流。职业律师李靖参与了“平安天津在行动”河北区专场节目，与河北区副区长、公安河北分局局长刘彤斌同志进行深入交流互动。李靖律师表示，通过参与节目，深刻感受到了公安系统领导干部和公安干警队伍作风的不断改善，感受到平安建设工作的实际成效，对天津的平安建设工作充满信心。

创新点三：提升社会治理效能和水平，推动平安建设成为天津城市名片

“平安天津在行动”特别策划不仅使各区公安分局对前一阶段工作成效进行了梳理、思考和总结，也通过多种渠道与听众、网友、观众、市民群众代表和媒体记者进行深入交流。各区公安局负责人表示，“平安天津在行动”特别策划以媒体融合的手段向市民群众汇报工作进展，创新形式，加强沟通，为今后推进平安建设工作广泛听取意见建议，将不断提升社会治理效能和水平。

天津滨海新区公安局将坚持不懈固根基、强优势、补短板、谋发展，全力维护国家政治安全和社会大局稳定，从建设更高水平平安滨海的高度，全力推进市域社会治理能力现代化，努力打造国内领先治安模范现代化的宜居宜业宜游智慧之城，为滨海新区高质量发展创造良好环境。

公安河北分局将坚持问题导向、实战引领，立足警务效能提升、打击能力提升、运行效率提升，着眼公安事业长远发展，瞄准病灶，立足长远，全面推进“三四三一”战力工程建设，通过打造联合指挥、技术合成、舆论塑造三个中心，进一步提升警务运转效率、手段应用效率、宣传工作效率。

公安西青分局将坚决扛起重任、勇于作为、迎难而上，继续在强化基层治理、推进警务工作智能化、提升打击犯罪质效上持续用力，不断提升社会治理效能和社会治安防控水平，让人民群众的获得感、幸福感、安全感更加充实、更有保障、更可持续。

公安武清分局将继续围绕主责主业，拓展新思路、新方法，发挥好各项管理和服务作用，牢记天津之“特”、武清之“卫”，坚持稳中求进的工作总基调，系统推进平安建设，科学把握整体工作力度和节奏，紧紧围绕全区治安实际和人民群众安全需求，不断地改进、创新、完善平安建设的方式方法，坚决维护武清安全稳定，为平安天津建设贡献武清力量。

经过这一系列策划后，市政府办公厅将与天津市公安局、天津广播新闻中心继续深入合作，以《公仆走进直播间》节目为载体和平

台，创新和完善“平安天津在行动”特别策划品牌，推动本市公安系统通过持续深化警务机制改革和“枫桥式公安派出所”建设，不断建立完善应对新形势需求、符合实战要求的新型警务运行模式，以更高水平、更大力度推进平安天津建设，共同携手打造平安、和谐、美丽的生活环境，推动平安建设成为天津的城市名片。

3.“向企业家报到”活动探索天津特色服务企业新机制，助推营商环境不断优化

进入十月，为进一步落实“六稳”“六保”举措和“津八条”“民营经济 19 条”，营造尊重企业家、爱护企业家、服务企业家的浓厚社会氛围，天津市人民政府办公厅、市委网信办、海河传媒中心又在 2020 年 10 月 19 日——10 月 28 日，在《公仆走进直播间》节目推出了“向企业家报到”特别策划。特别策划充分体现市领导提出的“无事不扰、有求必应、皆大欢喜”的具体要求，邀请市政务服务办、市工信局、市场监管委、市科技局、市发改委、市金融局等委办局主要负责同志走进津云中央厨房直播间，与企业家代表面对面交流，现场帮助企业协调解决生产发展中遇到的困难和问题，并邀请市社科联智库专家、市人大代表、市政协委员等参与节目建言献策。通过精心准备和创新策划，节目融合传播收到良好效果，仅在中央媒体新华网视频传播的观看人数就超过 320 万人次，新媒体图文报道、“为企业家讲政策”短视频传播效果显著，在全国范围较好地宣传了天津优化营商环境的成果，为即将召开的天津市企业家大会预热，助力天津经济社会高质量发展。

创新点一：聚焦营商环境优化，探索天津特色服务企业新机制

特别节目重点关注了复工复产、帮扶中小微和民营企业、行政审批服务、金融支持、科技服务、推动高质量发展和完善营商环境的具体举措。在节目中，市政务服务办、市工信局、市场监管委、市科技局、市发改委、市金融局等委办局主要负责同志分别与来自中国铁塔天津公司、国药天津公司、郁美净集团、康希诺医疗、天地伟业、九安医疗、科瑞泰、鼎泰丰孵化器、天津青年创业园管理有限公司、天津贵和鸿兴钢结构工程有限公司、华科泰生物技术有限公司、天津鑫

隆空港科技有限公司、拾起卖科技有限公司及市个体劳动者协会等近50家企业的主要负责人面对面对话交流，听取企业意见，真诚为企业排忧解难，为企业家服务。

此外，海河传媒中心广播新闻中心还特邀市社科联智库发展座谈会专家学者参与节目，来自南开大学、天津大学、天津财经大学、天津师范大学、天津理工大学的专家学者与委办局负责人对话交流，为天津营商环境改善和经济社会发展建言献策。

“向企业家报到”特别节目共播出六期。参与节目的市科技局局长戴永康同志表示，“向企业家报到”特别策划“影响大，反响好，编排精的一台优化营商环境大戏，希望永不落幕”。在节目之后的市科技局多次会议上，他还多次提到要深入学习“向企业家报到”的形式与内容，号召全系统改进工作，为科技企业发展保驾护航。

创新点二：促使委办局负责人努力当好“店小二”，把优化营商环境转化为具体行动

“向企业家报到”特别节目与市委网信办推出的“网媒暖津”公益活动紧密结合，邀请“网媒暖津”活动当中的企业家代表参与节目，与委办局主要负责同志面对面交流；此外，活动还与8890便民服务中心企业家专线、天津青年企业家协会等平台合作，征集企业家代表的问题建议，得到了社会的高度关注。

“向企业家报到”活动促使委办局负责人努力当好“店小二”，切实帮助企业解决问题。市民游先生购买了和平区鞍山道地铁站附近项目的底商，但由于种种原因，对着地铁一侧的卷帘门迟迟不允许开启，严重影响了游先生购买商铺的出租和经营，每年损失达到50万元。市政务服务办主任李荣强同志在节目现场了解到游先生遇到的问题后，积极协调轨道交通集团、开发商等部门，推进相关手续办理。仅用10天时间就帮助游先生解决了这个问题。市科技局局长戴永康针对科技型企业中科谱光信息技术有限公司遇到的融资难题，在最短时间内协调帮助企业解决了资金问题。市发改委副主任梁军、市金融局副局长黎红也都分别针对企业家反映的具体问题，现场交流答复，推动跟踪落实，把优化营商环境转化为具体的行动。

创新点三：融媒体传播，活动影响大、效果好

“向企业家报到”特别策划与海河传媒中心宣传策划机制深入对接，在天津日报、今晚报、天津广播、天津电视台、津云提前发布“向企业家报到”活动的消息，并预告直播节目，实现报、网、声、屏、端的全媒体联动宣推。

在市委网信办的支持下，津云客户端、新华网天津频道、抖音“津云号”、抖音“天津广播号”、百度天津及多家新闻网站视频直播特别节目；天津新闻广播（FM97.2　AM909）播出节目录音剪辑；天津广电网络导视频道也播出了节目精彩内容。形成了全媒体立体传播。据初步统计，每期视频节目在新华网传播在平均50万人以上，总计观看人数就超过320万人次，图文报道、短视频传播效果显著，在全国范围宣传天津优化营商环境的重要成果。

创新点四：推出“为企业家讲政策”短视频，延伸营商环境政策服务

“向企业家报到”特别策划还创新性地推出“为企业家讲政策”系列短视频，邀请参与节目的各委办局主要负责同志根据近期企业关注的热点问题，结合具体政策进行解读。“为企业家讲政策”系列短视频每个时长在2分钟以内，既体现权威性和公信力，也努力做到简明扼要、亲切自然。内容包括：新版政务服务网站说明、办理食品经营许可证需具备的条件和申请方法、高新企业认定标准、融资担保政策宣传、政企互通服务信息化平台及本市智能制造政策解读等，共计15个。在设计形式上，视频特效与动漫元素融入其中短视频制作，生动形象，形式丰富，让政策解读更接地气。

“为企业家讲政策”系列短视频目前陆续在央视频、津抖云、抖音、微信视频号等品台广泛传播，形成讲解天津营商环境政策的短视频政策包，展现天津优化营商环境的创新与努力。

综上，《公仆走进直播间》特别策划始终紧跟市委市政府中心工作、社会关切热点、社会治理难点，通过不同维度的创新和突破打出了精彩的“组合拳”，服务社会治理的创新与探索。

岁末年终，又到了《公仆走进直播间》节目委办局长年终访谈的

“重头策划”，“2020委办局长年终访谈”定位于深入贯彻落实党的十九届五中全会和市委十一届九次全会精神，总结“十三五”，展望“十四五”，邀请市水务局、市生态环境局、市城管委、市民政局、市卫健委、市医保局、市住建委、市农委、市交通运输委、市公安局、市人社局、市教委、市商务局、市体育局、市文化旅游局15个委办局的主要负责人走进津云中央厨房直播间，结合“十四五”规划和2035年远景目标的建议，在回顾“十三五”成就的基础上，展望今后五年发展目标，畅谈开局之年的工作目标和思路举措。在危机中育先机，在变局中开新局，奋力开创天津经济社会高质量发展新局面。

特别策划继续落实“向群众汇报”工作机制，邀请人大代表、政协委员、专家学者和群众代表参加直播，与委办局长直接沟通交流，积极建言献策，反映问题建议，推动解决落实。还继续深化媒体融合，第一次全面尝试新华网、央广网、新浪、搜狐、网易、腾讯、百度、抖音、快手等国内各大网站平台同步视频直播，一期节目最高关注度超过200万次，真正形成时政权威媒体与新媒体传播的双向互动，不断扩大影响力和社会效果。

二　媒体融合推动社会治理的共同基础

（一）社会治理和媒体融合都是要突出“以人民为中心”的发展理念

人民群众是历史的创造者，是社会的主人。习近平新时代中国特色社会主义思想的一个重要方面就是强调要牢固树立“以人民为中心”的发展理念。党员干部“向群众汇报”，首先是“以人民为中心”这一理念的落实与延伸。天津市委书记李鸿忠也强调，人民群众是党员干部的衣食父母。面对群众开展工作时，领导干部“向群众汇报”，请群众批评指正，体现着我们党立党为公、执政为民的宗旨要义，必须通过深化主题教育，打破思想深处“官本位”的心理，淬炼为民初心，磨砺过硬的群众工作本领。党员领导干部定期走进基层，走近群众，向大家汇报工作，是尊重群众的知情权、监督权，特别是在互动交流中听取意见、接受监督、拉近与群众的距离，获得破解难题的智慧和实招硬招，从而更好地为人民群众服务。因此，推动社会治理创新和提升社会治理能力的核心目的是“以人民为中心”，媒体融合的传播效果也要得到读者、听众、观众和网友的关注与满意，也是要“以人民为中心”，这二者是内在统一的。

为深入贯彻落实党的十九届四中全会精神，充分展现“不忘初心、牢记使命”主题教育活动的成效，按照新闻宣传战线“向群众汇报”活动的具体要求，在中共天津市委宣传部、市政府办公厅、市委网信办的推动下，2019 年 12 月 2 日—12 月 31 日，海河传媒中心推出特别策划“向群众汇报——委办局长年终访谈”，市城管委、市教委、市民政局、市水务局、市卫健委、市医保局、市人社局、市农委、市公安局、市场监管委、市住建委、市交通运输委、市商务局、市体育局、市文旅局 15 个委办局主要负责同志走进津云中央厨房直播间，与群众代表、听众、网友和专家学者交流互动，向群众汇报、请群众监督。

本次活动是践行“以人民为中心”发展理念，落实“向群众汇报”工作机制的一次生动实践，也是对“不忘初心、牢记使命”主题教育实践成果的一次集中检验，充分体现了媒体融合发展在加强和创新社会治理中的重要作用。中宣部《新闻阅评》12 月 27 日 16053 期刊文高度肯定了天津海河传媒中心的实践探索，认为这次“向群众汇报，请群众阅卷”特别策划有新意，对于“干群互动，增进共识，改进工作”，“是一种值得热推的好形式”。

（二）社会治理和媒体融合传播的关键都是突出问题导向，重视反馈落实

社会治理的重点要“治理”，“治理”的具体形式就是要突出问题导向，为群众办实事，帮群众解决问题，这一点在项目组的调研当中非常明显，无论是和平区的“和平夜话”，还是南开区的“扎根网络、血脉相融”及河北区、东丽区的相关活动，无论是天津在 2020 年先后成立的网格中心、综治中心，还是社会矛盾调解中心，都是要突出问题导向，以“向群众汇报”的初心与理念，融入工作机制当中，倾听群众诉求，“为群众办实事”。媒体融合传播要体现实际效果，也是要突出问题导向，与社会治理的理念与机制深度融合，重视落实反馈，才能体现出媒体融合推动社会治理的效果。

在《公仆走进直播间》“向群众汇报”“区长访谈”“向企业家报到”“委办局长年终访谈”等特别策划推出后，结合直播接听热点问题，区政府主要负责人和委办局主要领导都会第一时间到群众反映比较集中问题现场协调解决具体问题。市政府办公厅也在活动结束后，对于征集问题和建议的解决情况进行反馈和督查，推动落实的实际效果，真正做到“让群众满意”。

比如：2019 年 12 月 3 日，天津市教委主任荆洪阳针对节目中群众反映的“幼小衔接”违规办学问题表示马上整改，并由市教委下发《关于开展寒假期间民办培训机构开办学前班、幼小衔接班专项检查治理工作的通知》，在全市范围内，对面向学龄前幼儿开办学前班、幼小衔接班的民办培训机构进行专项检查治理。2019 年 12 月 6 日，天津市水务局局长张志颇在接受访谈过程中，群众代表现场反映和平区河南路 11 号供水管网老化、南开区凌奥花园小区污水外溢等问题，张志颇立即安排供水排水部门现场调查情况，纳入督办台账全力推动。12 月 16 日，市农业农村委主任沈欣在接受访谈过程中，群众通过热线反映，津南区双桥河镇小营盘村有人偷偷倾倒垃圾、静海区静海镇徐庄子村环境卫生差、武清区白古屯镇耿庄厕所改造后有异味等问题。沈欣次日一早带领工作人员赶赴这三个点位，现场督办整改。12 月 18 日，市场监管委主任林立军在直播中第一个热线接听群众反映关于南开区双峰道外卖参观违规经营问题，林立军责成市区两级市场监管部门立即联动处理，执法人员当场对违规外卖作坊予以查封，并推动市场监管部门在全市推行外卖视频明厨亮灶和安全封签项目。此外，对群众在节目中反映的河东区第六大道近 300 户居民暖气不热、西青区老年人配餐服务不规范、“三站一场”标识不清晰、部分社区体育设施损坏等问题，各相关部门都已经解决或正在解决中。

《公仆走进直播间》“与河长湖长面对面”系列节目中不只是唱赞歌、报喜不报忧，而是按照全市现场办公会的精神与形式，在节目中突出问题导向，通过暗访调查问题，推动河湖治理更加有效。在十七期节目当中，除了积极回应在现场办公会中发现的问题外，还通过记者深入调查共计发现涉及 16 个区共计 69 个问题，都通过视频报道在节目现场全景呈现。例如，在南开区专场节目当中曝光学府街环卫人员在河道周边私自填埋垃圾的问题，在节目结束后当天晚上，南开区河长办就立即采取措施进行清理，共拉出总计 15 车垃圾，并对相关人员进行处理；在北辰区专场节目中，结合暗访片报道的大张庄镇河湖长电话拨打四次无人接听的问题，记者与区河长办负责人现场拨打电话，对于公示牌和河湖长办值班电话接听情况形成有效监督，并推动北辰区全区范围类似问题的整改；在河东区、河西区专题节目中，都发现了垃圾脏乱及河道周边洗车问题，在节目结束后相关部门立即采取措施，推动问题取得实际效果；在红桥区专题节目中，曝光了大胡同商场海河周边开设违规停车场问题，时任红桥区区长袁家健立即奔赴现场了解情况推动整改，并按照承诺在三天之内将违规停车场拆除，还河道周边良好环境。

除了将节目现场设在津云中央厨房外，“与河长湖长面对面”多个专场节目还搬到了河湖治理第一线录制。如北辰区专场就安排在西堤头东赵庄村现场录制，与区现场推动会融为一体，邀请 49 个村两委负责人回应问题，推动落实整改。如蓟州区专场就安排在蓟州区人民公园现场录制，蓟州区 24 个乡镇负责人走进节目现场，结合暗访报道，回应问题，推动河长制落在实处。2019 年 6 月 4 日，“与河长湖长面对面”静海区专场中，与静海区环境治理工作会议结合在一起，现场曝光静海镇、良王庄乡府等 7 个镇 17 个村在河湖治理、全域清洁化等方面的问题，各乡镇负责人都现场答复并承诺了整改时间。然而，金汇江区长却一连提出三个疑问：“为什么我们的问题总是被媒体发现？我们的工作机制难道是摆设？是监管机制有欠缺还是责任心没到位？”他在现场表示，“凡是曝光的问题要一一回应，建立台账销号，给全区的父老乡亲一个交代，说句通俗点，作为乡镇干部和村级干部，要对得起纳税人，要对的起每个月我们所领的工资”。通过参与这期节目，金汇江区长也表示，这场特殊的环境治理工作会议，虽然让各乡镇和委办局负责人直面问题，多次“红脸出汗”，但切实感受到工作上的差距，问题的严重性，确实会对实际工作产生推动效果，使媒体监督与工作推动有机结合。

（三）社会治理和媒体融合都要推动公众参与，扩大影响范围，探索机制模式创新

随着改革开放和社会主义市场经济的发展，我国社会发生深刻而复杂的变化，单靠某一方面的力量难以处理好我国快速现代化进程中出现的各种社会问题。因此，社会治理不只是党委和政府的责任，多元社会主体合作共治是推进我国社会治理现代化的必然要求。在实际运行过程中，还要充分发挥媒体融合发展对促进共治的作用。共治即共同参与社会治理，要求打造全民参与的开放的治理体系。

反映问题建议，参与工作评议。在媒体融合推动社会治理创新的特别策划当中，不断扩大群众受众主体的范围，充分听取群众诉求，每期活动或特别节目开始之前，都要通过广播、报纸、电视、网络等平台广泛征集市民群众的问题和建议。在活动中，邀请现场群众代表、读者、听众、网友、市社科联专家学者、市人大代表、市政协委员进行对话交流，受众来源广泛，层次多样，反映问题和建议更具有针对性，涉及领域也更加全面。如“向群众汇报——2019 委办局长年终访谈”活动，就吸引超过 10 万人次参与各委办局 2019 年工作满意度打分投票环节，通过天津广播微信公众号共收集相关问题线索 1563 条次，直播中接听有效热线问题建议 362 个。

加强互动交流，点评传播效果。“向群众汇报”活动也引发党员干部和各界群众的积极参与，市委网信办连续发布《公仆走进直播间　搭建“干群”连心桥》《走进直播间　走向民心间》《拿什么向人民汇报》《用心向群众汇报　用行动让群众满意》等多篇“网事津评”，引起热烈反响。其中，来自河东区人民法院的干部李石表示，《公仆走进直播间》活动为干部向群众汇报搭建了一个良好的平台，展示各机关单位的服务成果，主动让人民群众阅卷，是对干部工作成果、主题教育成效的一次大考。来自咸水沽一中的教师杨路莹表示，拿出做事的态度，向人民汇报；拿出做事的实绩，向人民阅卷；拿出做事的承诺，请人民监督；直播间里谈惠民，探索落实“向群众汇报”工作机制，用态度说话，用实绩说话，用承诺说话。

吸引公众参与，推进志愿服务。在“与河长湖长面对面”特别策划中，从2019年8月底开始，天津市人民政府办公厅、市水务局、市文明办、广播新闻中心、津云新媒体联合就推出“河湖保护志愿者”征集活动，号召全体市民群众积极参与到报名和志愿奉献的活动当中。为了做好这项工作，广播新闻中心和津云新媒体广泛招募注册手续齐全、志愿服务记录良好、具备一定专业技能的环保领域志愿者，建立“海河守望者”志愿服务队。在天津志愿服务网、津云客户端—志愿天津等平台发布《河湖保护志愿者征集倡议书》，介绍操作流程，畅通志愿者报名通道。截至目前，仅“海河守望者”志愿服务队接受志愿者报名申请达500余人次，全市十六个区文明办系统也在广泛征集，逐步建立专项团队，为配合全市河湖保护志愿服务工作的开展，探索“民间河长”的创新工作机制作出了贡献。通过五个多月的不断努力和创新策划，“与河长湖长面对面”系列节目和“河湖保护志愿者”征集活动，正在成为天津落实河湖长制的重要载体平台，推进河湖治理和生态文明建设的重要抓手，并逐步推动天津形成政府主导、媒体推动、志愿者参与和市民互动的新型河湖治理模式。

（四）发挥媒体融合发展在加强和创新社会治理中的重要作用

党的十九大报告提出，打造共建共治共享的社会治理格局。党的十九届四中全会《决定》提出，坚持和完善共建共治共享的社会治理制度。共建共治共享是加强和创新社会治理的基本要求，对于维护国家安全、社会安定、人民安宁具有重要意义。我们要着眼于共建共治共享，充分发挥媒体融合发展在加强和创新社会治理中的重要作用。

媒体融合发展对于促进社会治理实现共治具有直接作用。全媒体传播体系的发展使党委和政府可以更为快捷、全面地了解社情民意，集中人民群众的智慧，为加强和创新社会治理提供重要依据。同时，基于新媒体技术的扁平化、互动化特征，媒体融合发展使得人民群众参与社会治理的过程日益简化、成本日益降低，可以为各种社会主体参与社会治理开辟新的途径。

经过不断探索与完善，以“向群众汇报”等系列活动为例，在实际运行过程中采用“发布成绩单—直播面对面—整改解难题—追踪再呈现”的历时性、渐进式报道模式。每期直播节目之前，海河传媒中心的主要媒体，包括天津日报、今晚报、广播、电视和津云客户端，公布各委办局“民生成绩单”，盘点一年工作进展和民生亮点。人民网、新华网、央广网、中国日报网、中国小康网等中央新闻网站驻津频道及新浪天津、腾讯大燕网、网易天津等商业网站也分别开设“向群众汇报——2019 年委办局长年终访谈”专题专栏，及时转载集纳相关稿件。全网发布相关信息 17864 条，传播量近 8000 万次。由天津广播主持的新浪微博话题#向群众汇报#阅读量达 318.3 万次，讨论量超 1385 次。

2020 年，“迎难而上　双战双赢——2020 区长访谈”在市委宣传部、市委网信办推动下，将新闻发布、媒体传播与媒体融合有机结合，全方位创新节目形式，推出“迎难而上　区长代言”短视频互动活动，引发社会各界广泛关注。截至 2020 年 6 月 28 日，全网发布“2020 区长访谈”“迎难而上　区长代言”相关文章 6946 篇，国内外总计传播量超过 1 亿 2000 余万次，比 2019 年“向群众汇报——委办局长年终访谈”传播数据提升 50%。

三　媒体融合提升社会治理能力的对策与建议

媒体融合发展提升社会治理能力研究是新时代的全新课题，需要围绕中心大局，把握主题主线，靶向聚焦热点、焦点、难点，查找共性问题和薄弱环节，坚持立与破并举，发挥新闻媒体的舆论监督职能和在社会治理当中的重要作用，积极开展富有建设性的舆论监督，推动工作开展，推动问题解决，在推进国家治理体系和治理能力现代化中有力、有效地发挥舆论监督和促进作用。

（一）加强机制和组织形式完善，做好选题策划，紧紧围绕中心工作和新闻热点，积极回应社会关切

为了更好通过媒体融合推进社会治理能力提升，首先要不断完善新闻媒体与政府部门的合作机制，在具体运作实践当中，要不断完善组织形成，让合作更加顺畅，办理更加快捷，才能不断提升整体影响力。

结合调研座谈的主要成果，天津市人民政府办公厅与广播新闻中心经过沟通协商，将加强《公仆走进直播间》节目与各委办局、区政府的组织协调、选题沟通和信息问题督办，拟建立和完善《公仆走进直播间》信息联络机制，确定各委办局、区政府固定的对接负责人和联络员，保证工作运转效率和顺畅，进一步提升工作效果。

在协调联络机制的推动下，新闻媒体将结合市委市政府中心工作、区域发展重点和新闻热点加强选题策划和组织协调，改变原先每年年底报送第二年主要节目安排计划的方式，按季度报送工作和宣传重点，每月更新节目选题安排，增加节目内容的重要性、权威性和及时性，进一步提高社会关注度。

此外，结合前期探索的主要经验模式，继续加强与市政府新闻办、市委网信办、市委政法委等相关部门的深度合作，探索新闻传播、媒体融合、新闻发布、社会治理的全方位融合，不断提升社会治理的能力水平。

（二）突出问题导向，关注问题反馈和考核监督，推动问题整改和落实

提升节目公信力媒体融合提升社会治理能力，还要在治理机制完善与考核监督力度上进一步加强。在信息联络机制推动下，新闻媒体要及时汇总直拨热线、新媒体问题和新闻热线的问题建议，在政府部门的审核和推动下，反馈给各政府部门联络员，严格规定答复和办理时限，并及时报道反馈督办情况。对于群众反应的问题，按情况分别对待，凡是应该解决的，必须限时予以解决；因客观原因短期无法解决的，要给出解决问题的时间表；确实不该解决的，也应向反映群众说清情况，取得理解；实在不理解的，请相关单位继续关注，如有新办法新政策，应第一时间予以办理。增加解决群众反映问题的方式，除交给各区政府、各职能部门进行处理外，要加强市政府办公厅的督促和协调力度，对于群众反应比较强烈的典型问题，要通过现场监督检查、召开协调会推动、报请市领导推动等多种方式推动解决。

按照调研和征求意见的情况，建议政府部门和新闻媒体还要完善节目评价机制，利用新媒体和互联网手段在节目直播开始 24 小时内邀请社会各界、听众网友为政府部门直播情况进行综合评价，并科学、公平、公正地计算具体分值。同时，经过充分研讨，进一步完善媒体融合情况与社会治理绩效考核的对接机制，在主要领导参与情况、问题反馈效果、综合评价情况等方面作为重要依据，提高各单位重视程度和节目效果。此外，还将结合政务网全面改版升级，相关综合评价和考核情况还计划定期公布在政务网专业栏目里。

此外，每季度，政府部门与新闻媒体将共同制定媒体融合平台的信息联络机制工作简报，及时汇总机制运行情况和相关问题督办处理情况，并公布和点评答复办理情况；每年年底将召开信息联络机制年终总结会，推动工作开展，总结和考核每年运行情况，并对优秀联络员和参加单位予以表扬和鼓励。通过不断完善机制和加大考核督办力度，确保节目反映问题和承诺能够得到落实和答复，进一步提升节目权威性和公信力。

（三）加大媒体融合力度，将媒体融合的方式融入社会治理全过程，提升影响力和生命力

媒体融合提升社会治理能力，还要在融合创新的手段、层次与水平上不断加强。在前期探索过程中，《公仆走进直播间》特别策划的媒体融合实现立体化传播，打通了海河传媒中心策采编发各环节，实现了报纸、广播、电视、新闻客户端在直播前期、中期、后期的全过程联动，推动了报道传播效果和影响力不断提升。报纸上能细读文字、电台中可听热线、电视中能看现场、客户端实时参与直播，多种媒体、多种传播形式的联合报道，尽可能地覆盖了最大范围的受众，满足了不同信息接收习惯的人群对相关资讯的获取要求，提升了互动式报道中受众的参与度，形成了线上线下多种介质媒体受众共同关注、参与的良性局面，让主流媒体正面发声的舆论声势得到最大化体现。

经过调研和座谈后提出建议，新闻媒体可以在政府部门的支持推动下，建立符合节目特点的融媒体工作室，以融媒体节目为主要平台，全新推出短视频等新媒体产品。具体来说，如天津广播新媒体将结合“公仆走进直播间”节目提供的问题信息内容，与相关部门进一步对接详细资料和图片，在节目直播后，制作并推送关注度比较高的新媒体产品在“天津广播”微信平台推送，扩大节目传播效果。此外，天津广播新媒体还将结合“公仆走进直播间”节目提供的问题信息内容，并剪辑直播视频后，包装制作成《政在说》短视频，制作具有信息量大、关注度高、内容权威、形式丰富的融媒体产品，在津云等新媒体客户端及天津广播新媒体进行传播。

（四）以媒体融合发展促进社会治理信息化

从媒体融合发展趋势看，未来全媒体传播体系不仅是内容生产者、信息传播者，更可能成为新时代社会治理的综合专业信息化平台，形成一个平台、多方汇集、共同推进的社会治理模式，从而不断提高社会治理信息化水平。此外，随着云计算、大数据、物联网等新兴技术的日趋成熟和在全媒体传播体系中的广泛应用，全媒体传播体系将不断进阶升级，形成强大的信息采集、分析、应用能力，在提高社会公共服务信息化水平方面发挥重要作用。近年来，我国政务新媒体发展迅速，不但有力推动了服务型政府建设，也有力提升了社会治理信息化水平。

为进一步提升天津市的政务服务能力，更好地满足企业和群众对政务服务的需求，2020 年 10 月，“津心办” App 全面升级 2.0 版本，提供更加尽心的服务。此次升级后，“津心办”大幅提升了高频应用便民服务事项，已涵盖社会保障、交管出行、医疗卫生、公安户政、生活服务、文旅科教、司法公证以及综合其他类 8 大领域 254 项高频应用服务事项。此外，为进一步拓展深化我市移动政务服务的内容范围，“津心办” 2.0 版本最新上线“瞰天津　阅津彩”新闻资讯专区，将优质新闻内容融入政务服务，打造“政务 + 资讯”的新型在线政务服务模式，套餐服务内容更丰富。专区内设置“津点读”“津策通”“津事记”三个板块，为市民提供第一手的新闻、政策信息等相关内容。下一步，海河传媒中心《公仆走进直播间》节目可以结合自身资源优势与政务服务智慧平台“津心办”深度合作，实现智慧政务与媒体融合的全新模式，形成新政策媒体解读、市民问题媒体追踪、反馈情况及时公示的流程，以媒体融合发展提升社会治理信息化水平。

今后，以媒体融合发展还要促进社会治理智能化。随着人工智能等技术的发展，智能化时代正变得触手可及，“智慧社会”“智慧城市”等理念应运而生，智能化将使社会治理体制机制发生新的变化。智能化是媒体融合发展的重要趋向，将在进一步加强和创新社会治理中发挥重要作用。要通过媒体融合发展构建智慧全媒体传播体系，使其不仅能满足“智慧社会”“智慧城市”的信息传播需求，还能助力解决“智慧社会”“智慧城市”治理中的各种现实问题。

四　结语

总之，进入新时代，媒体竞争格局不断激烈，但新闻媒体的作用不可小视，还要不断提升定位挖掘发展空间，通过媒体融合的手段，积极参与推进共建共治共享的社会治理格局建设，做好党和政府联结广大人民群众的桥梁纽带。坚持党性与人民性的统一，坚持人民立场，秉持为民情怀，发挥媒体优势，运用全媒体手段，强化互动性特色和服务性功能，搭建民意表达和沟通对话交流平台，建设政务信息服务等为民服务平台，积极主动反映社情民意，积极主动引导社会舆论，以媒体融合发展推动社会治理创新和提升社会职能能力。

此外，媒体融合发展提升社会治理能力，还要努力完善坚持正确导向的舆论引导工作机制，把握社会现实，加强舆论引导，推动积极向上主流社会思想意识的形成和发展，调控消极负面社会舆论，挤压错误思想舆论的空间，构建多元传播格局中的舆论引导体系和舆论引导机制，在推进国家治理体系和治理能力现代化中，推动积极社会情绪的放大和正向社会舆论的繁盛。

新媒体时代乡村喇叭的多元化嵌入

——基于通海县六一村和四寨生态村的研究

肖　青　奚沅岑

（云南师范大学传媒学院教授；云南师范大学传媒学院硕士研究生）

摘要： 在新媒体不断涌现并且变更着时代步伐的今天，乡村喇叭在相当多的村落里依旧发挥着作用，并出现了流动喇叭现象，甚至在此次新冠肺炎疫情防控工作中，乡村喇叭成为抖音里的一种表现对象，这些新媒体时代新的喇叭形式，形成乡村喇叭在乡村社会中的多元化嵌入。本文以通海县六一村和四寨生态村为研究个案，考察在新媒体时代，新的喇叭形态是如何在乡村社会中应运而生并嵌入乡村社会日常生活里面的，进而探讨声音、语言和图像与乡村社会的内在关联。

关键词： 乡村喇叭；声音政治；“村言村语”；抖音短视频

从 1949 年《共同纲领》第四十九条“发展人民的广播事业”，到 1955 年第三次全国广播工作会议确定重点发展农村广播网；从 1965 年第九次全国广播工作会议讨论如何办好面向农村广播，到改革开放后的“村村通广播电视工程”。广播所发挥的巨大作用是其他媒介无法替代的，广播不仅是村民们了解村内事务以及外界信息的主要渠道，也对农村体制的改革起到了非常大的积极作用。

直到 20 世纪 80 年代以后，电视、互联网的相继出现并进入普通家庭，才发生了重大转变，使得广播逐渐退场，也颠覆了传统的传播模式。人们的生活方式都受其影响，也为之改变。相比新兴媒介，广播显得最不占据优势，也逐渐边缘化，甚至淡出人们的视野。

但事实上，在新媒体时代的今天，作为传统媒介之一的乡村广播/乡村喇叭也被卷入了历史的转型中，并且在相当多的村落里，喇叭依旧发挥着作用。笔者所研究的个案通海县六一村和四寨生态村，乡村喇叭仍是村落重要的公共媒介，而且一直在响、每天都响，并伴随着一些新的喇叭形态出现。

一　声音：国家政治话语下沉与村民公共舆论表达

（一）研究个案

通海县是云南省玉溪市下辖的一个县，以汉族为主，有彝族、回族、蒙古族、哈尼族等少数民族。本文所要研究的个案——通海县六一村是通海县秀山镇的一个行政村，辖上罗村、下罗村、杨李村等八个村民小组。这里曾经生活着300多位“三寸金莲”，因是全国小脚女人人数最多的村庄而被誉为“中国最后的小脚部落”。（但如今还在世的小脚女人已仅有个位数，而且都是鲐背之年的老太太）六一村坐落在通海县政府正对面，两地距离三公里左右，径直道路就可到达。六一村的政治、经济和文化在通海县的乡村一直稳居领先水平。砖混结构五六层高的村民私家乡村别墅排排坐落；村党支部服务中心以及区派出所村警务室的建成，使得该村的社会治安治理更上新台阶；舞龙、火把节是该村重点打造的文化特色。六一村是通海县发展前列的现代化农村，在2018年，还被评为“云南省文明村”。

相较六一村，四寨生态村就相对传统和封闭。四寨生态村是一个尼苏彝聚集的古老村落，下辖小新庄村、大寨村、水磨石村、白新寨村四个村落，四个村落里的村民几乎都是彝族，除了水磨石村外，都以当地彝语作为日常交流语言。该村发展相对较后，大概2004年的时候才铺通了去往城镇的水泥路面，之前都是土路。道路便利后的四寨村，也开始搞起经济作物蔬菜的种植，并取得较好效益，如今的四寨生态村也开始全面新农村建设，带小院的私家别墅也是层出叠现。

六一村是属于“坝区”，也就是平地地形，而四寨生态村则属于“山区”，也就是山地地形，坝区和山区也是通海县乡村地区两种主要的地理形态。在过去，坝区的人由于离县城较近，及其得天独厚的地理区位优势，发展较快，由此便有一种自带的优越感；而在山区，特别是少数民族聚居的山区，一直都是他者想象中的原始状态。但事实上，山区的发展虽然没有坝区那么迅速，但其同样卷入了现代化的浪潮中，经济发展建设同样蒸蒸日上。

在六一村其所辖的八个自然村落中，每个村落的村委会都设有一间独立挂牌的“广播室”。里面摆放整齐，空间富足，一般都是由一套桌椅、一个鹅颈式会议话筒、一套扩音设备组成。此外，还有六一村总的广播室，也就是“六一社区广播室”，里面存放着好几样“古董”，比如，绿皮铁柜晶体管扩音器、小喇叭年代时候的木柜控制操作台等一些大家都不能准确叫出名来的广播扩音设备。

（二）定点广播

六一村至今保留着每天播放定点广播的习惯，主要是转播由中央广播电台制作的“中国之声”广播节目。分三个时间段来播放，其中一段是从早上六点半到八点，另一段是下午两点半到四点，最后一段是晚上六点半到八点，这个时间一年四季都不会变。偶尔也会插播省级、县级的广播节目，但是更新频率特别慢，几乎要一个星期左右才会更新，慢慢地也就不再转播，定点广播主要还是转播每天都更新的中央广播电台“中国之声”节目。村民们通过碎片式的定点广播收听，又加以自己的理解和组织，传递给其他人，形成二次传播。

定点广播每天都在响，但也不是所有村民都会认真听广播。首先是语言障碍，很多村民的文化水平还比较低下，以致不能对官方语言进行准确解码，特别是在少数民族村落，很多年长的人是只会说当地少数民族语的，还不能完全听懂普通话；其次是官方的广播内容与村民们的日常生活没有直接的联系，听与不听对村民的日常生活所造成的影响并不太大；最后是由于距离或者广播本身的品质因素，村民们听得见广播在响，但听不清楚在讲什么。

定点广播在村民们的日常生活中，更像是一个报时器，许多村民往往以定点广播的播放时间来作为日常生活作息的参照。正如孙信茹所言，人们对于时间的感知和理解常常会和媒介的使用与依赖相连。

从另一个角度讲，媒介中播出节目的时间也时常会成为规范和指引人们行动的坐标。①

潘祥辉（2019）在论述“广播下乡”对农村社会发展的影响时说道，“广播下乡”从政治、经济、文化等方面深刻地影响和改变了农村社会的发展进程。“广播下乡”有机地整合了农民与国家的关系，依靠广播网和“声音政治传播”，党和政府成功地调动和整合了农村力量；“广播下乡”在农村普及了新观念和新文化，广播这种宣传形式的新颖性和贴近性，使其具备了巨大的教化功能；“广播下乡”也促进了科学知识和技术在农村的推广，使传播科技成为广播下乡的重要的职能。②

从一定程度来说，乡村定点广播所转播的中央电台广播节目，或者省、县一级的广播节目，其代表的就是党和国家的政治声音，广播媒介成为传播国家政治话语的一个重要载体。而广播收听的伴随性优势，尤其是在农村，村民可以一边做农活，一边听广播，久而久之，也会对村民起到一定的科普知识作用，但也体现了它强制性的特点。

（三）声音政治与乡村公共生活

广播和政治的影响是相互的。一方面，政治形势的变化有力地推动了农村广播的扩张和“激进化”，另一方面，农村广播的宣传也反过来强化和放大了当时的政治气氛，甚至造成了“政治狂热”。③

在近年的乡村治理中，存在着“行政下乡”和“自治下沉”的现象。“行政下乡”是行政化逻辑指引下党和国家意志向乡村社会的渗透，“自治下沉”则是在公共服务逻辑下自治单位（权力）向自然村和村民小组下沉。④

除了定点广播外，村里最重要的还有人为喊话的喇叭，一些关于本村的琐碎事务一般都是由副村长用喇叭进行通知，而当有上级下发

① 孙信茹：《传媒人类学视角下的媒介和时间建构》，《当代传播》2015 年第 4 期。

② 潘祥辉：《“广播下乡”：新中国农村广播 70 年》，《浙江学刊》2019 年第 6 期。

③ 潘祥辉：《“广播下乡”：新中国农村广播 70 年》，《浙江学刊》2019 年第 6 期。

④ 赵晓峰、魏程琳：《行政下乡与自治下沉：国家政权建设的新趋势》，《华中农业大学学报》（社会科学版）2018 年第 4 期。

的不涉密且事关村民利益的政策文件时，村支书就会将文件内容用地方方言进行转述并通过喇叭传播给村民，其对官方信息的二次解码，拉近了距离，这种经过地方化处理的文件，便是村民们喜闻乐见的广播形式，也就很好地实现了“行政下乡”和“自治下沉”，对贯彻落实国家政策和基础设施建设方面有着重要积极作用。

乡村大喇叭在乡土地域的传播，是一种特殊的人际传播。[①] 中国的乡村社会是一个熟人社会，[②] 对于村里的人和事大家都是了如指掌的，也就是说，对于大喇叭声音的发出者，大家不仅能通过听声音辨别出声音源，而且还可以通过听声音，在脑海中还原出声音发出者的音容笑貌。

为了引起村民们的注意，村支书在用大喇叭通知村务之前，都会先放上一小段音乐，再进行广播通知，“通知，通知，三组的农户请注意……再通知一遍……最后通知一遍……没有听清的农户请相互转达”。这是历届村支书们约定俗成的通知模板，对同一事务都是再三强调的，以加深村民对相关信息的了解。通知完毕，也就默认村民们都知晓了，不需要再进行专门的反馈。在此过程中，其与村民之间是零交流的，这也是大喇叭所呈现出的舆论空白。

虽然现在村里也组建了村民微信群，但是效果不尽如人意，村里的微信群一般只有村行政人员在发通知，也就是其在用喇叭详细通知完后，又将主要内容简要编辑成文字发送至群内。只有极少数的村民会在群内进行互动，而且内容一般无关紧要，这是一种单向的交往方式。新媒体时代的微信群，虽然为村民们开辟出了一个新的公共交往空间，可以足不出户就参与到公共交往中，但是在乡村社会中，极大部分年纪稍长的村民是不使用微信的，甚至有些村民用的还不是智能手机，所以其并不具备普遍性，就算是已经在群内的村民，大部分还是更愿意面对面地交流交往方式。

---

① 刘彤、许志强、田志：《突发公共事件中农村“大喇叭”的作用及优化》，《青年记者》2020 年第 9 期。

② 费孝通：《乡土中国》，生活 · 读书 · 新知三联书店 2013 年版，第 6 页。

在村落里，大喇叭一般是设在人员较为集中的村落街心，或者村民住宅集中的区域，但是，部分村民并不在以上范围内，就会导致听得见大喇叭在发声，但听不清大喇叭在讲什么的情况。而在村落里，有很大一部分人是还没有使用微信，或者还不太习惯使用微信的。这时候，没听清大喇叭所讲内容的村民就会来到村落街心的小卖部，来询问小卖部店主大喇叭通知了些什么。

无形中，小卖部或者是小卖部附近的空地，也就是村落的主街道也就成了人们的一个公共交往空间，在这个空间里，村民们通过大喇叭接收到的同一类信息会成为他们日常交流的话题，大喇叭发出的信息也会在这个地方得到解读，大喇叭成了村民与村民之间人际交往的纽带。在这里，村民们可以畅所欲言，发表自己的观点，也就形成了一个公共舆论场，实现村民们的公共舆论表达。小卖部店主也主动担起了认真听广播的义务，久而久之，也就增强了村民与村民之间的认同感和归属感，广播发挥着一种建构村民之间共同体理念的作用。①

农村大喇叭作为农村地区的公共媒介，其与乡村公共空间的公共性存在某些互通性，乡村公共空间与社区认同、社会秩序、社会融合关系密切，是形成公共舆论、促进公共参与、培育公共精神的重要载体，具有消除分歧、缓解紧张、达成共识、互惠合作、文化整合的社会功能。② 除此之外，通过此次新冠肺炎疫情防控期间，抖音里的喇叭喊话视频还发现，在通海乡村地区，很多坐在话筒前进行喇叭喊话的都是女性，比如四寨生态村的妇女委员、兴蒙乡的女书记等，还有各乡村行政人员的组成中几乎都有女性角色，比如六一村的财务保管员就是女性，这些都让我们体验到当前政治民主化进程中的女性参政模式。

---

① 陈苏、丁和根：《乡土认同建构中的媒介力量——从有线广播视角的考察》，《西南民族大学学报》（人文社会科学版）2017 年第 10 期。

② 张良：《乡村公共空间的衰败与重建——兼论乡村社会整合》，《学习与实践》2013 年第 10 期。

“声音”一词已成为身份和权力的代称。借助女性声音（仅就叙述者语言形式上的性别而言）那些身处社会边缘的女性能够表达独特的经验和观点。“发言权既成为妇女进行积极的自我改造的一种仪式，也成为妇女由客体转变为主体的一个程式。”① 女性的政治参与，对传统的参政模式提出了新的挑战，同时，女性政治声音的发出，无论对于公众舆论的形成还是民主化进程的推进都有一定的促进作用。

党和国家的政治声音通过广播媒介传递到乡村社会，再经过地方化的处理，实现平民化表达，使其政治话语下沉，形成有效互动，进而促成村民公共舆论的表达。

二 语言:“村言村语”勾连“村民”与“乡村”之间的社会关联

在笔者的研究个案中，最有意思的是新媒体时代新的喇叭形式——乡村“流动喇叭”的出现。这里的“流动喇叭”一般指的是装有喇叭设备的车，比如政府部门的宣传车、流动商贩用来叫卖的喇叭等。

（一）官方语言

在新冠肺炎疫情防控初始期，县级防疫相关部门，将“宣传车”（装有喇叭的车）驶到了通海各乡村地区的大街小巷，通过流动宣传车上的喇叭，将提前由县广播电视局的播音员录制好的防疫相关知识，以流动、反复地宣传方式将信息传播到村民们的耳朵里。在此过程中，如碰到人群聚集的情况，又人为地通过车上的喇叭进行喊话，村民们听到喇叭喊话也就不再聚集。

此外，在通海乡村地区，比如四寨生态村，其属于山地地形，有着丰富的森林资源，在绿水青山就是金山银山的理念之下，更是重视对其的保护。而在一个“靠山吃山”的传统少数民族村落里，平时会有络绎不绝的村民上山找生火做饭用的柴、找发酵好的松毛来作农家肥料；特别到了夏季，本村、外村的人们都喜欢上山找蘑菇；每逢清明节、火把节的时候，也会去到山上的坟墓前进行烧纸仪式。这些活

① ［英］约翰·斯道雷：《文化理论与通俗文化导论》，杨竹山等译，南京大学出版社 2001 年版，第 232 页。

动都避免不了村民们将火种带上山，对于森林资源的保护都会存在很大的安全隐患。

其次，在农村会产生很多的作物秸秆，环保意识薄弱的村民都会将其进行田间燃烧。因此，经常会有林业局、消防部门等单位的公务用车驶入村庄，驶入车能开到的山上、村角落，通过车顶上的小喇叭，将提前录制好的一些相关法律知识传递给村民。对田间燃烧作物秸秆一事也是加以管制，首先是让村领导将此事的危害性及存在的安全隐患通过村里的高音大喇叭告知给村民，其次就是在“巡逻”的过程中，如遇到田间烧秸秆的村民，就会将其带到镇上交纳罚款，并进行相关知识教育。在村民们看来这是一件很碍于面子的事情，所以，慢慢地也就很少再有田间燃烧秸秆的现象产生，村民们改变为将秸秆拿来喂牲口，或者将秸秆搬出田间，拿到专门的发酵池进行发酵二次利用。

还有通海乡村地区“集镇”上出现的装有喇叭设备的“综合管理”巡逻电瓶车。比如六一村，每逢带数字 1 和 6 的号数，就是其赶集日，赶集日这天，各村摆摊做生意的商贩们基本都会会集于该村的集贸市场进行商品买卖交易。当然这些商贩们也是流动的，因为在通海县的集镇不止于此，还有比如每逢数字 4、7、0 的七街等。每逢赶集日，集镇上总会出现巡逻小车，这类巡逻电瓶车同样装有喇叭设备，也是会将一些提前录制好的防盗防骗一类的警示信息通过车上的喇叭传递给来赶集的人们。同时，在遇到违规停放车辆等情况，又进行人为喇叭喊话。在这些民间自发组织的活动场所中，同样有“官方”的身影。

除此之外，在《云南省 2020 年农村人居环境整治工作意见》《通海县农村人居环境整治提升“百日攻坚”“专项行动方案”》的政策要求之下，随即而来的就是出现在通海各村落里的“乡村垃圾清运车”。乡村垃圾清运车也是由相关政府部门牵头并由地方主要负责实施的，一般是带有车厢的拖头拖拉机，驾驶室的车顶同样装有喇叭设备，当车辆驶入村庄的时候，就会通过车顶的喇叭播放固定的音乐以及提前录制好的“告知书”来提醒村民出门丢生活垃圾。

以四寨生态村为例，乡村垃圾清运车每隔一天就会来到村落进行生活垃圾的收集，其车主是邻村的汉族人，师傅以前是做猪肉买卖的，所以大家对他都不是很陌生，而且其人缘较好，很快就与当地村民打成一片。当他将响着喇叭的垃圾清运车驶入四寨生态村，以及他亲力亲为地为村民们起模范带头作用。带来的不仅是村民素质的提高，而且是整个村落人居环境的改善，甚至可以说这是一种现代文明的流入。当然，他同样代表着“官方”的声音。

在这之前，该村的生活垃圾都是丢在村里自建的垃圾坑，村里的垃圾坑一般设在村口，以及村民住宅集中区域的背隐处，用空心的水泥砖沿着地面砌成一个长方形状，是开放式的，没有遮盖的顶。大风天气，垃圾会到处乱飞；下雨天又会累积很多雨水在里面，加上垃圾本身的腐蚀性，不仅变得烂糟，还会散发出一股恶臭；此外，农村有很多放养的狗，还经常会去垃圾堆里找吃的，非常不卫生，也大跌村容村貌。乡村垃圾清运车的到来使该村逐渐形成“垃圾不落地，及时处理”的理念。

村民们听到小喇叭响，或者到了约定的时间点，就会提早带上生活垃圾来到村落中心或较宽的路口等待垃圾清运车的到来，陆续走出家门的村民会三五成群的聚集在一起，正是在这短短的等待过程中，村里发生的碎片式“新闻”便会构成村民们话题的开始，一个新的公共交往空间正在被重构。

在一个被私密的家庭空间所封闭的信息时代，以及村落公共空间日益淡化的时代，彝族村落都会设有公共交往空间——“跳脚场”，到了农闲季节，或者夜幕降临，老老少少的村民都会聚集于此玩乐；此外，新建的“老年活动中心”对淡出人们视野的“跳脚场”有着或多或少的替代作用，聚集在活动中心玩乐的村民并不局限于老年人，青年人同样会聚在此玩乐。但是自新农村建设工作开始，距今七八年前，为发展建设需要，位于村落中心的老年活动中心被撤除，也就意味着村落的公共交往空间逐渐式微。

刘诚、张祖云（2019）认为公共性是乡村公共空间的核心属性，是维持其生存和发展的支撑条件，也是未来乡村公共空间发展的重要原则和方向。乡村公共空间的公共性体现在可达性高的公共场所、合作参与的集体行动、多元包容的空间理念、混杂复合的社会功能和公益共享的价值追求五个方面。[①]“乡村垃圾清运车”依靠外界力量的介入，形成乡村公共空间的重建，其核心依旧离不开对“公共性”的重构。而喇叭作为该车的重要媒介，其与乡村公共空间以及公共性的重建有着一定的互通性。

无论是操作乡村垃圾清运车的“局外人”，还是通过喇叭传递声音的乡村垃圾清运车，其进入村落之后，都与村民们的日常生活产生了互动并带来相应的影响，不仅重构起乡村公共交往空间，同时也勾连起村民与乡村的社会关联。最主要的还是喇叭作为一种媒介，促进了公共参与和社会动员，进而对村民们的日常生活产生相应的影响。

这些政府相关部门的“流动喇叭”所带来的是官方语言的“在场”。“在场”指的是由特定的大众传播制度及相应实践所构筑的媒介时空中的一种“结构化”存在及其象征意义。[②] 它于特定的时空和场所内展开，并伴随一些行动的产生。政府部门通过流动喇叭将法治精神和法治原则传达落实“最后一公里”，进而推进乡村治理的法治化。

（二）民间语言

“流动商贩”也是四寨生态村的特色。近些年来，许多邻村做小吃生意的商贩，比如卖凉拌菜、卤肉、烧烤，还有卖小菜、糕点、水果等的小商贩，到了傍晚时分就会开着面包车、微型车甚至是小轿车来四寨生态村卖东西，他们会根据四个村子不同的作息规律，最主要的参照就是村民吃晚饭的时间。比如，水磨石村的农田离村民住宅区较远，所以他们都是天快黑的时候才回家做饭吃的；小新庄村整体布局比较集中，村庄面积和人口数量也都只有水磨石村的三分之一，农田和家的距离不是太远，所以吃晚饭的时间相较于水磨石村

---

① 刘诚、张祖云：《乡村公共空间的公共性困境及其重塑策略——以邓州市桑庄镇为例》，《人文地理》2016年第6期。

② 郭建斌：《在场：流动电影与当代中国社会建构》，上海交通大学出版社2019年版，第2页。

会早很多，很多村民会当作休息，傍晚就回家做晚饭吃，吃完再出去干会农活。

而且在同一个村落里，村民们的作息规律无形中也会形成一种共通性。因为村民们日常偶遇的问候语就是“吃饭没，要去哪?”久而久之，通过口口相传的方式，以及人们从众的心理，就会使之成为一种默许，从而去遵循它。四寨村生态由四个不同的自然村落组成，小新庄村和大寨村较相邻，水磨石村和白新寨村较相邻，所以两个分别相邻的村子又更具相似性，也正是因为这些规律，隔天傍晚就会进入四寨生态村的乡村垃圾清运车，同样也是照此规律来规划行车的先后路线，也就是从小新庄村开始，再到大寨村和白新寨村，最后以水磨石村收尾。

这些基本由汉族人构成的流动商贩，在进入少数民族村落，也就是进入四寨彝族聚居村落之后，也会伴随地方乡土人情的产生，最明显的就是语言的变化。这些流动的商贩基本都是通过手持喇叭进行叫卖，也有直接将喇叭装在车顶上的商贩，叫卖的语言都是通海方言，村民们听到叫卖的喇叭，就算不太想买所叫卖的东西，但也会随着喇叭声出门凑热闹，而这段时间也是村民们一天中相对放松的时候，劳作了一天的村民来到村落中心摆摊的商贩面前，总能遇上几个平日里遇不到的“熟人”，于是便借此展开简要的社会交往，流动商贩的到来，同样为当地村民们建构了一个新的公共交往空间。久而久之，商贩们也和村民们打成一片，能听懂部分当地彝族语言，有的甚至尝试用当地的彝族语言进行叫卖，商贩们口中“地道”的彝语与热闹的社会交往场景交相辉映，很是和谐。

商贩们自觉地学会当地彝语，最直接的原因是与当地村民的人际交往互动，但是也不排除他们通过听当地高音喇叭来学会当地彝语。四寨生态村的大小事务基本都是通过村里的喇叭进行通知，而且对同一信息都是再三强调的，广播通知的时间也基本都是选在村民们在家做中饭或晚饭的时候，这个时间点跟流动商贩们出摊的时间基本一致。并且村里的高音喇叭就设在村落街心（村落最中心的街道），也就是商贩们摆摊的地方，所以这个声音同样会进入商贩们的耳朵，是无法抗拒的。在涉及一些相关政策文件宣读的时候，好些词汇与现代汉语是一致的，只是语气稍有变化，所以结合时政也能猜出部分。再通过村民们一些碎片化的解答，也能大概将通知的内容弄个明白，这是一种潜移默化的影响。这样的经验是笔者在跟其中好几个常驻流动商贩的交流中得到验证的，他们确实能听懂部分高音喇叭喊话的内容。

来到村落里的流动商贩基本都是邻村的“熟人”，因为这些小贩还是街天（赶集日）集市上的摊主，时间久了，大家就“认识”了，甚至有的商贩来自方圆30多公里外，这些商贩的到来，首先是为了讨生活，另外，很大程度上代表着汉族人对彝族人的认可。在过去，经常听到有人嘲讽山区的彝族是“倮倮”，在人们的想象中，山区的彝族还过着原始的生活，坝子的人总会带有一种优越感。今天的四寨少数民族村落也经历了或正在经历深刻的社会转型，也承载着现代化、城镇化等多元内涵。随着道路的修缮，该地的经济也是蒸蒸日上，当地村民同样新建起自家小洋楼，而且文化教育也在不断强化。

流动商贩们的到来，不仅将外界文化带来了四寨，也将四寨文化带出了外界，让越来越多的人重新认识四寨，所以与其说是一种商品的买卖，更不如说是一种文化的交流。社会制度的变迁和人们的意识转变并不是同步的，村落和乡民以一种从未有过的方式解读和吸纳着城市文明，解构和重构着现代的村落生活。[①] 可以说这是一种对地方知识的再生产，其以一种吸纳性与包容性，显现出强大的社会关联性。

新媒体时代新的流动喇叭形态，不仅重新建构起村民们的公共交往空间，同时也为官方部门开展社会动员提供了便利。这些由流动喇叭所产生的语言形态，以及所形成的重要场域，其核心依旧离不开对“公共性”的重构。在这一系列由流动喇叭所建构的公共参与中，无形中拓展了“村民”与“乡村”之间的社会关联，“村言村语”的沟通方式，也勾连起乡村社会内部与外界之间的信息和资源的共享及互动，从而产生多元主体的共同行动，久之，也就强化了“村民”与“乡村”之间的社会关联。

---

① 李培林：《村落的终结——羊城村的故事》，商务印书馆2004年版，第136页。

三 图像：网络中的乡村喇叭与乡村共同体理论建构

（一）抖音中的乡村喇叭

2020年，新冠肺炎疫情突如其来，在疫情防控期间，全国各地的乡村喇叭纷纷响起，并被搬上抖音短视频。一时间，抖音里花样百出的喇叭硬核喊话视频引起了人们的广泛关注，并成为热议的话题。抖音里的乡村喇叭，让我们重新认识了日益淡出人们视野的喇叭媒介，也让我们重新思考了广播媒介在乡村社会中的特殊作用。

2007年8月30日，《突发事件应对法》颁布。之后，随着国家应急广播体系的建立，农村大喇叭作为“最后一公里”的应急广播体系在“村村响”工程、县级融媒体中心建设中又有了新的发展，担当起了最基层的应急传播任务。成千上万的应急大喇叭一方面通过资讯播报，采取顺口溜、快板等形式，传递最新信息、普及防疫知识、通报防控事项、提出行动倡议、公布政府措施，将防疫抗疫任务细化传播；另一方面与网络社交媒体融合，制作成短音频、短视频在互联网平台发布，将小村庄信息变成了“地球村”信息，影响罕见。①

通海县的乡村地区也不例外，新冠肺炎疫情防控伊始，人们将“大喇叭”提上日常，并不是因为村里的喇叭在响，而是因为人们在另一媒介传播平台中发现了乡村大喇叭。通过抖音短视频，刷到了由县级融媒体中心制作的通海各乡村关于疫情防控工作中的喇叭喊话短视频。再以跨媒体的方式将其转发至微信朋友圈或者是微信群，迅速扩大了传播流量，一时间也引起了人们的广泛关注和共鸣。

其中一则标题为“四街镇四寨村彝族方言宣传疫情防控工作”的短视频，取材就是四寨生态村，画面是一名身穿四寨彝族服饰的女子，（地方上的人基本都认识她，她是该村的妇女委员）坐在广播室的话筒前用当地彝族语言进行广播，整个视频也就只有这个单一的画面。视频下方用滚动字幕的方式附上了文字大意，内容是“大家尽量不要

① 覃信刚：《农村大喇叭告诉了我们什么——新冠肺炎疫情防控实例分析》，《中国广播》2020年第3期。

外出，外出不去人多处，出门一定戴好口罩，注意个人卫生，如果有发热症状，要立即去医院就诊”。

此外还有内容和以上描述大同小异的通海各少数民族聚居地用当地少数民族语进行喇叭喊话的短视频。比如，兴蒙乡的女书记用喀卓语（当地蒙古族语言）为村民们播送防疫相关常识；里山乡的总支委员也是用当地的彝族语言进行防疫宣传工作等。新冠肺炎疫情防控期间，通海县各少数民族村寨地区都使用了本民族的少数民族语进行喇叭喊话，并且这一幅幅坐在广播室话筒前喊话的画面被搬上了抖音短视频，“乡村大喇叭”甚至成了抖音里的一种表现对象。其所呈现的短视频，虽然将声音与“喇叭”画面进行了分离，也就是没有呈现喇叭的样貌，但是通过坐在话筒面前喊话的画面，照样能体会出这就是乡村大喇叭喊话，只是其所呈现的画面没有完全对位。

抖音短视频中的喇叭喊话不同于现实喇叭喊话的是，喊话者的声音和身体并没有分离。通过短视频，我们不仅可以听到声音，还可以看到画面，也就是声音发出者的身形样貌。而现实中的喇叭喊话，我们是只能闻其声，不能见其人的。也就是只能通过听声音在脑海中来还原其音容笑貌，并不能看到人，其声音和身体是分离开来的，通过声音来识别喇叭喊话者的音容笑貌也显现出喊话者在新村社会中天然的身份认同。无论是抖音短视频中的喇叭喊话还是现实中的喇叭喊话，两者的声音和意义并没有分离，所要表达的内容是一致的，只是呈现的方式不同。

在过去的20世纪60年代到80年代，喇叭作为乡村社会地区主要的传播媒介，村民们对其再熟悉不过，甚至可以说是依赖。在如今被智能手机等新媒体充斥着的时代，虽然大部分人已不再关注乡村喇叭，但其所留下的记忆仍是深刻的。

疫情期间四寨生态村的这则喇叭喊话短视频，很大程度上代表了通海县少数民族乡村地区疫情期间喇叭喊话的形态特征。可以说，他们通过大喇叭喊话的内容并不精彩，视频的制作也足够简单，甚至有几分作秀之意。因为在现实生活中，只有当地年长的老人日常穿着少数民族服饰才是常态，其他年纪的当地人，除了在重大节日或者需要表演节目的时候才会穿着少数民族服饰。但是正因为她们使用“村言村语”，也就是当地的少数民族语进行广播，亲切的本土语言加上满载乡情的少数民族服饰，再通过潮流的新媒介来展现传统的广播媒介，自然就引起人们的关注和共鸣。

从抖音短视频的评论区可以发现，关注到视频内容的不仅有当地人，还有很多“局外人”也参与了其中。比如，“我也是彝族，但我们新平（玉溪市下辖的另一个县）的彝语跟这个不大一样”；“我们地方的喇叭喊话可狠了，对于不听劝的村民直接开骂”等。人们通过抖音短视频的评论区，实现了多元群体的“共同在场”。评论区的讨论互动，不仅建构出了一个新的虚拟公共交往空间，也促成了多元信息的共享，正是这些碎片式的日常交流语言，强化了人们的情感认同和群体意识。

此外，新冠肺炎疫情防控期间，通海县各乡村地区也都进行了喇叭喊话，比如六一村、大梨村、杨广大兴村等都使用乡村方言进行喇叭喊话。同样，也是通过抖音短视频的方式呈现。

（二）微信中的乡村喇叭

事实上，人们一开始关注到这类喇叭喊话视频并不是通过抖音，而是通过微信朋友圈或者是微信群。笔者朋友圈里的好几个小学或中学同学都转发了由县级融媒体中心制作的关于本村喇叭喊话的视频，正是通过他们转发的短视频，自己才本着好奇心去关注了县级融媒体中心的官方抖音号，才了解到通海各乡村地区形态各异的喇叭喊话视频。人们自觉自发地将其转发至微信朋友圈或者微信群的这一过程，实现了参与式传播以及跨媒体传播。詹姆斯·凯瑞曾说过“研究传播就是为了考察各种有意义的符号形态被创造、理解和使用这一实实在在的社会过程”。[①]

微信群或者微信朋友圈的交流互动同样如火如荼，也实现了另一个多元群体的“公共在场”。在这个虚拟的公共交往空间中，人们通过交流与互动将过去和现在自己对于广播/喇叭媒介的记忆进行再组织、再建构，从而实现自我情感的表达以及信息的共享，进而通过这

① ［美］詹姆斯·W. 凯瑞：《作为文化的传播》，丁未译，华夏出版社2005年版，第18页。

个新的虚拟公共交往空间，来建构乡村内部或者村际关系之间的共同体意识，激发多元群体关注家乡的责任感。

在新媒体时代，我国的媒体融合已上升为国家战略。通过此次新冠肺炎疫情防控中，网络所呈现出的乡村大喇叭可以看出，乡村大喇叭毫无例外也被卷入了媒体融合的潮流中，让我们通过网络重新思考和认识了乡村大喇叭。新媒体与乡村大喇叭融合式的传播，形成合力，对于扩大传播显得至关重要。

另外，也让我们感受到了在基层社会组织中，权力阶层更易于接近或获得媒介资源。现实的乡土社会中，尽管村落里确实有针对新冠肺炎疫情相关事宜进行喇叭喊话，但村民们是不可能自发地制作像以上描述那样的短视频的，因为乡土的熟人社会，是个面对面的社会，有话是可以当面就说清楚的，或者大喇叭喊话也能足够说明白，是不必求助于文字的。[①] 而县级融媒体中心制作的抖音短视频借助了文字说明。

当然，这些由县级融媒体中心制作的抖音喇叭喊话短视频之所以能在一时间引起人们的广泛关注，还有一个重要原因就是其所代表的是官方媒体的声音。官方媒体通过自己的权力优势，调动起乡村各方力量并使之参与进来，在传播过程中实现官方与民间的互动，这种“自上而下”又“自下而上”的信息互动，伴随的是信任的产生以及共识的达成，进而构建起“官方”与“民间”“村民”与“乡村”之间的共同体意识。

原来“独白式”的话语方式是隔着距离的，这个距离包括政府与公众的心理距离和政治距离。该距离一方面是行政型话语“强烈的权威意识和潜在的专断性”特征所致，另一方面是载体性质本身所限。[②] 党的十九大提出了“日常政治生活”，即加强协商民主制度建设，形成完整的制度程序和参与实践，保证人民在日常政治生活中有广泛持

① 费孝通：《乡土中国》，生活·读书·新知三联书店 2013 年版，第 17 页。

② 马敏：《政治语言：作为话语霸权基础的结构——功能分析》，《中共浙江省委党校学报》2004 年第 4 期。

续深入参与的权利。①

抖音短视频或者微信朋友圈作为一种新型媒体，一种新型日常政治生活的虚拟公共空间，其跨越时空、多元群体、“公同在场”“自上而下”“自下而上”、包容共生等特征，不仅是民间关注并参与官方的重要平台，而且还是官方传递信息的重要窗口。这些新兴的媒介为村民与村民之间重新关联搭建了重要虚拟公共交往平台、为其提供有效技术支持，形成一种新的信息传播以及信息交流的模式，使得官方与民间的“对话”成为可能，从而激起人们关注乡村社会的责任感。

四　结语

新媒体时代新的喇叭形态，形成乡村喇叭在乡村社会中的多元化嵌入。喇叭的多元化嵌入伴随的是新的公共参与，这种以喇叭/广播媒介为主要载体的公共参与，建构出了一个全新的公共交往空间，在这个空间中，官方和民间的声音都得以表达，并伴随公共舆论的产生；“村言村语”的互动交流，拉近了村民与乡村之间的距离，在话语表达中建构社会关联；网络虚拟公共空间中的多元主体信息共享，使得群体意识得以延续，进而强化乡村共同体意识。

新媒体时代乡村喇叭的多元化嵌入，为村民们营造出一些新的公共舆论平台。在这些平台中，声音、语言与图像都得以呈现和表达，由喇叭/广播媒介所激起的乡村社区记忆再次被建构，这不仅为乡村社会公共规则的形成奠定了基础，也强化了村民们对乡村社会的认同，对于乡村“公共性”的重构以及公共精神的培育有着重要积极作用。

① 参见习近平《决胜全面建成小康社会夺取新时代中国特色社会主义伟大胜利：在中国共产党第十九次全国代表大会上的报告》，《求是》2007 年第 21 期。

发挥广播优势　应急报道显担当

——以交通广播防疫抗疫报道为例

蔡　静

（南昌大学新闻与传播学院播音指导）

摘要：2020 年年初，突如其来的新冠肺炎疫情打乱了人们的正常生活。面对这一重大突发性公共卫生事件，各地交通广播担负起媒体职责，积极发挥广播自身优势，为打赢这场疫情防控阻击战贡献了重要力量。交通广播防疫抗疫应急报道凸显时效性、强化服务性、注重融合性、讲究故事性，切实打好疫情防控宣传主动仗。

关键词：交通广播；防疫抗疫；应急报道

近年来，随着自然灾害、突发事故及公共卫生事件等发生频次趋高，加强突发事件的应急管理已经成为各级政府的重要课题。做好突发事件应急报道历来是主流新闻媒体责任与担当的集中体现。2020 年年初，突如其来的新冠肺炎疫情打乱了人们的正常生活，改变了社会运转秩序。面对这一重大突发公共卫生事件，作为传播速度快、时效性强、传播范围广、受众面宽的交通广播自觉肩负起媒体责任，以应急报道主力军的姿态挺进防疫抗疫主战场，在“公信力、引导力、传播力、影响力”上下功夫，构筑起舆论引导阵地、信息发布平台、守望相助港湾，确保人民群众的生命财产安全和社会安宁稳定。

一 凸显时效性，第一响应、权威发布

此次新冠肺炎疫情来势汹汹，波及范围广、传染能力强，事实真相、传言谣言相互交织，疫情、舆情、民情相互影响。在疫情暴发的第一时间，各地交通广播迅速肩负起应急广播的职责，及时报道最新疫情动态，多层次、高密度发布权威信息，广泛普及科学防护知识，大力宣传各方多措并举的抗疫行动，有力增强了全社会打赢疫情防控阻击战的信心，彰显了媒体的公信力。

2020 年 1 月 23 日当天，武汉市宣布暂停公共交通，关闭离汉通道。湖北楚天交通广播第一时间派记者到达出城高速路口和公共交通各枢纽，报道最新管制措施。1 月 25 日（正月初一），新的交通管制政策刚刚出台，楚天交通广播记者又在第一时间前往武汉大通出租车公司，跟车采访的士司机为社区服务的情况。主流媒体第一时间不缺位，形成首发效应，牢牢占据了舆论主动权。

各地交通广播充分发挥信息中心的作用，及时发布权威信息，引领舆论传播走向、平息谣言，减少因信息泛滥而造成的心理恐慌，让真相跑在谣言前面，帮助群众消解疑虑，凸显广播媒体在应急处置中所发挥的“信心稳定器”功能。

1 月 26 日，“南昌市部分超市出现抢购潮”的消息在朋友圈中散播，这让许多宅在家的群众担心起物资供应，恐慌情绪在蔓延。江西交通广播立即与政府相关部门及商家联系采访，记者在对部分超市实地走访和对市发改委、市商务局等部门采访后，迅速发布《南昌市粮油物资储备、生活必需品市场供应充足》消息，避免了谣言进一步扩散。2 月 1 日，网上消息说双黄连口服液有抑制病毒的作用，造成很多药店出现排队抢药的情况。黑龙江交通广播短视频《排队买药，风险太大，快散了!》通过充分调查、冷静思考，由浅入深、由表及里、去伪存真的分析，帮助群众消解疑虑、迅速起到了“消炎祛火”的作用，哈尔滨市区排队买药情况很快不见了。协同联动，发挥区域应急广播联动的影响力，展现交通广播的平台优势、资源优势和专业优势。

2 月 3 日，中广联合会交通宣传委员会组织全国交通广播分成八

大区域协作网迅速联动、密切合作，信息互通、资源共享。各交通广播积极响应，形成了一张强有力的全国交通广播“疫情防控阻击战”传播网。2 月 9 日，在湖南交通广播、湖南应急广播、芒果 V 基金倡导下，全国交通广播人捐赠的1000 台收音机从深圳发出送到武汉方舱医院医护人员和患者手中，把党和人民的声音传递给特别需要帮助的人。从疫情数据到病患追踪，从防控举措到物资供应等……交通广播报道各行各业层层压实责任、联防联控、群防群控，尽最大努力把尽可能多的准确信息及时发布，有力、有效引导舆论，满足了受众的知情权，凝聚众志成城、全民战“疫”、共克时艰的精神力量。

多层次、高密度、全方位发布，让权威声音抢占舆论高点，维护了疫情下的人心安定和社会稳定，起到了压舱石、定盘心的作用。数据模型显示，当媒体的报道量增加十倍，传染病的感染数将减少33.5%。第一时间发声，第一时间行动，交通广播坚守一线，站在受众的角度为受众做及时、全面、客观、大量的应急报道，满足受众对突发公共卫生事件全方位的信息需求，消除了恐慌，稳定了人心，提升了传统主流媒体的公信力。

二 强化服务性，回应关切、主动作为

疫情暴发以来，交通广播始终坚持以民为本，把服务群众、服务社会作为引导舆论、回应关切、凝聚民心的手段和方式，精心设置议题，把握时度效，提高引导力，唱响主旋律，壮大正能量。

为统筹做好疫情防控和经济社会发展工作，有序推进复工复产，各地交通广播在报道好各级政府积极落实中央决策部署的同时，积极为复工复产牵线搭桥。3 月 7 日，安徽交通广播、浙江交通广播、贵州交通广播和三地人力资源社会保障厅共同推出“春暖复工路”大型融媒直播，三省人社厅领导分别做客三地直播室，互通有无，发布紧缺的用工岗位、优惠的招工政策，为务工人员提供贴心的返岗服务，直播累计同步在线观看人数近 220 万。

江西交通广播开通用工帮扶热线。赣州市一家生产医疗显示设备的企业订单量激增，然而由于当地防疫需要，人员出行受限，面临用

工缺口。得知这一情况后，江西交通广播免费为企业发布招工信息，同时，联系当地相关部门。当地立即行动起来，主动深入企业进行调研。在政府部门的支持下，企业用工缺口很快得到缓解。

农村是疫情防控的薄弱环节。交通广播主动作为与当地相关部门对接，利用已建成的应急广播系统——农村大喇叭有针对性地制作疫情防控广播节目和公益宣传音频送达农村基层，做到"同频共振，权威传播，联动发声"，将党和政府的声音、疫情资讯、防控知识传递到乡镇街道、村组社区的各个角落和终端用户，将群防群控宣传下沉到"最后一公里"。通过应急广播的大喇叭宣传，村民自觉取消红白喜事、返乡人员自觉隔离，支持疫情防控工作的共识在老百姓心中扎根，筑起了乡村疫情防控的一道道防线。应急宣传促进了疫情防控知识"人人知晓，全民预防"，在广大农村地区发挥了重要作用。

新冠肺炎疫情给很多人带来影响和心理压力，如何保持良好心态，平安度过这段特殊时期，需要科学的知识，也需要一定的心理干预。各交通广播主动联合相关部门开设心理康复广播栏目，邀请心理学专家告诉大家如何判断自己是否出现了心理问题，讲述他们在心理援助中遇到的实例，解答受众对此次疫情中可能产生的负面心理如何进行更好的预防及调整。四川交通广播联合四川省卫健委开播心理援助节目《防疫"心"主张》，邀请多家医院的心理医生做客直播间，通过热线电话、微信平台与听众沟通交流，解答听众心理疑问，开展心理干预，缓解心理压力。

战疫高峰期，武汉共建成 16 家方舱医院，实际开放床位 13000 多张，累计收治患者 12000 余人，武汉的新冠肺炎患者中，四分之一在方舱医院接受治疗。武汉交通广播特别制作一批广播音频作品通过"方舱广播"在医院内播出，同时向其他交通广播发起作品征集。"方舱广播"节目采取录播的方式，每天早、中、晚三个时段播出，时长 30 分钟。作品内容包括膳食知识、健康贴士、相声、安全提示、心理疏导、暖心的话、温暖的歌等。使患者更好地配合医护开展治疗，轻松地度过艰难的时刻，为专家的心理援助和心理危机干预提供帮助。

疫情期间，各地根据需要陆续出台了交通封闭管制措施，给出行造成不便。为更好地引导出行，江西交通广播充分发挥专业频率优势，专门制作路况二维码，并通过合作部门在全省 367 处收费站，186 个服务区张贴，实时更新，引导群众出行。针对春运返程高峰，江西交通广播与上海交通广播、福建交通广播联动，推出数字防控健康登记查询系统，成为防控疫情的好帮手。浙江交通广播“汽车人在行动”大型公益活动在“浙江 +” App 推出线上预约服务，引导车主前往专业机构进行车内消毒，助力全民抗疫。同时通过“氧气商城”第一时间上线家用消毒杀菌产品，满足返岗人员的个人健康防护需要。

交通广播强化服务理念，积极回应社会关注、解决受众的切实困难，提高新闻舆论引导力，提振了广大民众战胜疫情的信心，体现了主流媒体的社会责任。

三 注重融合性，全媒矩阵、互动传播

在此次抗击疫情过程中，交通广播在传统线上节目发力的同时，充分发挥移动端强有力的内容生产能力和传播分发能力，快速反应、周密策划、全面报道、融合传播，形成了“全方位、立体化”的宣传攻势，提升传播力。

浙江交通广播积极研发新媒体产品。2 月 1 日凌晨 3 点紧急上线“浙江省实时疫情信息平台”，集疫情地图、实时播报、官方辟谣、科普知识、在线义诊全功能于一体，信息服务覆盖全省十一地市，24 小时实时更新最权威、准确、细致的疫情数据，可视化地图一目了然，有效助力全省各地疫情通报和防控工作。

音视频、图文、电子海报、长图、H5、动画、航拍等竞相出彩，各显神通。全媒体矩阵，官方微信、微博、头条号、抖音、快手、学习强国、蜻蜓 FM、阿基米德 FM 等多平台分发，通过可视化传播、互动传播将抗击疫情过程中的即时信息、政策部令、抗疫知识、感人故事等广泛传播，实现了广播线上影响力向小屏扩展和延伸，提高了传播的容量、广度，实现了融媒传播语境下重大突发事件报道的传播创新。赛立信融媒体云传播效果数据显示，疫情开始（1 月 24 日—2 月 9 日）所有省级交通频率在云端的在线直播累计点击量达 4200 万 +，与

去年春节期间（2 月 4 日—20 日）相比，累计点击量上升了 32.5%。其中，北京交通广播、羊城交通之声、河北交通广播、江苏交通广播网、黑龙江交通广播、浙江交通之声的点击量均在 300 万次以上，较去年春节期间点击量上升幅度在 15% 以上。楚天交通广播、羊城交通之声、贵州交通广播、河北交通广播、河南交通广播和内蒙古交通广播在线点击量则与去年相比翻了一倍。

实践证明，借助新媒体的各类平台，与受众深度互动，实现应急报道多平台、多终端全覆盖，进行有效传播，是融媒传播语境下的必然选择，达到"把主流媒体的公信力与新媒体的传播力有机融合事半功倍"的效果。各地交通广播不仅将新媒体平台作为应急报道的主战场之一，也把它作为重要的应急帮扶平台，实现了融媒宣传报道的双效应。受疫情影响，湖北出现了脐橙、草莓、蔬菜、红薯、小龙虾等农产品滞销的情况，楚天交通广播利用自有新媒体公益平台"927 汽车商城"推出多种合作销售模式，帮助当地农民开展电商销售、直播带货销售，解决燃眉之急，助力湖北农副产品打开销路。

交通广播架构的融媒传播立体矩阵，拓宽了内容产品的传播渠道，实现了广泛覆盖、有效传播，提升了广播传播力，也是媒体融合向纵深发展的又一次极好的尝试和探索。

四 讲究故事性，真实鲜活，温暖人心

坚持讲好中国故事、传播好中国声音，是党的十八大以来宣传思想工作的重要理论创新，强调讲故事是传播的最佳方式。在防疫抗疫报道中，各地交通广播认真遵循传播规律，通过真实、生动、鲜活的故事，做到见人、见事、见思想、见精神，提升影响力。

交通广播记者深入一线，践行"脚力、眼力、笔力、脑力"，挖掘报道防疫抗疫的典型人物故事，采写了大量平民英雄的故事，为抗击疫情注入温暖的力量。如羊城交通广播采写的广铁集团广州机务段动车组司机周树强用每趟车的"安全""正点"力抗疫情。本应是他工作 26 年来第三次在家轮休过春节，但在家得知疫情事态严重性后，他说服家人，提前做足复岗准备，主动请战；陕西交通广播采写的西

安退伍军人白万兴每天雷打不动地给交警提供免费餐食的故事等。这些故事各不相同，但都真实感人，更具人情味，让受众在平凡的故事中见证不平凡的人生。

交通广播立足声音媒体，根据深入一线的真实新闻素材创作出战“疫”系列微广播剧，都是抗疫一线的党员干部、医护人员、一线劳动者、社区工作者的生动写照。楚天交通广播特别策划推出系列微广播剧《邻里亲，战疫情》，通过一个又一个感人温馨的小故事，带听友走进一群乐观的街坊中，感受特殊时期的邻里亲情，向大家普及防疫知识。用声音的力量鼓舞士气，传递真情；用声音的力量，直抵人心，坚定全社会战胜疫情的信心和决心。

我们听到了为救治病人不远千里奔赴前线的白衣战士，也听到了千千万万中国同胞捐款捐物的感人瞬间。这些有思想、有温度的故事，不断感染着、激励着每一个人，榜样的力量在传递，为疫情防控和保民生营造良好舆论氛围。

五 结语

每一次重大事件都会深刻地影响和改变社会，在新冠肺炎疫情防疫战疫报道中，交通广播承担起战“疫”应急重任，在具体的实践中科学构建起“广播+应急”融媒报道机制，提高应急报道能力，彰显使命担当。在新的媒介环境和舆论格局下，交通广播应以更有效的融合机制整合资源，在应急报道的实战中释放强大舆论引导力、公信力，展现出媒体的价值，进一步提高公共突发事件的传播效能。

农村疫情防控中“大喇叭”融媒体传播

贺子宸

（重庆师范大学新闻与传媒学院副教授）

摘要：“大喇叭”诞生于20世纪50年代，近70年来，它在新中国的历次疫情防控宣传中都发挥了积极作用。此次在新冠肺炎疫情防控阻击战中，重庆地区的农村“大喇叭”利用自身独特的优势，起到了非常好的宣传效果。党的十八大以来，以习近平同志为核心的党中央做出推动传统媒体和新兴媒体融合发展的战略部署，农村“大喇叭”也通过短视频和直播走上网络社交媒体，扩大了影响。结合融合发展的新观念、新思维、新认识，本文提出如下关于重庆农村“大喇叭”的创新实践思考：通过内容碎片化、提升互动意识、培养基层“网红”等，使其深入群众、贴近群众，真正为人民服务。

关键词：农村“大喇叭”；疫情防控；融媒体；未来发展

农村的基层广播——“大喇叭”诞生于20世纪50年代，是宣传党在农村的路线、方针、政策的喉舌，是党和政府密切联系群众的纽带，是传播科技知识、致富信息的桥梁。它作为一种信息传播工具，具有点对点、点对面传播的独特优势，同时，“大喇叭”有着成本低、效率高的特点，它调度灵活、接收简便、能够将重要信息迅速上传下达，因此，即便在5G信号覆盖面极大拓展、“两微一端”等移动信息传播平台普及率迅速提升的当下，在欠发达的农村地区，“大喇叭”也具有不可替代性。它在公共突发事件等应急信息发布与管理中，发挥着及时沟通、发布信息、引导舆论、稳定人心、协助救灾等独特作用[①]。2020年年初，在突如其来的新冠肺炎疫情中，我国国家治理能力和突发公共事件应急处理能力接受了严峻的考验，与此同时，农村“大喇叭”强有力的社会动员作用也得到了一次全面展现。

当前，全球范围内正在掀起一场媒介融合的革命，中国社会转型、国家战略发展都与媒介融合都有着密不可分的关系，在社会信息传播各个实践层面不断迈向纵深[②]。党的十八大以来，以习近平同志为核心的党中央做出推动传统媒体和新兴媒体融合发展的战略部署。之后，中共中央政治局多次就全媒体时代和媒体融合发展进行集体学习，这体现了我党对新闻传播规律和新兴媒体发展规律的深刻把握，表明了我党主动适应媒体发展趋势和应对时代挑战的高度自觉[③]。媒介融合是传媒业未来很长一段时间的发展方向，前景广阔，势不可当。

面对当前正在经历的媒体整体性、系统性变革，农村“大喇叭”也搭上了时代的顺风车，大胆探索出了一条特色鲜明的媒体融合发展之路。中国广播电视社会组织联合会学术委员会副主任、媒介融合研究基地主任覃信刚提出，2020年可视为互联网农村“大喇叭”的元年，随之而来的即是农村“大喇叭”的融合与创新，这是我们面对的新命题、新使命。本文将以重庆为例，勾勒出农村“大喇叭”在本次新冠疫情中的运用，分析其优势特征，预测其未来发展方向。

一 “村村响”：重庆“大喇叭”与疫情防控

重庆市地处山区，乡镇大多区域位置偏僻，地形复杂，传统的宣传多是基层干部带着村班子入户走访、发放传单、逐人讲解，工作效率低，更重要的是，乡镇老龄化严重、老人们文化水平低、记忆力差，信息渠道有限，整体信息化水平偏低。

---

① 孙海苗：《农村应急广播系统“四化”建设初探——以浙江省余姚市为例》，《中国广播》2016年第10期。

② 王宇：《互联网音频时代传统广播如何培养受众》，《中国广播》2017年第3期。

③ 孙晋莹：《定位多元立体传播打造新型媒体集群——互联网环境下科技媒体融合发展的探索与思考》，《科技传播》2019年第2期（上）。

新冠肺炎疫情发生后，如何更有效开展乡镇疫情防控宣传工作，成了当地最棘手的问题。2020 年 1 月 24 日，重庆市启动了重大突发公共卫生事件一级响应。市文旅委统一组织调动全市各区县，启动了应急广播或“村村响”大喇叭疫情信息应急发布程序，将党和政府的声音、疫情资讯、防控知识传递到乡镇街道、村组社区，将群防群控宣传下沉到“最后一公里”。

通过大喇叭宣传疫情防控，可以有效避免人与人之间的接触，从而阻断病毒的传播。整体来看，大喇叭播出的内容非常丰富，除了全天滚动播报疫情防控信息外，还大力劝阻村民春节期间的各种人员聚集的活动，中间穿插了党的扶贫政策、村里的产业发展、扶贫项目的收益和产业分红等信息。同时，还调动人民群众的主观能动性，有力引导他们自觉参与疫情防控，支持疫情防控工作的共识在老百姓心中扎根，极大提升了疫情防控的工作效率。

在忠县东溪镇永华村，面对新型冠状病毒感染的肺炎疫情，重庆广电网络忠县分公司快速响应党委、政府号召，充分利用全县共 288 组“村村响”应急广播系统，将大喇叭贴近群众、直通基层的优势发挥得淋漓尽致。以通俗易懂的方式将新型冠状病毒感染的肺炎防疫须知传达给广大村民，充分发挥着传递信息、防控疫情、遏制谣言、提振信心、维护稳定的重要作用。大喇叭的广播内容非常接地气，分时段滚动播报：“宅家里，少出门。有问候，电话聊。出门前，戴口罩。回到家，要消毒。个人卫生勤注意，门窗打开多通风，发现热度要上报，咳嗽感冒上医院，疫情防控靠大家，身体健康最重要……”一系列的“村言村语”，让村民们不必在家守着电视机，既是在田间地头劳动，也能及时知晓抗疫信息。为了确保应急广播系统在疫情期间正常使用，忠县广电网络公司营维中心的工作人员放弃了春节休息，每天对辖区内的广播系统进行巡查，播控传输系统、终端设备、重点杆路进行巡检、维修，发现隐患及时排除，以切实发挥应急广播系统在特殊时期的重要宣传作用。

在江津区中山镇，从农历正月初二开始，全镇的抗疫应急广播就正式启动，由当地政府工作人员义务担任播报工作。“亲爱的中山镇居民，下面由我播报致全区市民的一封信。一是不要在外面到处乱逛，二是不要宰杀生禽，三是要勤洗手、多通风……”大喇叭播放的内容通俗易懂，连日的“信息轰炸”极大提高了村民对疫情防控的认知，逐步消除了之前对于疫情的抵触和畏惧心理，大多数村民已经能自觉配合和参与疫情群防群控行动。据统计，2010 年至 2012 年，江津区投入 1200 万元，实施农村广播综合信息系统工程建设，实现“广播村村响”；2017 年，投入 800 余万元，运用 DTMB 技术，对原有的农村广播综合信息系统进行数字化升级改造；2018 年，投入 700 余万元，对原有系统再次升级，建成区级应急广播系统，实现了信息共享、分级管控、反应快捷、安全可靠等功能。目前，江津区已建成 1 个区广播中心、30 个镇街广播站、272 个村居广播系统、4045 个广播终端，“大喇叭”遍布各镇街、村社，初步形成区镇村三级应急广播网络，发挥着“平时服务，战时应急”的作用。大喇叭直通基层，把防控疫情的声音传递到田间地头，筑起了一道防疫的钢铁长城，传递出防疫“最强音”。

在毗邻湖北的云阳县，基层干部们自己执笔，写出群众喜闻乐见的“硬核”播音稿，操起方言，化身大喇叭“播音员”，声音响彻田间地头。疫情防控形势严峻的关键期，村长书记们还坐着小汽车在集镇上边播放边“巡逻”。以 37 岁的巴阳镇党委书记王熳为例，她将上级的各种精神、通报消化吸收，写出朴实真挚、朗朗上口的播音稿，在镇上循环播放。“外出返乡不隐瞒，居家观察 14 天……待到春暖花开时，人人笑开颜……”书记的声音被村民们所熟悉，人民群众一听到书记播音，自然就打起精神，对广播的内容重视起来。

在重庆市涪陵区，全面进入疫情应急状态以来，各部门迅速联动。区气象局的工作人员有效地利用全区的气象大喇叭向公众发布疫情防控信息和科普预防宣传工作，为疫情防控添砖加瓦。除此之外，气象局还在天气预报相关的大众传播平台，在面向农村“最后一公里”信息传播发布上发挥独特优势。

据重庆市委宣传部主管的华龙网统计，全重庆市共有 3.48 万组广播终端、7 万余只喇叭参与到疫情防控宣传的工作中，多层次、高密度、全方位地发布，让权威的声音占据舆论制高点，补上互联网在边远山区宣传不力这一短板，有效助力各村镇打好疫情保卫战，维护疫情下的人心安定与社会稳定，实现了农村防疫宣传全覆盖。

二 “融合场域”：重庆农村疫情期间的“大喇叭”融媒体传播

“场域理论”由法国社会学家布迪厄提出。布迪厄认为，场域是社会科学研究的操作焦点，一个场域可以被定义为在各种位置之间存在的客观关系的一个网络，或一个构型[①]。进一步说，场域是一种具有相对独立性的社会空间。在基层农村，“大喇叭”的声音所及之处同样形成一个社会场域。随着5G时代的到来，以及大数据、云计算、人工智能等新技术的发展应用，媒介融合已然成为时代的主流。移动互联技术迭代推动的新媒体发展和全面渗透，加快了广播从线性传播的时间维度向矩阵传播的空间维度转移的进程[②]。“各种媒体形态的边界逐渐消融，多功能复合型媒体逐渐占据优势”的传播语境，更在整体上导致了农村“大喇叭”特质与传播方式的改变，进而造就了与过往迥然有别的信息融合场域，形成“全方位、立体化”的宣传攻势，提升传播力。

（一）贴近群众，形式丰富，“重庆言子儿”打动民心

广播的基层动员面对普通民众，就需要以最通俗的讲述实现动员目标的入耳入脑入心。作为本土化的重要表现方式，方言代表了本土千百年来的文化积累，不受文化水平的限制，便于交流和沟通。同时，在向受众传播信息的过程中，方言中的词缀和虚词，能最贴切地表达出人的心理和情感变化，其号召力、亲和力和感知力都远远胜出普通话。加之喇叭广播独有的地域性、时效性，使信息能够快速、有效下沉，便于受众的理解和记忆。

---

① ［法］皮埃乐·布迪厄、［美］华康德：《实践与反思：反思社会学导引》，李猛、李康译，中央编译出版社1999年版，第109—115页。

② 雷彦民、武晓然：《农村“大喇叭”广播的实践与思考——以保定广播电视台农村“大喇叭”为例》，《中国广播》2018年第9期。

自1月24日“大喇叭”开始在重庆农村乡镇的社区和村组响起之后，成千上万的“大喇叭”一方面通过疫情资讯播报、儿歌、花灯、广播剧、顺口溜等形式传递最新防疫知识；另一方面，“大喇叭”短音频、短视频内容迅速在各大互联网平台闪亮登场。抖音，快手、西瓜视频、梨视频、小红书等新媒体平台互为依托，密切协作，最大限度地实现了声音、文字、图片、视频等报道形式的多维传播辐射，将小村庄信息变成了“地球村”信息，影响力空前。尤其是这些鲜活生动的农村大喇叭短视频，给大喇叭“硬核”的喊话声配上花样百出的乡村画面，让淡出人们视野多年的“喇叭媒介”迅速成为“网红”，也让我们重新思考了广播媒介在乡村社会中的特殊作用。例如，秀山县将重庆市委宣传部、市卫生健康委的提示和各类口号加上“大喇叭”式的喊话制作成编成“重庆言子儿”顺口溜短视频；奉节县把将“大喇叭”播报的各类疫情防控知识制作成花灯小调短视频；潼南区在“大喇叭”广播稿的基础上制作了疫情防控的方言情景剧短视频。这些短视频被受众以跨媒体的方式转发，迅速扩大了传播流量，传播效果极好。

这些本土化编码与短视频形成融合场域，实实在在地唤起受众强烈的亲切感和共鸣，最大限度地提升受众兴趣，便于其在有关疫情防控的海量信息中选择性地加以吸收、理解和记忆，从而潜移默化地影响民众。

（二）被动收听，全媒矩阵，“沉浸式”视听体验入耳入心

“沉浸式”传播强调受众借助传播媒介获得“身处其中，亲身参与”的体验①。囿于当前乡镇农村的人口老龄化严重，老年受众文化水平、身体状况等因素必然会影响信息的传达，加之当前快节奏、碎片化的信息传播趋势，受众自然会对更易接收的视听媒介更加青睐。因为大喇叭广播的下沉性，疫情期间，人们可以在村里村外、田间地头，一边劳动一边听广播，接收信息所耗费的时间和精力相对更少。因此，相较于基于文字和视频的视觉信息本位传播，大喇叭广播的听

① 尹绪彪：《沉浸式短视频传播的语境体系构建》，《出版广角》2020年第7期。

觉信息本位传播略胜一筹。其次，与眼睛可以闭合不同，耳朵无法主动拒绝外来信息的植入，这种被动收听的特殊接收模式使其天然具有与生俱来的有霸权性质。基层广播媒介在疫情防控中的作用呈现，正是鲜明地突出了被动收听的接收霸权和诉诸听觉的强烈冲击。尤其是“村村响大喇叭”能够在乡镇与村落内构建“沉浸式”的信息场域，相似的内容日日反复传播，更能起到强化印象的作用。

“沉浸式”的视听体验还体现在受众与新媒体矩阵的互动上，充分发挥移动端强有力的传播分发能力，形成了“信息包围”的趋势。詹姆斯·凯瑞提出“研究传播就是为了考察各种有意义的符号被创造、理解和使用这一实实在在的社会过程”①。微信的受众比抖音更广泛，下沉更到位，受众自觉地将形式丰富的抗疫信息在微信上转发的过程，真正意义上实现了参与式传播和跨媒体传播，实现了另一个虚拟场域的“公共在场”，激发出受众的“共同体意识”，唤起人们对家乡的责任感。例如，2 月 17 日，九龙坡区西彭镇的大喇叭转播了“中国之声”播出的《天使日记：我会再来武汉，吃一碗正宗的热干面》报道后，配合“中国之声”的微信公众号、官方微博和央广新闻 App 等平台就分别推送的文字版和音频链接，使报道在基层群众中得到了更广泛的宣传和扩散。重庆铜梁区融媒体中心利用新媒体短视频效率高、传播快、覆盖面广优势，在微信公众号发布诸多疫情防控短视频，同时“铜梁发布”“铜梁在线”等微信公众号每天持续发布防控知识及实时疫情信息等，对疫情防控和舆论引导起到了主流媒体的引导作用。而万州区融媒体中心将“平湖万州”“万州印象”“打卡万州”等抖音号积极打造成战“疫”频道，实时发布万州区抗击疫情相关的短视频，配合微信公众号和基层大喇叭做好舆论宣传引导。

（三）权利隐喻，视觉加持，“权力在场”的声音政治

“大喇叭”作为一种政治符号，其播音本身就是国家话语权力再生的体现。在疫情的防控宣传中，几乎所有基层广播动员的执行者都是党员干部，他们代表的是“官方媒体”的声音。干部们的声音是村

① 姚君喜：《传播的意义》，《现代传播》2006 年第 5 期。

民们所熟悉的，他们的身份与广播内容和语调叠加，便产生了一种无形的规范性权力隐喻，是政治身份与政治符号的生产实践，更是基层组织的集体性自觉。在传播过程中实现了“官方”与“民间”的互动，这种“自上而下”有“自下而上”的信息互动，伴随的是信任的产生以及共识的达成，进而形成了信息场域中的包容共生。除了固定的大喇叭外，还有部分乡镇村庄通过利用搭载广播设备的无人机，对群众进行疫情防控信息的普及宣传工作。同时，这些搭载了可见光红外相机的无人机还承载了相关区域的巡查工作，实时了解人群聚集情况，及时发现外出人员及未戴口罩的人员，在不接触的情况下进行劝退、提醒，督促过往人员、车辆提前做好监测的各项准备。如果说大喇叭是诉诸听觉的权力隐喻，那么无人机则是一种诉诸视觉感官的权力呈现。农村“大喇叭”在无人机和摄像头的加持下，代表了“自上而下”和“自下而上”的新型日常政治生活的虚拟公共场域，在这个过程中，国家权力、广播媒介与村民在乡村疫情管控场域内相互产生勾连，形成了一种权力审视和国家意志的隐喻在场。这种国家意志的“在场”嵌入基层群众的日常生活，激起人们关注疫情防控、关注乡村社会的责任感。

三 “深耕笃行”：重庆农村“大喇叭”的创新实践

自新中国成立初期诞生以来，农村“大喇叭”历经68年风风雨雨，依旧经久不衰，是国家参与农村治理的有力工具。加拿大传播学家麦克卢汉认为，广播容易和小型社区发生非集中化的、亲密的关系，这也是“大喇叭”这一媒体与乡镇农村完美适配的理论依据。而今，在网络的加持下，农村“大喇叭”的传播已从“部落鼓”走进“地球村”，成为控制疫情下沉的头号功臣。

唯创新者进，唯创新者强，唯创新者胜。农村大喇叭要发展、要创新，离不开系统的研究。“十四五”期间，广电系统应把农村大喇叭的建设提上重要议事日程，融合发展，稳步前进[①]。思想是行动的

---

① 覃信刚：《农村大喇叭告诉了我们什么——新冠肺炎疫情防控实例分析》，《中国广播》2020年第3期。

先导，实践是检验真理的唯一标准，结合重庆农村“大喇叭”在此次新冠疫情中的应急传播，结合融合发展的新观念、新思维、新认识，笔者提出如下关于重庆农村“大喇叭”的创新实践思考：

（一）“大喇叭”广播内容的碎片化与多样化

经过此次疫情，沉寂已久的大喇叭回归人们视野，要利用好这个机会增强农村“大喇叭”广播的传播力，必须以观念和价值引导为关键，把农民群众的需求落到实处。一方面，全媒体途径打开后，“两微一端”等社交媒体“短、平、快”式的传播属性与碎片化的信息处理方式更加契合基层受众的要求。另一方面，农村“大喇叭”可开发出更加多样化的节目内容，抗疫期间需要疫情的相关信息，而平时可能会因为兴趣爱好选择曲艺娱乐类节目，抑或因为农业生产选择农业科普节目，这都需要农村“大喇叭”广播去研究受众、适应受众。在做精节目的同时，针对当地居民的情况，把内容资源建成数据库，并对这些资源和信息进行深度整合及再造，便于进行实时检索和智能应用①。自媒体时代，群众才是最大的“发声源”，基层宣传工作就是要做好群众工作，深入群众、贴近群众，真正为人民服务，把党的政策落实到位，把教育、医疗等民生项目做实，真正惠及群众。

（二）“大喇叭”广播互动意识的提升

1. 提升广播节目互动性

一直以来，“大喇叭”广播都延续着“我播你听”的被动收听模式，很难满足听众的参与心，而新媒体的到来把广播推向了一个更广阔的领域。今天的基层广播必须以增强贴近性和服务性为出发点，把握人民群众的所需、所想、所求，正确进行引导、灌输、互动、交流。微信是具有时代技术与人文含量的沟通方式，可以通过增加广播前的微信预告，广播时的微信互动、广播后的公众号信息植入补充，真正使广大人民群众从信息被动接收到自主选择到参与节目前端。

① 雷彦民、武晓然：《农村“大喇叭”广播的实践与思考——以保定广播电视台农村“大喇叭”为例》，《中国广播》2018 年第 9 期。

2. 提升城乡资源的互动性

农村“大喇叭”广播不仅仅能为基层群众提供信息服务，更是打通城乡双向流通渠道、实现农村产业化运营的工具，能够为农民增收致富添砖加瓦。具体来看，对内可在村镇设计“大喇叭”服务站，将农资商品的销售作为“大喇叭”服务体系的延伸，切切实实为农民朋友提供方便快捷的服务和优质的产品。对外可以盘活本地资源，对特色农产品进行优化包装设计，携带着本地文化符号，通过“大喇叭” +互联网的传播力、影响力和公信力，建立产品品牌，让产品走向市场，甚至走出国门。再者，“大喇叭”广播与互联网结合，也有利于在城市与农村听众之间架起一座桥梁，积极组织营销乡村旅游，振兴乡村，建设美丽中国。

（三）基层干部“大喇叭网红”的培养

自 2019 年开始，“网红村支书”“县长直播带货”一类新闻频频登上热搜，体现的正是网络时代基层工作与时俱进。国家知识产权局选派的正处级审查员唐翔，到安徽省太湖县挂职担任副县长。自今年 3 月份开通抖音账号，进行直播带货并为太湖县宣传招商和文旅推介以来，唐翔的抖音号“唐县长爱太湖”已经收获了 18.7 万名粉丝，她发布的 400 个视频作品得到了网友 145.4 万次的点赞，线上线下带动当地产品销售 1000 多万元，并将直播带货所得全部用于资助太湖籍的贫困学生。西南民族大学的扶贫干部陈灿平来到湖南益阳市安化县，挂职县委常委、副县长。今年以来，这位“网红县长”利用抖音平台直播带货 1500 万元，帮助近千人脱贫，带动本地扶贫助农产品网络销售超过 1.8 亿元。这让他荣获 2020 年全国脱贫攻坚奖创新奖。显而易见，各地特别是基层的宣传工作已逐步从保守走向开放，大事、要事、群众关心的事正通过各种网络宣传平台，“飞入寻常百姓家”。

本次疫情，也捧红了一批“大喇叭网红”基层干部。如云南曲靖沾益区“老村长”赵朝鹏的硬核训话：“这几天不要跟着人家出去乱跑啦，就好好蹲在家里烤火，生怕别人听不见你说什么，一把就要把那个口罩拿下来，对着人家手舞足蹈大叫大喊，那个吐沫星子喷了到处都是，个个都像这样，那个口罩戴了有什么用呢……”大喇叭喊话短视频在过年期间迅速走红网络，一度引发了新媒体端的“围观效应”，更掀起了一波网民展示本地基层干部“土味喊话”的热潮。

利用新媒体和应对网络舆论是官员的必修课。但是，纵观全国，大多体制内的基层干部对运用新媒体还是比较保守，某些“网红”基层干部们也存在着一些问题。具体体现在：1. 部分干部并不了解直播，只是盲目地跟风模仿。这样的“东施效颦”导致直播意图不清晰、流程混乱、效果甚微；2. 部分直播流于形式。只是“一阵风式”热度，对于经济建设不能长久有效地坚持下去。

2019 年 1 月 25 日，习近平总书记在十九届中央政治局第十二次集体学习时提到：“网络是一把‘双刃剑’，一张图、一段视频经由全媒体几个小时就能形成爆发式传播，对舆论场造成很大影响。这种影响力，用好了造福国家和人民，用不好就可能带来难以预见的危害。要旗帜鲜明坚持正确的政治方向、舆论导向、价值取向。在信息生产领域，也要进行供给侧结构性改革，通过理念、内容、形式、方法、手段等创新，使正面宣传质量和水平有一个明显提高。”[①] 我们一定要用好网络这把“双刃剑”，既然当下要加快推动媒体融合发展，构建全媒体传播格局，那么基层宣传工作就应该与时俱进，务必勇于创新、持续创新。基层干部们应该主动拥抱直播、拥抱短视频，深入研究，利用新媒体为群众服务，把自己打造成特殊“网红”，充分运用“两微一端”等新兴媒体，借助有影响力的平台及时解读国家政策，发布政务信息，用好“大喇叭”，发挥“大喇叭”各项功能，宣传国家大政方针和地方政府的惠民措施，改善干群关系，让群众在信息化时代能发挥各自的力量，为扶贫支柱产业信息化、标准化发展插上腾飞的翅膀。

四　结语

2017 年 10 月，习近平总书记在党的十九大报告中明确了乡村振兴战略的目标任务。乡村的全面振兴离不开文化的振兴，而文化的振

---

① 习近平：《加快推动媒体融合发展　构建全媒体传播格局》，《中国报业》2019 年第 7 期。

兴，则离不开农村“大喇叭”的振兴，这是将乡村编织进国家命运共同体的大型媒体实践。农村大喇叭是本土广播，是基层成本最低、效率最高的宣传和动员媒介，无线电广播和网络新媒体都无法取代。在本次新冠肺炎疫情中，新媒体与大喇叭相配合，形成新的“融合场域”，做准做细新媒体应急广播，打胜了一场众志成城防控疫情的人民战争。“十四五”期间，在媒体融合这个大时代的背景下，更要勇于创新，敢于担当，大胆探索，不懈发展，响应群众呼声，让国家的声音以更加丰富多样的形式抵达千家万户，走进智媒时代农村“大喇叭”任重而道远。

哈萨克斯坦官方新闻媒体对新冠肺炎疫情的报道研究

——以哈通社为中心

马晓云

（安徽省铜陵市委党校讲师）

摘要：哈萨克斯坦是中国的邻国，自双方建立正式外交关系以来，两国政治经济交往密切。为增强两国之间的友好交往，哈萨克斯坦国家通讯社建立中文官网等全媒体平台，面向中哈两国宣传报道。新冠肺炎疫情暴发以来，哈通社详尽报道了中哈两国新冠肺炎疫情的最新情况，尤其关注了中哈两国合作抗疫的消息。在我国面临新冠肺炎疫情的关键时期，西方媒体批评中国的不利外部环境下，哈通社客观公正地报道了中国面临的严峻疫情和抗疫工作的新措施。而哈通社有关新冠肺炎疫情的报道增进了中哈两国之间的理解和友好。

关键词：哈萨克斯坦；新冠疫情；哈通社

哈萨克斯坦地处欧亚大陆的核心，是我国对外向西开放的重要邻国，尤其是习近平主席在哈萨克斯坦首次提出一带一路倡议以来，中国与哈萨克斯坦建立更加互信的双边关系。正是因为中国与哈萨克斯坦两国之间深度政治经济合作，哈萨克斯坦官方通讯社——哈通社组建了中文媒体中心，向中国传播哈萨克斯坦及其周边中亚和俄罗斯等国的消息。[①] 哈通社是哈萨克斯坦的官方通讯社，是该国对外传播和

① 夏秋月：《哈萨克斯坦媒体现状及新闻出版制度》，《青年记者》2016年第6期。

对内宣传的重要全媒体平台，目前也已经发展成为中国人便利高效获得哈萨克斯坦新闻的重要媒体平台。哈通社不仅兴建了中文官方网站，更积极参与中国的微博等新媒体平台，融入中国的媒体文化和传播方式，力图把更真实的哈萨克斯坦介绍给中国用户和把真实的中国介绍给哈萨克斯坦国内人民。

一 新冠肺炎疫情初期的哈通社报道

2020 年年初世界因新冠病毒而改变，新冠病毒在中国武汉被首先检测，来自中国官方和非官方信息充斥在世界的传统媒体和新媒体领域。在中国遭受新冠病毒肆虐的关键时刻，作为中国的邻国，哈萨克斯坦并没有一味地转发西方媒体攻击中国的新闻报道，而是更多地选择引用来自中国的官方媒体，尤其是新华社消息。例如 2020 年 2 月 10 日哈通社转引新华社消息，中国新冠病毒确诊人数超 4 万人，死亡 908 人。该新闻消息全文转引中国官方媒体的报道，翔实冷静客观地报道了中国和中国以外地区新冠病毒发展的最新状况，向哈萨克斯坦报道真实的中国，其中新闻图片也来自新华社配图。哈通社 2020 年 2 月 10 日同时报道，哈萨克斯坦外交部：将继续从中国撤离哈萨克斯坦侨民。面对当时新冠病毒肆虐的危机，哈萨克斯坦决定从中国撤离本国公民，而哈通社真实客观报道了中国相关部门与哈方积极沟通，最终达成从中国撤离自愿回国的哈萨克斯坦公民 391 人的包机服务，其中包括来自哈萨克斯坦医生护士及相关工作人员承担 391 人的医护任务。2020 年 2 月 10 日，正是西方媒体世界大肆攻击中国的至暗时刻，受到来自西方媒体的煽动，哈萨克斯坦国内舆论不可避免地受到影响，批评攻击中国的非官方言论在新媒体世界被煽动起来，但是哈萨克斯坦官方媒体保持了基本的理性和克制，并没有落井下石，而是以世界卫生组织为报道的新闻来源，2020 年 2 月 10 日哈通社援引世界卫生组织和其总干事谭德塞的自媒体，报道了世卫组织派专家代表团赶赴中国并计划举办论坛加快对病毒的研究，文中英文 2019-nCoV 指示新冠病毒。自新冠病毒被世界发现以来，哈通社及时报道了来自世界各地的新冠病毒消息，其中数量最多的消息源来自中国的官方媒体和世界卫生组织等消息来源客观真实的媒体和病毒研究卫生机构。在中国面对新冠病毒肆虐的至暗时刻，正是中国国家形象和中国人形象的至暗时刻，海外华人及黄种人面临严重的歧视，部分西方媒体和政客乘机落井下石，但是哈萨克斯坦官方媒体的客观报道为中国与哈萨克斯坦两国友好交往奠定了新基石，在哈通社的宣传下，哈萨克斯坦援助中国抗击新冠病毒物资的新闻也登上热搜，成为哈萨克斯坦承担国际义务，树立哈萨克斯坦在中国人民心中的友好形象，而哈通社的新闻报道有助于中哈两国友好，客观上保护了在哈萨克斯坦中国人的人身安全和财产安全。①

二 新冠肺炎疫情扩散时期的哈通社报道

伴随新冠病毒在世界的传播和肆虐，韩国、日本、新加坡、伊朗、意大利等亚洲欧洲美洲各地各国暴发新冠病毒，全人类进入至暗时刻，人类历史在2020年因为新冠病毒的降临世界而改变了。多年以后，当人类回顾21世纪历史的时候，2020年新冠病毒年将成为划分世界的重要节点和重大历史事件。在新媒体和自媒体的21世纪，传统媒体的价值并没有消失而是越来越凸显其冷静客观真实和深度报道的价值。哈通社作为哈萨克斯坦百年新闻社，在新冠病毒报道的过程之中，能够坚守传统新闻从业者的操守，真实客观全面地报道来自中国和其他国家地区的新冠肺炎疫情，把新闻消息来源的可靠性作为媒体报道的第一原则，向哈萨克斯坦和世界传播哈萨克斯坦新闻媒体人对新冠病毒的认识和观点。2020年3月10日，哈通社转引新华社消息，中国国家主席习近平10日专门赴湖北省武汉市考察疫情防控工作。历经1个多月的艰难抗击新冠病毒的战役，中国国家领导人调研曾经的疫情中心武汉，一方面表明武汉疫情已经取得阶段性成功，中国取得了抗疫阶段性成功，另一方面也表明中国政府和人民对在武汉疫情中心地区的抗疫从业者的感谢和支持。哈通社客观全面报道习近平在武汉的考

① 李宁：《哈萨克斯坦的茶饮习俗及其与中国茶产业的合作》，《蚕桑茶叶通讯》2019年第5期。

察过程，向哈萨克斯坦人民传递了中国抗疫成功的消息和在抗疫过程之中展现的民族凝聚力和民族自豪感，中国国家形象和中国人的形象立体并树立起来。[①] 2020 年 3 月 10 日，哈通社转引伊朗国家通讯社报道伊朗新冠肺炎确诊病例累计达 8042 例。伊朗是中东地区的大国，是中东地区工业化水平和大学受教育水平较高的国家，有一定的抵抗新冠病毒的自身造血能力，但是由于受到以美国为首的西方世界的长期封锁和制裁，伊朗难以独立应对新冠病毒的危险，缺医少药成为伊朗抗疫过程之中的大难题。哈通社援引伊朗国家通讯社报道，伊朗外交部部长等政府官员纷纷谴责美国，并认为新冠病毒是美国邪恶政府人工制造的病毒用于消灭伊朗。伊朗与美国两国之间的政府论战是世界新闻媒体关注的重点内容之一，受到新冠病毒攻击的伊朗，其政府官员为转移国内抗疫失利的负面形象，选择通过谴责美国转移国内视线，博取世界关注，吸引世界资金和物资援助伊朗抗疫新冠病毒。伊朗外长谴责美国的新闻在 3 月长期占据热搜，是美国与伊朗围绕疫情所展开的舆论战和媒体战。2020 年 3 月 10 日，哈通社消息，哈萨克斯坦总理马明要求地方政府稳定具有重要社会意义食品价格。因新冠病毒在世界各地的肆虐，有关疫情影响世界粮食产量和价格的言论被炒作为热搜，世界舆论通过推特等新媒体平台快速传播影响到哈萨克斯坦国内，担忧粮食产量不足和粮价暴涨的舆论在哈萨克斯坦像病毒一般传播开来。舆论左右政府执政，哈萨克斯坦政府一方面依法打击造谣生事者和挟谣言而哄抬物价的奸商，另一方面相继出台了限制和禁止本国粮食出口的法令，保障国内粮食的供应和价格的稳定，并为可能到来的粮食短缺和粮价上涨做准备，更重要的在于回应本国人民的担忧。

三　新冠病毒肆虐时期的哈通社报道

哈萨克斯坦在苏联时代积累比较丰富的科学文化素养和工业化实力，自 1992 年独立以来，历经 28 多年的建设，哈萨克斯坦依靠石油天然气等资源收入，建设了比较成功的国家。尤其是相对于其他独联

---

① 李宁：《中国与哈萨克斯坦经贸合作的风险分析》，《西安财经学院学报》2013 年第 4 期。

体国家，哈萨克斯坦的发展成就显著，政治稳定，经济繁荣，人民富足，这为哈萨克斯坦在早期抗击新冠病毒的成功奠定了坚实的物质基础和精神基础。2020 年 2—6 月，哈萨克斯坦封锁与中国的边境，基本上中止了与中国的人员、物质等交流活动，随后逐步关闭了与其他新冠肺炎疫情暴发国家的交通，比如伊朗、意大利、英国等。[①] 客观讲，哈萨克斯坦在 6 月之前的抗疫取得了阶段性的胜利，但是由于与俄罗斯的联系，伴随俄罗斯新冠肺炎疫情的暴发，哈萨克斯坦遭受到新冠病毒的第二轮攻击，而前期取得的阶段性胜利防线被击溃。包括哈萨克斯坦首任总统纳扎尔巴耶夫在内的多名政府高官感染新冠病毒，这表明新冠病毒已经在哈萨克斯坦大面积多层次的肆虐蔓延，哈萨克斯坦面临严峻的抗疫局面。2020 年 7 月 10 日，哈通社报道，新增 1726 例哈萨克斯坦累计确诊人数 5.4 万人。哈萨克斯坦新冠病毒肆虐，政府不得不重启第二轮封禁政策。成为世界上第一个宣布第二次封城的国家，可见哈萨克斯坦新冠病毒危机深重。据哈通社报道，在 10 日召开的在线政府工作扩大会议上，哈萨克斯坦总统托卡耶夫责成政府在 2 周内改善国内疫情形势。受新冠疫情影响，哈萨克斯坦政府会议已经全部选择在互联网上举行，保持人与人之间的社交距离，防止人员聚集所带来的新冠病毒传播。哈萨克斯坦政府工作的线上改革措施，向全体国民展示了政府表率作用，并表达了政府严厉执行抗疫封城措施的决心。正是因为部分哈萨克斯坦国民的草率随性和拒不执行政府的抗疫隔离措施，成为导致哈萨克斯坦新冠病毒第二轮肆虐的原因之一，因此哈萨克斯坦总统托卡耶夫多次亲自呼吁国民遵守隔离措施，为全国抗疫成功做出贡献。另外，由于英国、美国、巴西等部分不负责政府官员全面免疫言论的影响，世界各地充斥着放弃抵抗新冠病毒努力的舆论，这也是导致部分哈萨克斯坦国民自我放弃隔离的不利舆论因素。2020 年 7 月 10 日，哈通社报道，哈萨克斯坦增加了农产品出口量。不同于 2 月新冠病毒疫情恐慌时期的暂停粮食出口的法令，保护哈萨克斯坦国内粮食供应安全，到 7 月哈萨克斯坦和国外并

① 辜晓进：《新冠肺炎疫情下的全球媒体百态》，《青年记者》2020 年第 13 期。

没有爆发早期预测的粮食危机，反而是经济衰退迫使产量国和粮食出口国哈萨克斯坦选择通过增加粮食出口，以提升农民收入并缓解政府财政危机。哈通社在该新闻消息之中精准计算了2020年哈萨克斯坦粮食产量预计增加14.9%，表明哈萨克斯坦并没有粮食危机的风险。这实现了哈萨克斯坦政府政策与人民诉求的沟通，回应打击了自媒体平台上不切实际的假消息和假新闻。2020年7月10日，哈通社报道，总统托卡耶夫强调政府将继续增强帮助疫情特殊期间的国民和各行业，由政府提供资金技术和物资支持等系列帮扶措施。新冠肺炎疫情重挫哈萨克斯坦经济，2020年经济衰退已经成为必然，一方面是防疫压力，另一方面是经济压力，而国际能源价格的低迷更是雪上加霜，哈萨克斯坦政府既要面临财政收入锐减的实际，又面临财政支出增加赤字的风险，因此哈萨克斯坦处于危险的边缘地带。而哈通社作为政府的喉舌，发挥了积极的沟通作用，使得新冠肺炎疫情危机时期的哈萨克斯坦政府与人民的心更加紧密联系在一起。

（基金项目：国家社会科学基金一般项目，项目号：19BZZ103。陕西省社科基金面向“十三五”重大理论与现实问题研究，项目号：2016ZDA01）

“乡村广播防疫”话语框架研究
——基于疫情期间广播喊话的内容分析

马东丽
（四川传媒学院讲师）

摘要：2020 年新冠肺炎疫情期间，“乡村广播防疫”在农村地区起到了十分重要的作用。防疫宣传如何能够在短时间内转化成老百姓易于理解和遵守的规范体系是本文研究的重点。本文通过对广播喊话的文本内容进行分析与梳理，基于话语框架的研究机理和内容分析工具，对收集的 34 个省的 156 条广播喊话内容进行研究，研究发现疫情期间的广播传播具有：方言建构共情传播，增强村民认知判断；基于乡村安全建构共鸣效应，稳定村民心态；从乡土符号建构文化娱乐，改善村民行为的特点。

关键词：乡村广播；防疫宣传；内容分析；话语分析；语言建构

自 2020 年 1 月底新冠肺炎疫情暴发，随着感染人数的不断增长和感染风险的不断增加，国家对疫情防控政策的规定也不断强化和完善。据统计中央为应对新冠病毒感染进行的防疫通知发文共 18 次。面对这次危机事件，国家防控政策的宣传和管理力度不断加强，各基层宣传的方式也各显神通。但是农村，作为中国最基础的组织单位，如何在短时间内将国家各种行政政策进行话语解读与建构，打好这场宣传战对于防疫工作具有举足轻重的作用。

疫情防控规定都是由中央用政治话语体系以文件的形式发送到各

地区，话语建构具有较强的纲领性和指导性。如国务院办公厅在2020年第6号文件《国务院应对新型冠状病毒感染肺炎疫情联防联控机制关于进一步做好民政服务机构疫情防控工作的通知》中提出：要强化防护能力，按照科学预防、积极防治的要求，组织工作人员和服务对象勤洗手、戴口罩，做好个人卫生防护，做好定期监测体温和消毒、通风等工作，提高防护能力。坚决落实四早要求及时收治感染者：早发现、早报告、早隔离、早治疗[①]。这种政治话语对于人口密度大、媒介素养偏低、情绪易感染的村民来说理解难度大，若处理不好容易产生社会动荡。如何将政治话语转化成老百姓耳熟能详的乡村防疫话语，又可以实现有效管控、情绪调节，最后一公里的话语转化成为本次防疫传播中的重中之重。

话语是联系现实世界与精神世界的中介，也是进行意识传播和控制最有效的途径。“乡村话语”作为一种价值形态，在这次乡村疫情防控中释放出了顶层信号，反映出了时代发展中“乡村话语”建构的独特魅力与研究价值。话语是社会实践的一种形式，菲尔克拉夫在《话语与社会变迁》一书中提出，话语分析的三个向度框架是“文本”“话语实践”“社会实践”。作为社会实践重要组成部分的话语即是一种表现形式，也是一种行为方式。文本偏向语言学，话语实践是文本的生产和消费，而社会文化实践是解释话语实践的基础。话语分析具有两个视角，一个是文本视角，另一个是语境视角。前者是对各个层次的话语结构进行描述，后者是把这些结构的描述与语境特征如认知过程、在线、社会文化因素等联系起来考察。

本文以内容分析为基础，以话语分析为理论框架，对广播喊话的内容进行内容梳理与话语分析。以乡村广播中疫情防控宣传中的防疫要求：“不要出门”“不要聚集”“要戴口罩”“要勤洗手多通风”等为关键词，从“文本”“话语实践”“社会实践”三个向度，梳理乡村

---

① 《国务院应对新型冠状病毒感染肺炎疫情联防联控机制关于进一步做好民政服务机构疫情防控工作的通知》，《中国政府网》，http：//www. gov. cn/xinwen/2020 - 02/28/content_ 5484612. htm，2020年2月8日。

广播在防疫中话语建构的方式，剖析乡村广播话语时代特点，结合现实实践分析乡村广播话语在价值观认同方面的功能与作用。

表1　　　　中央疫情防控通知文件汇总（18份）

编号	中央疫情防控文本名称	发文机关	发文年月
1	国务院办公厅关于组织做好疫情防控重点物资生产企业复工复产和调度安排工作的紧急通知	国务院办公厅	2020.1.29
2	国务院应对新型冠状病毒感染肺炎疫情联防联控机制关于印发企事业单位复工复产疫情防控措施指南的通知	国务院应对新型冠状病毒感染肺炎疫情联防联控机制	2020.2.21
3	中央应对新型冠状病毒感染肺炎疫情工作领导小组关于全面落实进一步保护关心爱护医务人员若干措施的通知	中央应对新型冠状病毒感染肺炎疫情工作领导小组	2020.2.22
4	国务院应对新型冠状病毒感染肺炎疫情联防联控机制关于进一步做好民政服务机构疫情防控工作的通知	国务院应对新型冠状病毒感染肺炎疫情联防联控机制	2020.2.28
5	中央应对新型冠状病毒感染肺炎疫情工作领导小组关于印发当前春耕生产工作指南的通知	中央应对新型冠状病毒感染肺炎疫情工作领导小组	2020.3.2
6	中央应对新型冠状病毒感染肺炎疫情工作领导小组关于全面落实疫情防控一线城乡社区工作者关心关爱措施的通知	中央应对新型冠状病毒感染肺炎疫情工作领导小组	2020.3.3
7	中央应对新型冠状病毒感染肺炎疫情工作领导小组关于进一步做好疫情防控期间困难群众兜底保障工作的通知	中央应对新型冠状病毒感染肺炎疫情工作领导小组	2020.3.6
8	国务院应对新型冠状病毒感染肺炎疫情联防联控机制关于聚集一线贯彻落实保护关心爱护医务人员措施的通知	国务院应对新型冠状病毒感染肺炎疫情联防联控机制	2020.3.11
9	国务院应对新型冠状病毒感染肺炎疫情联防联控机制关于印发《因新冠肺炎疫情影响造成监护缺失儿童救助保护工作方案》的通知	国务院应对新型冠状病毒感染肺炎疫情联防联控机制	2020.3.14

续表

编号	中央疫情防控文本名称	发文机关	发文年月
10	国务院办公厅关于应对新冠肺炎疫情影响强化稳就业举措的实施意见	国务院办公厅	2020. 3. 18
11	国务院办公厅关于为新冠肺炎疫情牺牲烈士和逝世同胞举行全国性哀悼活动的通知	国务院办公厅	2020. 4. 3
12	国务院应对新型冠状病毒感染肺炎疫情联防联控机制关于进一步做好重点场所重点单位重点人群新冠肺炎疫情防控相关工作的通知	国务院应对新型冠状病毒感染肺炎疫情联防联控机制	2020. 4. 6
13	国务院应对新型冠状病毒感染肺炎疫情联防联控机制关于印发新冠病毒无症状感染者管理规范的通知	国务院应对新型冠状病毒感染肺炎疫情联防联控机制	2020. 4. 6
14	国务院应对新型冠状病毒感染肺炎疫情联防联控机制关于印发新冠肺炎出院患者复诊复检工作方案（试行）的通知	国务院应对新型冠状病毒感染肺炎疫情联防联控机制	2020. 4. 6
15	国务院应对新型冠状病毒感染肺炎疫情联防联控机制关于印发全国不同风险地区企事业单位复工复产疫情防控措施指南的通知	国务院应对新型冠状病毒感染肺炎疫情联防联控机制	2020. 4. 7
16	中央应对新型冠状病毒感染肺炎疫情工作领导小组关于在有效防控疫情的同时积极有序推进复工复产的指导意见	中央应对新型冠状病毒感染肺炎疫情工作领导小组	2020. 4. 7
17	国务院应对新型冠状病毒感染肺炎疫情联防联控机制关于做好新冠肺炎疫情常态化防控工作的指导意见	国务院应对新型冠状病毒感染肺炎疫情联防联控机制	2020. 5. 7
18	国务院应对新型冠状病毒感染肺炎疫情联防联控机制关于印发进一步推进新冠病毒核酸检测能力建设工作方案的通知	国务院应对新型冠状病毒感染肺炎疫情联防联控机制	2020. 8. 27

一 研究方法

（一）研究群体与研究样本

本文的研究对象选取的是农村应急广播通信系统。其原因有三：

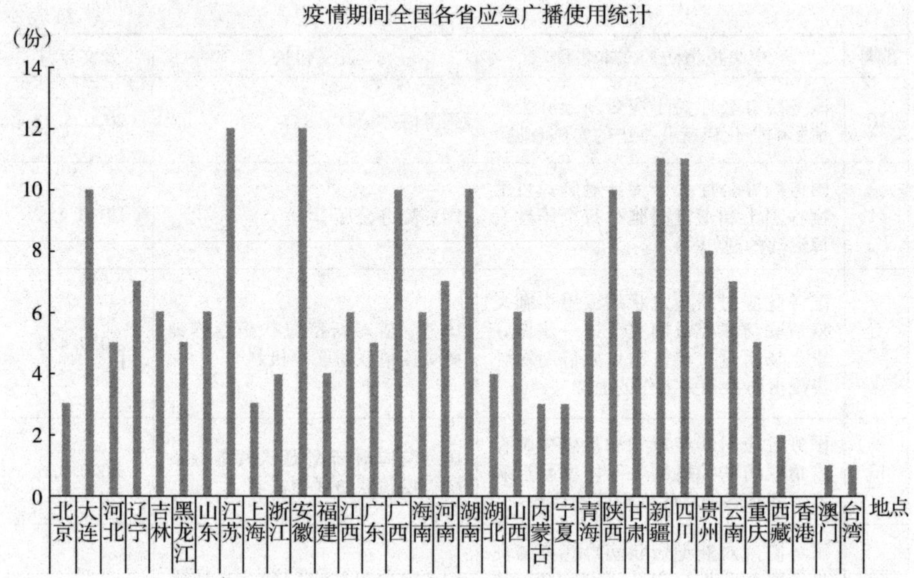

图1　乡村广播数量样本来源地

第一，农村有线广播作为一项农村通信基础设施，覆盖率高，普及度广，接受程度深。在党的十七届三中全会，决定开展大规模的新农村建设，进一步完善农村基础设施建设，伴随着社会主义新农村建设的号角，和着服务“三农”、全面建设小康社会的节拍，农村有线广播正迈开大步向千家万户走来。截至2019年，农村有线广播作为一项通讯基础设施已经在中国行政村普及率达到100%，综合人口覆盖率为98.84%，北京，江苏，上海，天津四地更是达到了100%[①]。第二，农村人口多。根据第六次全国人口普查的统计，我国居住在乡村的人口约为6.7亿人，占全国总人口的50.32%[②]。对于广大的农村地区，超过一半的人口是农村人口，再加之农村与城市存在较大的信息鸿沟，

① 《2019年全国农村广播节目综合人口覆盖率及各地区排行统计分析》，《华经情报网》https：//baijiahao. baidu. com/s? id = 1683500357823467549&wfr = spider&for = pc&searchword = %E5%86%9C%E6%9D%91%E5%B9%BF%E6%92%AD%E8%A6%86%E7%9B%96%E7%8E%87，2020年11月8日。

② 《国务院办公关于印发国家突发事件应急体系建设“十三五”规划的通知》，《中国政府网》，http：//www. gov. cn/zhengce/content/2017 -07/19/content_ 5211752. htm，2017年7月19日。

因此农村是我国防疫抗疫的重要阵地。第三，农村有线广播作为一种传播媒介，主要有传播信息、进行宣传、舆论监督、传播知识、提供娱乐五大社会功能。在5G网络逐渐铺开的当下，农村有线广播主要作为网络通信的一个有力补充，重点发挥宣传作用其次才是娱乐功能。

基于上述三点原因，研究选取了乡村广播防疫传播作为本次的研究对象，以“防疫大喇叭”为关键词在微博，微信，抖音，快手，西瓜视频，火山小视频等网络平台进行搜索，初步搜索下载205个视频，去除重复项、无关项之后，最终得到156个视频作为本文研究的有效样本。

（二）编码类目

本文的研究目的是考察乡村广播在防疫传播中对官方政治话语进行二次传播中的语言框架建构方式，即乡村广播对政治传播的转化方式与特点。二次传播是乡村广播对官方政策解读后的再传播，话语建构是对纲领性、政策性语言的转换，话语转换是指利用乡村语言符号进行声情并茂的传播方法。

基于这一研究目的和思路，本文的主要编码类目为：广播喊话的情感倾向、广播喊话的语言表达方式、广播喊话的类型、广播喊话的主要内容、广播喊话中出现的高频词语、广播喊话的权威性等并分别叙述。

广播喊话的情感倾向：就156个有效样本中传达出的情感大体有以下4种：愤怒、热情、平静、亲切。研究中四大情感主要是将156个视频中广播喊话的声音大小变化及具体的喊话内容及是否使用方言等几大方面作为具体判别标准而判断得来的。带有愤怒情感的喊话数量为64个，占有效样本量的41%；带有热情情感的喊话数量为19个，占有效样本量的12.2%；带有平静情感的喊话数量为59个，占有效样本量的37.8%；带有亲切情感的喊话数量为14个，占有效样本量的9%。

广播喊话的语言方式：喊话方式主要是方言喊话和普通话宣讲两种主要方式。在选取的34个省份共计156个有效样本中，方言喊话有142个，占91%，普通话宣讲有14个，占9%，占绝大多数都是以本地方言喊话为主，辅之以少量的普通话宣讲。

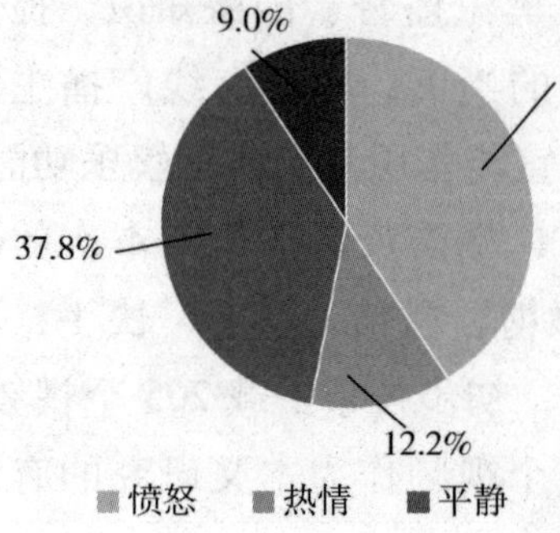

图 2 广播喊话情感倾向

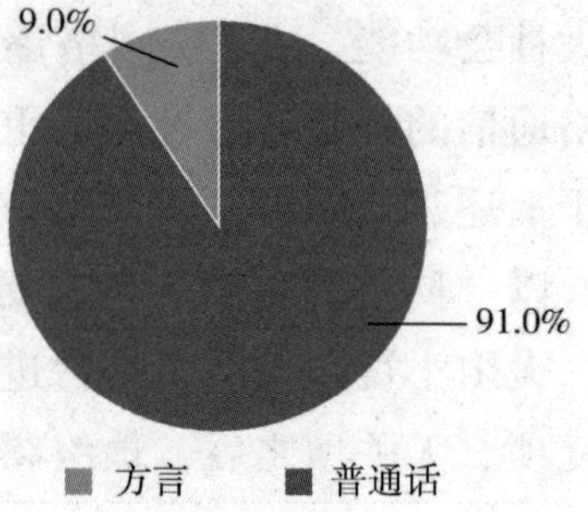

图 3 广播喊话语言方式

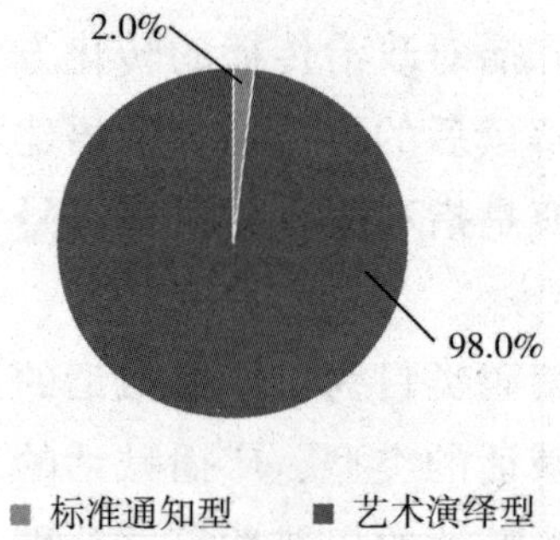

图 4 广播喊话主要内容

广播喊话的主要类型：喊话类型分为标准通知型和艺术演绎型。并以标准通知为主，共计 3 个占 2%，艺术演绎型则有 153 个占 98%。标准通知型是用普通话宣读中央的通知，艺术演绎型则有秦腔艺术、二人转艺术、闲聊解释、反讽批评等各地特色艺术形式。

广播喊话的主要内容：在疫情防控的大背景下，广播喊话的主要内容都是紧紧围绕防疫这个大的前提和背景之下展开的。具体就分为三大类型：第一是宣讲防疫的具体要求。第二是对村民行为进行提醒和警示。第三是对不遵守防疫要求的人的严厉批评。这三大类在 156 个有效样本之中的数量和占比分别是 48 个/30.7%，50 个/32.2%，58 个/37.1%。

广播喊话中出现的高频词语：喊话内容以各地防疫的总体要求为导向，主要为防疫的一些具体措施。具体有："不出门、不聚餐、戴口罩、勤洗手、多通风、勤锻炼"等内容，其中不出门出现了 72 次，占 46.1%；不聚餐 37 次，占 23.7%；戴口罩 141 次，占 90%；勤洗手 45 次，占 28.8%；多通风 16 次，占 10.2%；勤锻炼 8 次，占 5.1%。

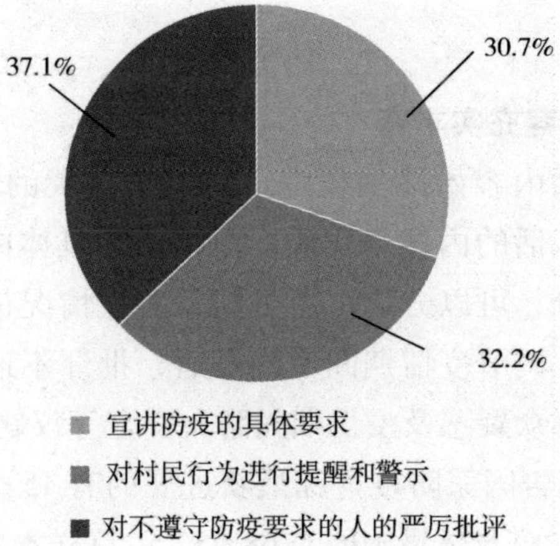

图5　广播喊话主要内容

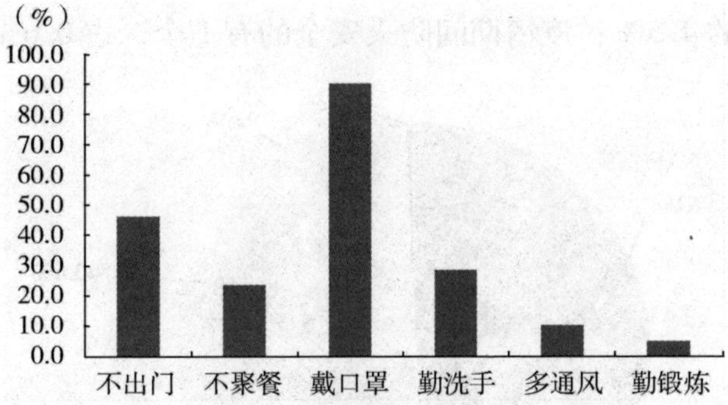

图6　广播喊话高频词汇

广播喊话的权威性：广播喊话的权威性首先受喊话的人身份的影响。就全国34个省市地区的156个有效样本中来看，喊话人主要是基层农村村两委干部，包括村民委员会主任，也就是俗称的“村长”和村党支部书记，另外还有乡镇社区民警，志愿者等人员。该类群人员在乡村内具有一定的威信，掌握着话语的主动权，村民对其认可度高。其次，权威性还表现在广播话语内容中，在156条广播中，广播文本内容涉及国家、中央、政府、钟南山、科学的词语的共计86条。这表明广播喊话为了增强权威性，选择具有权威信息源为支撑，当然这些关键词在村民耳闻后就会认同广播内容的权威性。

二 研究结果

（一）议题内容充实丰富

应急广播喊话内容始终围绕疫情防控这一大的前提背景来展开。即以疫情防控为喊话的内核与实质，但喊话的具体内容丰富多样。具体从喊话内容划分，可以分为：通告国家防疫情况最新进展，宣传个人防疫具体措施，调节疫情期间家庭矛盾，批评不遵守防疫要求的人和事，还有解答群众疑惑及疫情期间防火安全等议题内容。

在内容上，通告国家防疫情况最新进展的有 15 个，占总样本数的 9.6%。宣传个人防疫具体措施的有 68 个，占总样本数的 43.6%；调节疫情期间家庭矛盾的有 4 个，占总样本数的 2.6%；批评不遵守防疫要求的人和事的有 61 个，占总样本数的 39.1%；解答群众疑惑的有 7 个，占总样本数的 4.5%；疫情期间防火安全的有 1 个，占 0.6%。

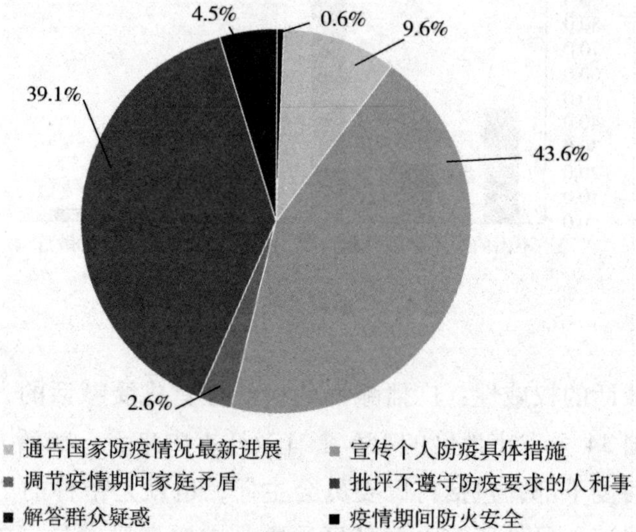

图 7 广播喊话的具体内容

总的来说，156 个乡村广播喊话的议题内容充实多样，虽然议题占比数量上并不均匀，但其核心均以防疫措施为主，批评内容次之，最少的答疑解惑的内容。这与应急广播喊话以防疫举措为主要宣传内容，是相符合的，体现了乡村广播防疫传播的特点。

（二）话语表达风趣幽默，极具特色

乡村广播话语表达方式十分具有趣味性，其中的一大方式就是反复运用地方方言，运用方言对疫情防控的信息进行表述和传达可以激发不同地域的人们的亲近感，认同感，从而提高接受度，增强应急广播中疫情防控信息的宣传效果。河南农村应急广播中就经常出现“中不中啊”这样的典型地方方言词汇，已经占到了河南样本总数的71%。而在四川农村应急广播中“莫出门，莫聚餐”等也是反复出现的高频词语，在9个四川应急广播中就出现了10次，平均每一个喊话出现一次。具有强烈的地方特色人情味。

除此之外，还有大量的押韵段子口播表达，传播的内容形象生动，幽默风趣。押韵短句宣讲有31个，占样本总数的19.9%。如陕西渭南乡村广播就自编秦腔：“莫要聚餐太危险，刘邦不赴鸿门宴，不戴口罩快躲远，王朗死于飞沫喷溅”向群众表明预防新冠肺炎疫情要做到勤戴口罩，不聚餐等具体要求。

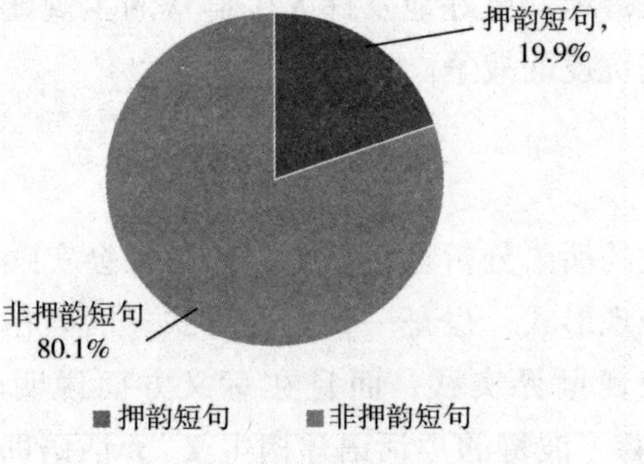

图8 广播喊话押韵比例

（三）直接建构议题多于间接建构议题

在研究的156个有效样本中，不论是占比30.7%的宣讲防疫的具体要求，还是占比32.2%的对村民行为进行提醒和警示，还是占比37.1%的对不遵守防疫要求的人的严厉批评。这三大类广播的实质都是直接建构传达疫情防控的议题内容，单刀直入，直奔主题，在广播传播中戴口罩被提及 141 次，未提到戴口罩的广播内容则会提及不出门、不聚餐等信息。因为乡村广播的直接性表达，让村民更能够理解和接受，从而取得良好的宣传效果，推动疫情防控工作的进一步向前。

（四）广播将政治话语表述成乡土语言

乡土语言具有接近性，它是乡村空间重组与重构的重要中介。政治传播具有严肃性，它与乡村话语具有一定的鸿沟，把严肃的中央政策表述成具有乡土气息的农村语言是十分必要的。在研究的 156 个样本中，34 个省的乡村广播均具有地方语言发音特色和方言特色，而且对中央话语表述的方式也各不相同。如国务院于 2020 年 3 月 11 日发布了《关于聚焦一线贯彻落实保护关心爱护医务人员措施的通知》，要求支持关心和体谅医护人员。转化为乡土语言，就成了重庆的顺口溜："前线医护在苦战，后方防守也很难，放松警惕会反弹"，也成了河南的怒吼："来为咱们打仗的医护人员，人家想家都回不去。"通过这些经过乡土化改造的语言，才能让人们受到更深的触动，真正了解到前线医护人员的不容易，从而自发地支持和爱护抗疫一线的医护人员。从而使政策落地，更好地发挥人民群众的主观能动性，真正意义上打胜这场防疫抗疫的战争。

三 研究结论与讨论

菲尔克拉夫的话语分析理论认为，作为社会实践重要组成部分的话语即是一种表现形式，也是一种行文方式。话语在社会意义上具有建构性，不仅表现世界实践，而且在意义方面说明、组织和建构世界①。结合乔纳森·波特的"话语建构主义"，话语即是被建构的，也是建构性的。乡村防疫中的广播话语建构不仅关乎信息传递更在于意义共享和情感共鸣。综合以上数据分析来看，乡村广播防疫话语路径建构呈现出显著性、多元并举的议程结构与共鸣效应，对广大村民具有增强认知、调节情绪和规范行为的重要作用。

---

① ［英］费尔克拉夫：《话语与社会变迁》，银晓蓉译，华夏出版社 2003 年版，第 153 页。

（一）社会维度话语：方言建构共情传播，增强村民认知判断

自大众传媒时代起，基于媒介的中介作用，政治传播向乡村话语转化的重要作用日渐凸显。对于防疫宣传来说，防疫不是仅仅停留在信息传递的多寡层面，还要试图展示话语的权威性、管制性和深度解读，以实现信息传递“浅阅读”和意义共享“深理解”的同步推进。作为乡村基层单位，解决这一瓶颈问题，地方方言是共享“深理解”的一种有效途径。

政治学家安东尼·道斯在他的“注意力循环论”中指出，公众很少能够对同一个议题保持长久兴趣，即使是持续发展的重大社会问题[①]。在疫情防控时长的不确定性中，要让老百姓对议题产生社会效应，增强村民的认知判断，就需要采用老百姓喜闻乐见且能过耳不忘的宣传方式。

方言是某一地区所使用的一种有效语言符号，它可以使用本土化的表现方式展现规范化的管理体系即官方话语，能够让村民在有限的语言中感受到教育性和警示性。从研究的结果来看，乡村广播喊话的方式有方言演绎型和普通话宣传性。其中方言喊话 142 个，占 91%。艺术演绎型 153 个，占比 98%。使用方言表达再加艺术演绎，如唠家常、秦腔、顺口溜、押韵段子等方法，能够有效地表现传播者情绪情感，村民在收听广播信息时也会感受到传播者情感态度的倾向性，从而在思想认知和情感上感受到广播内容的轻重缓急，增强自己对目前状况的认知和判断。

方言传播叠加艺术演绎能够构建传播的共情效应，它能够对晦涩难懂的政策起到解构分析，同时方言喊话具有“联想”功能，它可以实现在信息传递之余将信息碎片进行联系，从而建构起村民对社会现实和自己现状的联系，进而提高认知与判断。从喊话文本来看，方言喊话中对政治传播诉求的表达也展示得淋漓尽致，从文本关键词的分析可得知，中央政策要求自行在家隔离，不要集聚，不信谣不传谣，

---

① ［美］麦斯维尔·麦考姆斯、顾晓芳：《制造舆论：新闻媒介的议题设置作用》，《国际新闻界》1997 年第 5 期。

在乡村广播方言中转化为：莫给政府添乱、留在家里就是为国家作贡献、不要夸大事实制造慌乱、别拿生命开玩笑、你带头我表态病毒肯定死得快等内容。本来呆板冷漠的政策，在乡村广播喊话中变得富有人情味。

（二）管理维度话语：基于乡村安全建构共鸣效应，稳定村民心态

广播作为沟通官方和民间对话，协调社会矛盾的重要话语中间渠道，日益成为拓展农村社会空间的重要介质。广播话语具有建构共鸣的特征，主要体现广播深入乡村、贴近农民、参与农村生活的形态中。广播话语符号具有意象功能，凯文·林奇在《城市意象》一书中提出，意象是“可印想的”和“可识别的”，是一种特征鲜明、结构坚固和相当实用的环境心理图像①。乡村是村民居住的现实空间，广播语言可以建构意象空间，当广播在现实空间中建构语言传播时，可以使两个空间相互影响，因此在防疫宣传中乡村广播喊话诉求会影响村民对现实空间的反应，基于乡村安全的诉求的喊话，可以有效地缓解和指导疫情突发时村民的盲目、焦虑的心态。

在疫情暴发的关键节点，国务院于2020年2月发布的《关于进一步做好民政服务机构疫情防控工作的通知》第一条中要求：强化出入管理，按照封闭要求对各类出入人员进行严格控制，该文本语言体现出管理的强制性。在此背景下，乡村广播将管理维度的话语进行了建构，其方式是基于乡村安全角度采用警示方式严厉批评的语气和愤怒的情感态度，结合乡村生活特色进行喊话传播。例如河南广播喊话中：不管你的车牌是ABCDEFG，还是HIJKLMN，不管你开的是奔驰宝马帕萨特，还是捷达拉达马自达，都在家好好待着，别出去瞎逛，别出去显摆了。车牌号、汽车品牌在老百姓心目中具有社会地位的象征，广播警示效果明显，态度极其愤怒，向村民严厉训斥不管你地位有多高，你应该好好在家待着，不要出门炫耀。形象生动，风趣幽默地建构了汽车与地位，炫耀与安全的话语框架。稳定村民长时间自我隔离后的焦虑心理。

---

① ［美］凯文·林奇：《城市意象》，项秉仁译，中国建筑工业出版社1990年版，第8页。

在广西南宁的广播喊话中：各位村民请注意，今天看来想好好说是不行了。你这些人脸皮太厚了，叫你们不要出去不要出去还是要出去，出去就算了还不戴口罩，就是你靓仔吗？出来显摆吗，在家能闷死你吗？走来走去，被传染死了都没有人埋你。你们不怕死没有关系，你们不要影响别人，为了一家大小你就老老实实在家。在病毒面前我们什么都不是。最后我再说一次，如果我再发现有人，围在一起聊天打牌的，我就拉你去隔离。你们听话才行呢，老是不听话，大家都好好的不行吗？过了这段时间你想去哪里都可以，我讲得就是这么多，你们自己好自为之。广播话语体现出了一定的强制性，广播的愤怒情感十分明显：我讲得这么多，你们自己好自为之。广播的批评态度明显：看来想好好说不行了，你这些人脸皮太厚了。但是广播的内容均基于对乡村安全角度进行阐释，乡村话语对安全的表达转化成村民最能理解的死和埋。乡村广播通过这种方式建构村民的共鸣效应，调整村民在疫情暴发初期的盲目心理。

（三）效果维度话语：从乡土符号建构文化娱乐，改善村民的行为

能指和所指构成了语言符号的特殊魅力，索绪尔在《普通语言学教程》艺术中提出语言符号具有两个重要特征：符号的任意性；语言符号的能指和所指的联系是任意的。语言符号的层次性：语言符号具有分层结构。广播主要依靠语言符号建构意义空间。在传播效果中，广播语言符号提供的拟态空间会帮助村民建构思想上的意识形态，村民的意识形态又会作用在现实的乡村环境中，由此广播语言符号的传播对于建构现实的乡村环境具有拟态环境的环境化作用。同时，乡村语言不是一种抽象的概念，它是在乡村背景中与社会生活联系在一起所形成的一种乡村文化的表达，是实实在在的可感知的一种情感和符号表现方式，当然在这种乡土符号的表达中既可以表现乡村文化的娱乐性也可以表现出约束力和强制性。

在广播喊话中，押韵段子有 31 个，占样本总数的 19.9%，风趣幽默的语言表达了防疫要求。除此之外，乡村广播语言的符号的在场性十分明显，在场性主要表现在广播所传递的内容与村民生活息息相关，甚至是乡村中刚刚发生的事情，语言的表达与村民对符号的解读具有联想的同步性。这种同步性能够促进村民对信息的理解和二次传播。例如在陕西铜川的广播喊话中：大门一关，茶水一端，视频拜年，语音聊天，不要拿你的无知挑战灾难，不要让政府对你进行法办。关门意味着在家自行隔离，并且关大门是村民经常的一种行为。茶水代表着在家休息，视频拜年体现出不要聚集，最后两句话体现出行政约束力。广播采用押韵的地方方言进行播放，形式喜闻乐见内容脍炙人口能够让村民够迅速理解，也能有助于村民进行行为规范。无知挑战灾难，政府对你法办，体现出了语言的权威性和要求村民进行行为约束。生动活泼的乡土符号建构了乡村广播对疫情下村民行为的指导。

四 结语

乡村广播防疫是基层防疫传播中一个重要的中介，它在应急信息发布、疫情科普宣传、群众情绪调控上发挥了极其重要的作用。从乡村建设和发展来看，乡村广播话语建构对于村民意识形态和行为影响具有十分重要的意义，也是我国面对危机事件稳定大局的一种有效途径。

功能与展望:疫情防控期间的农村"大喇叭"

王佩庚

（福建师范大学传播学院硕士研究生）

摘要：农村"大喇叭"自20世纪五六十年代开始兴起，是党和政府"宣传下乡"的首要媒介，具有强烈的政治与权威色彩，随着改革开放的到来，外加诸如录音机、电视等新媒介的诞生，逐渐消失在公共视野之中；进入21世纪以来，应急公共卫生事件将农村"大喇叭"重新拉回大众视野中。农村"大喇叭"作为农村地区重要的公共传播媒介，在防疫抗疫宣传中具有强制收听性、特定空间持续高强度信息输入以及声音话语独特的情感优势，在特殊时期发挥了重要作用。然而，疫情属于突发事件，社会生活终究会恢复常态，回归常态后的农村"大喇叭"如何继续发挥其生机与活力是接下来农村广播发展的题中之义。笔者根据当前农村广播的现状，提出要持续深化农村应急广播的权威地位，要推动农村广播与新媒体平台融合，以及要将农村广播纳入基层治理等建议。

关键词：疫情防控；农村广播；宣传动员

2019年岁末，新型冠状病毒性肺炎的肆虐使得农村大喇叭这一公共媒介在沉寂多年之后再次进入到公众视野中，在本次疫情中，农村"土味"广播打通了中国基层防疫抗疫宣传的"最后一公里"，诸如"今天到处串门，明天肺炎上门""老实在家防感染，丈人上门也得撵""家里有咸菜，米缸里有米，门口有蔬菜，大家待在家里就别出门了，疫情不是和大家开玩笑呢，胡跑可不是自寻短见吗?”等硬核式广播语使农村在消息相对闭塞、医疗资源匮乏的条件下最大限度地控制了疫情在春节期间的传播。

一 农村大喇叭在防疫抗疫中的作用

（一）声音景观的强制收听功能

相较于眼睛，人类的耳朵不能够被遮蔽与保护，我们可以选择自身不愿意看见的事物，我们却不能够随意屏蔽不愿意听到的声音，或者说，声音能够在一定范围之内源源不断地进入我们的耳朵，为我们听力所接受，并且无法拒绝。正如学者周志强所言，人类的耳朵更容易被暗示与控制，在这样的特质之下，具有意识形态操纵意味的声音会反复占用我们的耳朵，来进行思想控制，而且这一切都在不知不觉、潜移默化中实现控制。

人类以接受到的信息调整自己的行为，面对农村大喇叭、广播苦口婆心的说教，广大村民全天候的接受来自大喇叭以及广播的信息输出，由此村民生活在广播塑造的声音景观之中，无法躲避，使得防疫抗疫信息传到每家每户，避免农村成为最后的“信息孤岛”，村民开始意识到新冠疫情的严重性以及防疫抗疫的必要性，开始居家自我隔离、出行戴口罩。

（二）特定空间持续高强度信息输入

新冠肺炎疫情的肆虐恰逢中国传统节日春节，城市务工人员开始大量返乡，大规模的城乡人口移动以及农村春节期间走亲访友的习俗给基层疫情防控带来了极大的压力，这也导致了农村疫情防控的急迫性，如何快速有效地将疫情防控信息传递给村民，减少村民之间接触的频率成为基层疫情防控的破题之举。

为了尽快使广大村民意识到疫情的严重性以及防控的紧迫性，中国绝大多数农村利用简易的大喇叭以及农村广播进行高强度、不间断的宣传，村干部将大喇叭安装在车上，以流动宣传车不间断地在农村地区向广大村民宣传新冠肺炎疫情防控信息，逐渐改变了农村地区对于疫情防控不够重视的弊病。村民在疫情防控的关键时期，不断地接受来自农村广播传递的疫情信息，持续高强度的广播信息成为当时农村获取健康信息的重要来源，农村广播成为控制疫情下沉的头号功臣。

（三）农村广播独具的情感话语优势

当前中国农村存在人口老龄化与受教育程度较低的现实问题，面对电视、智能手机等其他新媒体所传递的疫情防控信息，农村人口认知程度相较于城市人口略显不足，造成了中国基层疫情防控的滞后性，农民的防控意识较为薄弱，容易产生轻视、忽视病毒的侥幸心理①，出门不佩戴口罩、参加集体活动成为疫情初期农村的常态，对于电视、新媒体等疫情宣传方式不受中国农村地区所重视，农村利用广播有效地解决了这个棘手问题。

农村广播首要任务并不只是将防疫以及疫情相关信息传递给各家各户，而且希望宣传能够真正地引起村民们的重视，并贯彻落实防疫措施。因此，在传播防疫控疫信息时，广大村干部不仅利用广播这种最接地气的传播方式，而且在宣传话语上下足功夫，采用贴近农村居民生活的话语方式，年初频繁登上热搜的“土味”防疫宣传语即是最好的例证，国内有相关学者在对疫情期间“土味”宣传语的文本内容分析中得出“土味”宣传语的三个特点：语气提升、采用方言、口语化，② 具有情感接近性的“土味”宣传语提升了群众对于新冠肺炎疫情以及防疫方面的认知度，农村地区的群众更易接受，大大减少了农村地区防疫的不确定性。

综上所述，相较于智能传播时代各类新媒介而言，在农村地区，广播强制收听、信息持续高强度输入、话语的情感优势使得农村大喇叭在农村广播宣传中仍占有重要的一席之地。农村应急广播在2020年新冠肺炎疫情防控中的作用表明，面对自然灾害和各类突发性公共事件，广播仍是有效信息传输渠道之一。③ 对于农村广播重新回到主流传播的视野中，有必要对农村广播在参与中国基层治理的变迁时进

---

① 于春波：《功能和反思：农村疫情防控中的“大喇叭”》，《青年记者》2020年第8期。

② 牟星：《“土味”广播在基层农村防疫中的作用》，《公共管理评论》2020年第2期。

③ 沈杰：《全媒体时代农村应急广播的现状和应用研究》，《东南传播》2020年第7期。

行溯源，只有从它诞生、发展的历史去追寻，才能深刻的认识到中国农村广播的现状与价值所在，并以此为基础前瞻中国农村广播的未来发展。

二 作为声音政治的早期农村广播

农村广播是由高音喇叭发展起来的，新中国成立初期，中国广大农村地区的高音喇叭是国家动员群众、宣传政策的主要媒介。[①] 当时广播媒介的一个重要功能就是宣传功能，宣传党的方针政策、动员农村地区生产热情，有线广播利用其传播范围广、语言传播的优势将国家与党的方针政策第一时间传递到广大中国农村地区，达到了“宣传下乡”的目的。

由于广大农民受教育程度较低，农村大喇叭也成为农民获取外界信息最有效、最便捷的工具，广播的技术特征完美契合了当时党、政府政治层面的要求。[②] 因此当时的农村广播具有浓烈的政治属性，是国家参与农村治理的有力工具，在新中国建设初期，农村广播在农村意识形态灌输以及基层地区的建设与发展中都起到了举足轻重的作用。

三 农村广播的退场

从20世纪80年代起，第十次全国广播工作会议在北京召开，会议确立了将把“加速发展电视放在优先地位”的目标，虽然当时电视在农村地区的普及率极低，但不乏农村富裕家庭开始购置电视，电视传输速率快、音视频一体的特点使得其很快取代农村广播成为农民获取外界信息的重要工具，农村广播的政治宣传功能已经日渐削弱。

造成农村广播日渐式微的另一个重要原因就在于城乡人口的移动，改革开放政策推行之后，大量农村地区的年轻劳动力开始向城镇移动，

---

① 肖倩：《农村广播视角下乡村管理途径探析》，《中国市场》2017年第23期。

② 艾红红：《“下乡”“离场”与“返乡”——新中国农村有线广播发展“三部曲”》，《福建师范大学学报》（哲学社会科学版）2020年第4期。

造成农村地区人口偏老龄化。相较于年轻劳动力，农村老年人对于中央政策的宣传兴趣较弱，更倾向于收听广播带来的戏曲等娱乐节目。随着电视、收音机等新媒介的出现以及年轻人口的迁移逐渐使得广播失去了其存在的社会基础，农村广播日渐被边缘化。

四 农村广播的现状

在20世纪八九十年代市场经济的干预下，中国大多数乡镇广播电台以及农村大喇叭在不断地消失，农村广播的退场已成为不可避免的事实，这是时代的必然性。但进入21世纪以来，国家将农村有线广播建设纳入推进农村公共文化服务体系中，2006年，中央发出实施“村村响”工程的号召，又将农村广播拉回了农村公共空间之中，试图恢复农村广播在农村生活中的地位，这与当前农村现状存在很大的关联性。首先，当前农村人口大量涌入城镇之中，孤寡老人以及留守儿童在不断地增加，尤其是孤寡老人受教育程度低、主动获取有效信息的能力差，被围困在“信息孤岛”之中；其次，随着全媒体时代以及智能时代的到来，中国大多数乡镇广播电台以及农村大喇叭也在不断地消失，广大居民开始利用新媒体接受信息，但是在农村地区，相关的新媒体配套设施并没有完全建立起来，农村地区的全媒体时代远未到来，农民的信息获取渠道仍然存在巨大的局限性；最后，过往农村广播的信息节目单一，主要内容基本上集中在农村日常事务信息、歌曲播放，缺乏必要的创新机制，无法与建设社会主义新农村相契合。这几点原因促使了政府对于农村广播的再度重视，沉寂良久的乡村广播建设再次被提上日程。

在农村广播新建设之中，尤其强调了农村应急广播的规划，在2013年，国家新闻出版广电总局印发《推进国家应急广播体系建设工作方案》，强调了对农村应急广播的部署，这一点在2020的新冠肺炎疫情之中得到了最大化体现。

五 融媒体环境下农村广播发展的未来展望

新冠肺炎疫情的传播使公众意识到了农村广播在公共安全事件中的作用，但是疫情毕竟属于突发事件，社会神经不可能长时间紧绷，回归生活常态后农村“大喇叭”如何继续其生机和活力?[①] 是接下来农村广播发展的重要一步，尤其是在当下融媒体时代，不应该仅仅将农村广播作为一种信息传播工具，更需要充分挖掘其日常性功能，接合更多的平台化服务，将农村大喇叭打造成农村社会治理的重要部分。笔者就目前农村广播的现状，提出以下几点建议，打造农村广播新模式、新业态。

（一）深化农村应急广播的权威地位

农村应急广播作为对紧急事件的反应，代表了事件的紧迫性，应急广播既要做到紧急信息快速传播，打破农村地区信息传播的“最后一公里”，又要确保信息的权威性，确保信息接收者能够及时做出反应，保障公共人身安全。

要做到这一点，需要确保基础设施建设与应急广播体系建设同时进行，进一步完善县级播控平台、乡镇级播控前端、村级播控系统三级应急广播体系，建设安全可靠及时的应急广播体系，只有充分树立农村应急广播的权威性，广大农民才会信赖，也有利于加强政策的基层执行力。

（二）推动农村广播与新媒体平台融合

广播作为一种旧媒介，在新媒体时代显得如此“格格不入”，但是在当前我国农村地区广播仍然具有不可替代的效力，应该扭转对于广播的刻板印象，积极促进农村广播与全媒体信息传播工具相结合，推动新老媒介相结合，达到信息的泛传播化。

农村广播可以与县市级广播平台合作，县市广播作为信息传递段，将广播作为信息传递终端，与县市官方微博、微信平台同步传播最新消息，这样既能发挥二者的结合功能，又能确保广播信息第一时间传递到中国的基层地区，提升了广播的跨媒介传播能力。

（三）将农村广播纳入基层治理

在此次新冠肺炎疫情期间，农村广播切实地参与了防疫动员，并

---

① 王宇:《有线“大喇叭”到无线“大喇叭”：农村广播的最后一公里》，《现代视听》2020 年第 1 期。

且出色地完成了这一任务，展现了极强的基层动员能力以及领导力，村干部利用广播独有的声音情感优势以及强制收听性，塑造了具有权威性的声音政治景观。

目前我国正在进行社会主义新农村建设，不应该忽视农村广播强大的动员能力，将农村广播纳入基层治理是题中之义，不仅将农村广播的动员能力应用在紧急公共卫生事件上，还可以与农村旅游业、农村垃圾处理、健康传播相结合，探索符合农村实际的广播建设，利用广播促进乡村治理常态化。

六 结论

从新中国成立之初以来，农村大喇叭经历了繁荣，到被公众所淡忘，再到21世纪初重新被政府所重视的过程，无论是“村村响”工程还是农村应急广播体系的搭建都是基层治理水平的体现，都是将乡村编织进国家命运共同体的大型媒体实践。① 当前农村广播仍然具有强大的生命力，在融媒体这个大时代背景下，需要最大化利用农村广播，既能增强国家对于农村的基层治理，也能为基层民众构建信息安全网，促进乡村振兴。

① 艾红红：《“下乡”“离场”与“返乡”——新中国农村有线广播发展“三部曲”》，《福建师范大学学报》（哲学社会科学版）2020年第4期。

溯源与坚守:声音再认识与广播发展

方　龙

（重庆师范大学新闻与传媒学院副教授）

摘要：互联网冲击下的广播业正在走媒体融合的发展道路，音频广播在融合发展中需要结合自身媒介特点和当下时代特征进行创新发展思考。本文从音频广播的声音媒介入手，分析讨论了满足耳朵和眼睛两个不同器官需求的声音和画面的不同特质及其相互关系，强调重新审视声音的本性特点，正视广播媒介的视觉短板。提出疫情大环境下广播应重点坚守权威发布阵地，服务社区家庭和助力复工复产。

关键词：声音；广播；后疫情；创新

看，听，说，广播媒体在当下的发展，实际上是如何权衡这三者的关系，并在其中找准自己的定位。看的是视频，听的是音频，说，则是受众参与节目、表达意见的互动行为。音频广播媒介挑战不了，也没必要挑战视频媒介的头牌地位，而是需要认清音频媒介的特性长项，弥补视频媒介的短板，借鸡生蛋，并强化受众的参与感与获得感，将疫情下的动态变化特点与地方特色需求结合起来，推陈出新，实现多渠道融合发展。学者周小晋教授在 2019 年就曾提到“对广播界来说，应该重新认识声音……广播运用音频的专长不要轻易地放弃，应该重新认识它的重要性……”①。

---

① 李静、黄一樑：《5G 时代，广播媒体与音频产业的选择与出路——第四届中国广播创新发展高端论坛观点集萃》，《中国广播》2019 年第 12 期。

一 视听再认识

（一）一直打开的耳朵与可睁可闭的眼睛

不像眼睛，人类的耳朵并没有关闭功能，但耳朵与眼睛是联动互补的。人类获取知识的主要途径是眼睛，耳朵只占很小一部分。然而边看边听是最基本最常见的行为活动，也是接收信息效率最高的一种方式。人们发现眼睛感受的光线与耳朵听到的声音是相通的，并有一定的继承性。有相似的参数：频率、波长、幅度、相位等；有相似的分析手段：彩条与千周、视敏度曲线与等响度曲线等；有相似的蒙太奇处理方式等。曾有学者用视觉美学中的格式塔心理对声音对象进行了系统拆解分析①，从另个角度论证了声画的相通与继承。但视听的联合并非两个类似或相反元素的简单相加，而是一种一加一大于二的效果②。

然而两者的地位并不相等。由于视觉眼睛的这种先天主导性，使得听觉耳朵被大众忽视，就是日常戴眼镜、挂口罩和塞耳机之用，或是老婆大人的家暴用具，在接近极端条件下，才会被人们感知到它的存在，诸如高音量的噪声，或突然没有声音。不乏有优秀的导演善于发挥影像和声音的各自特长优势，给观众呈现饕餮大餐的视听享受，但影视圈内妥协或牺牲声音的做法并不罕见。

广播主声，声音符号是听众收听广播时唯一可感知的对象，在脱离画面，或者有意设计画面为声音服务时，音频广播又有哪些空间？此时需要将声音从画面的阴影里剥离开来，站在画面的对立平等面，来探讨它们的差异。

（二）声音的被动性

在实际的影视作品创作过程中，声音的创作大多是受限于画面的。画面有边框，声音无界限。基于画面的声音的创作，可以突破4∶3或

① 王珏：《从完形心理学看电影声音对象的形成》，《当代电影》2015年第7期。

② 方龙、刘佳郡：《跨感官感知的负向空间——试析影像与声音的隐喻距离》，《电影评介》2019年第13期。

16∶9的画幅边框限制，在观众头脑里构建无界的空间。画面可以是静止的，声音却是流动的，不能像讨论静态帧一样来分析“静止”的声音。视频变速播放，同步的声音就会变形，特别是音乐，不能变速播放。视频停止，喇叭就没了声音。画面形象直观，声音隐性而富有想象空间。就如国画里的“留白”，正因为有空白，才提供了想象的空间[①]。不同的观众可以通过影像的明暗、色彩、构图、焦点等视觉要素在大脑中形成相同的视觉印象，而相同的声音，在不同的受众中的大脑里将产生不同的幻像体验。当听到“大海”时，不同的听众头脑里的大海是不一样的，它与每个听众的年龄、性别、阅历甚至成长环境都有关系。

由此可见，无界、流动和富有启发性是声音相对于画面的基本特性。

（三）声音的独特性

影像离不开声音。剥离了声音的影像是不被接受的，因为默片时代早已过去，影像观众总是在需要看到的同时，也需要听到。从这个角度来看，附属在影像中的声音更可能缺少灵魂。不少影像无力原创音乐，贴的背景音乐生硬，画面剪辑表演节奏与背景音乐并不协调。自媒体就更为突出，背景声都模板化，手机短视频里一模一样的丑陋笑声并不罕闻。

喇叭多于屏幕。电影声音制式从单声道、立体声、环绕声发展到全景声以及近几年热门的沉浸式聆听，而传统广播一直停滞在立体声制式阶段，貌似已经没有升级的空间。但画面在亮度、色彩、清晰度、屏幕大小等一系列的技术指标高歌猛进的时候，无意也为音频广播的扬声器喇叭进行了布局，因为配备一个屏幕的时候，就一定会配备一对喇叭，加之个人耳机、智能音响等，使得在一般的视听场景中，声音还原设备是要多于画面屏幕的。

声音并不依赖影像。而没有影像的声音，可以作为独立的媒介为听众所接受，音乐、广播剧、新闻播报等多种形式的音频广播，并不

---

① 周春：《如何发挥广播擅长“传情”的特点》，《新闻爱好者》2005年第4期。

需要影像的伴随，没有对影像的依赖性。并且存在一种有趣的现象，既对生活品质有追求的听众，并不会妥协对耳朵享受的要求。Hi-Fi 虽已经淡出大众视野，听众更多地选择网络付费会员获取优质音频资源。同一首交响乐音乐，普通大众的 MP3 格式和收费无损的 WAV 或 AIFF 格式，听感品质是有很大区别的。

声音伴随期更长。从个体生长规律的年龄层面来看，从腹中胎儿发育到一两个月，声音就以超声波的方式参与个体生命中来。从孕期检查到早期胎教，以及哺乳期早教儿歌等，声音都先于画面影响个体发育成长。声音可在视觉未能解构文字意义前，就能以语音或音乐等方式与个体实现互动，对受众文化教育要求门槛低。在个体发展进化到更高阶的视觉感知后，声音才作为视觉的伴随而存在。

（四）正视广播音频

正视广播音频，需要从认识声音和画面的关系入手。英国安德鲁·克里斯尔（Andrew Crisell）教授认为“广播与电视和互联网竞争不占优势，但是它可以做纯粹的声音、做理智的讨论而没有视觉干扰、没有直观刺激个人想象，声音带来的是一种亲密的感觉”[①]。胳膊拗不过大腿。胳膊有用武之地，胳膊也不用去拗大腿，特别是在互联网的数字时代，语音广播只能占据长尾市场。语音直播依靠小众的经营思维、个性化内容供给和情感补给在视频直播中赢得了广阔的长尾市场[②]。

广播音频只闻其声，不见其人。不仅能保护双方的隐私，而且有一定的神秘感，悬念感，具有受众黏性的先天优势。特别有益于保护有一定生理或心理健康问题的听众的日常生活不被影响的同时，有倾诉和治疗的公共空间。此外，“而听众方面……其主要目的是在语音直播中寻求陪伴，或是寻找志同道合的朋友”[③]。或许在后期，听众会

---

① 孟伟：《互联网时代英国广播最新发展趋势——专访英国桑德兰大学终身教授安德鲁·克里斯尔》，《中国广播》2020 年第 9 期。

② 申启武、李颖彦：《网络语音直播：情感商业化逻辑下的声音表演》，《现代传播》（中国传媒大学学报）2019 年第 2 期。

③ 申启武、李颖彦：《现状与趋势：网络语音直播产业的全景考察》，《中国广播》2020 年第 6 期。

好奇想象主播的五官相貌，但其初衷并不是冲着长相来的。不以貌取人，让对长相不自信的优质主播放下顾虑，并且也为广播节目筛选了更会用脑思考的用户。

广播作品中最常见的声音美化就是添加混响效果，这样的语音听起来更加温暖和饱和。在影视作品中，还有突出人耳智能选择的鸡尾酒效应、运动声源使听感变化的多普勒效应等具有声音特质的效果得到了较多应用。广播作品在声音效应方面的实践应用和推广还有空间，特别是发展中的心理声学方面的语音作品化实践。

没有画面，广播音频更具创作空间，从规定动作变为自选动作；也更具挑战性，因为不仅需要考虑妙的选题和巧的构思，还要设计如何让声音有趣的表达才能弥补缺失画面带来的直观形象描述的空缺。没有画面，广播音频的创作团队、制作周期、制作成本会更简洁，效率也就更高。

与其他传统媒体一样，传统音频广播同样受到了互联网新媒体带来的负面冲击影响，新冠肺炎疫情加剧了这样的影响。广播媒体需要思考，疫情时代下如何将威胁转为机遇挑战。

二 新冠肺炎疫情中的广播发展

（一）防控常态化：坚守动态权威发布

如前所述，在没有画面的语音音频中，传统广播将更显其权威性。特别是在疫情期间，广播能在疫情相关的新闻报道、专题讲解及医疗科普等方面获得比网络自媒体视频更多信任和支持。也是在极端情况下，用户可使用极少的流量，极易途径便能获取更可信的信息资源。在2020年1—5月的广播频率在线直播累计点击统计中，中国之声的点击量超过1.3亿次，同期增幅超过70%①。这样的权威地位，越是在突发应急局势下，越是凸显其重要性。

目前，防控工作已经常态化。国内不时会出现突然新增病例的情

① 梁毓琳、赵景仁：《疫情影响下的广播媒体变化趋势——2020年上半年中国广播市场浅析》，《中国广播》2020年第7期。

况，对于这种常态防控，是广播业进行应急防控演练的权威地位巩固期。根据局部疫情的变化情况，将其划分为不同的阶段，如潜伏期，爆发恐慌期，防御期，适应期，恢复期。针对不同疫情阶段中公众关心并急需获取的信息，广播选题尽量在做到客观真实的前提下第一时间官方发布。潜伏期侧重预警及日常突发应急的宣传演练；暴发恐慌期重点在辟谣，避免引起恐慌；防御期重点在跟进报道和心理疏导；在适应期重点回顾总结，纠正或巩固之前的判断或做法；恢复期重点在宣传科普恢复信心建设。在日常的动态权威发布中，让听众熟练获取途径，建立信任关系，巩固权威地位。疫情不同阶段的发布重点如图 1 所示。

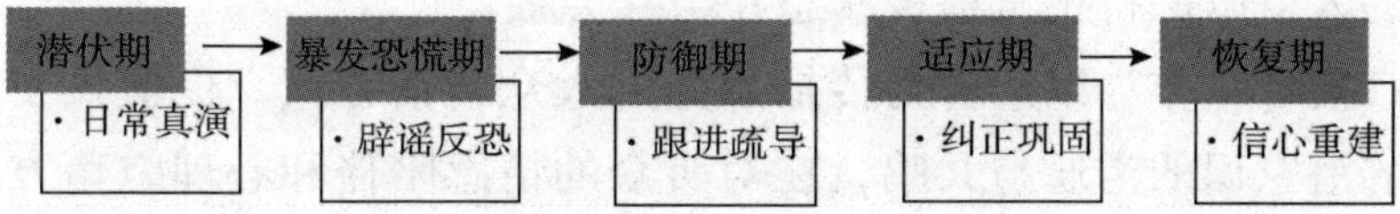

图 1　疫情不同阶段的发布重点示意

（二）服务社区家庭：情感抚籍及心理疏导的健康传播

从 2020 年年初我国暴发疫情，到如今疫情在全球蔓延，虽然近期不断有新疫苗即将上市带来新的希望，但具体到每个人身上，对新冠病毒的恐惧要彻底消除，还有待时日。无论是一线的医务工作人员，还是社区网格人员，还是个体家庭的老老少少，或多或少都会有由当时恐慌恐惧带来的负面生理和心理伤害。生理伤害比较显性，容易引起重视和处理，心理伤害就比较隐性，容易忽略而不被重视。

重庆西南大学心理学部在一项 12626 份问卷调查中发现，疫情越严重的地区，公众越容易出现严重的心理问题。并且并非暂时性的情绪波动，会随着疫情的持续，公众心态会由疫情暴发初期的应激负情绪诱发明显的焦虑和抑郁症状，并可能最终导致 PTSD（创伤后应激障碍）①。而在学生群体中，2020 年分别在成都针对 1399 名高

① 朱越：《新型冠状病毒肺炎疫情下负性情绪影响心理健康的条件过程模型：人际疏离感的调节作用》，《西南大学学报》（自然科学版）2020 年第 5 期。

中生和在广州针对3881名大学生在新冠肺炎疫情下的心理健康状态研究中发现，疫情期间学生的焦虑和抑郁情绪发生率明显上升，给学生的心理造成了明显的不良影响①，急需对其采取精准心理干预和健康教育措施②。

音乐作为声音的一种特殊形式，是广播媒体最基本的播出内容。音乐的治疗效果已经在国外医学界有了广泛的研究和应用，包括癌症护理、疼痛控制以及心理健康等方面，证明音乐治疗是有效的③。美国成立了专门的组织AMTA（The American Music Therapy Association，美国音乐治④疗协会），通过音乐进行康复、特殊教育以及社区建设⑤。作为音频媒体，广播有利于使那些因身体残疾和罹患疾病而无法正常生活的人得以保持正常精神状态并与社会融合。

广播音频作为以声音为传播媒介的大众传播方式，更擅长于非形象化的潜意识的沟通与共鸣，在对听众的情感陪伴和心理慰藉方面有着天然优势。无论是公交车上戴着耳机，抑或在开车等待红绿灯，还是躺在床上准备入眠，广播音频的这些常见接收场景，都营造了进行情感交流和心理沟通的适合环境。广播的线性传播方式有实时在线的唯一特点，稍纵即逝，该线性的唯一性让听众的注意力更加集中，更会直指人心，产生强烈震撼的效果。由此可见，后疫情时代的广播音频在服务社区家庭的健康传播方面，既有机遇也有责任。

（三）助力复工复产：公益帮扶的责任

在后疫情期间，不少经受疫情影响的餐饮业、旅游业以及生产制造企业公司等，都在加快复工复产。不少当地政府也出台各种配套政

---

① 代小蓉、刘天觊、刘逸文：《新型冠状病毒肺炎疫情期间成都市高中学生心理状况及影响因素分析》，《现代预防医学》2020年第21期。

② 昌敬惠、袁愈新、王冬：《新型冠状病毒肺炎疫情下大学生心理健康状况及影响因素分析》，《南方医科大学学报》2020年第2期。

③ Hall，T. L.，et al.，Sound practice：Exploring the benefits of establishing a music group on an acute mental health inpatient unit，Int J Ment Health Nurs，2019（3），pp. 697–705.

④ American Music Therapy Association，2020，https：//www.musictherapy.org/about/amta/.

⑤ ［西班牙］西尔维亚·奥尔梅多·萨拉、帕洛玛·洛佩兹·维拉弗兰卡：《广播也是一种心理治愈的工具》，《中国广播》2020年第4期。

策进行帮助扶持，如发红包、消费券等方式来刺激消费恢复经济。各地方广播部门就可利用自身的平台优势和权威优势，主动为本地优质企业或困难企业进行帮扶公益宣传，承担起权威媒体应有的社会责任。浙江湖州广播在2020年3月进行了为期一个月的公益助企宣传活动，其向企业免费提供的广告资源达1975万元①。这样的公益活动在后疫情期间显得特别有意义有价值，既有公益宣传的好名声，也同时宣传了自己，还培养了未来的潜在客户，值得广播界同行借鉴学习。

新冠肺炎疫情带来的影响是深远的，渗透到各行各业，加之后疫情时代带来的防控常态化，使得社会生活的方方面面出现了新的趋势和热点变化。大众传媒的音频广播，面对如此多态变迁的社会现实，特别需要避免迁就于画面的同质化发展方式，进行音频广播的创新发展思考。

三 结语

当下广播电台都在利用各种新媒体渠道进行深度可视化主动出击，忙于跟随各种视频传播新技术。回头看看，传统广播阵地才是广播人的区别于其他传播方式的出发点和落脚点，思考如何变被动跟风为主动拿来进行广播传媒的新建设。正视声音音频的特质，是做好广播的前提，“广播的力量在于真实”②。广播业需要坚守建设传统核心地位的同时，在全媒体时代包装自己、亮出身份，开发具有广播特质的优质内容，在不断更新升级的市场中，借助大数据分析，动态调整才能创新发展。

（本文为重庆市教育委员会研究生教改项目阶段性成果，项目号：yjg183064；获国家留学基金委员会资助，编号：201904507002）

---

① 章晓瑛、房亮、张德平：《后疫情时期地方广播发展现状分析与展望——以浙江湖州广播频率为例》，《中国广播》2020年第9期。

② 胡培奋：《真实，广播特写的生命——广播特写〈一场特殊的音乐会〉创作体会》，《中国广播电视学刊》1999年第3期。

音频艺术与智媒时代的广播

网络传播时代广播营销方式与思想变革

杨晓茹
（重庆师范大学新闻与传媒学院教授）

摘要： 在网络传播时代，网络媒介以其互动传播、数据精准、定点投放、用户画像等优势不断挤压传统媒介的生存空间。面对竞争，广播积极尝试了微博营销、移动音频营销和直播带货营销等网络营销方式。为了能够更好地适应网络传播环境，提高营销能力，应该变革营销思维，创新营销方式和方法。

关键词： 广播；营销；思想

网络媒介与传统媒介相比，具有传播速度快、传播范围广、互动性和参与性强等特征，满足了大众获取信息，沟通交流，文化教育，艺术审美和商业消费等不同需求，使用人数不断增加。互联网中心第46次《中国互联网络发展状况统计报告》显示，截至2020年6月，我国网民规模达9.40亿人，较2020年3月增长3625万人，互联网普及率达67.0%。①

广播营销是指通过广播传递品牌信息，树立品牌形象的营销方式。营销对于广播产业发展来说具有重要的意义，不但可以提高广播经济效益，发挥广播产业功能，而且可以塑造品牌形象，提升广播影响力。在网络传播时代，网络媒介以其互动传播、数据精准、定点投放、用

① 中国互联网络信息中心，http：//www. cnnic. net. cn.，2020年9月29日。

户画像等优势不断挤压传统媒介的生存空间。

一 网络传播时代广播网络传播路径

当前，广播通过微博、微信、抖音、喜马拉雅、蜻蜓 FM、抖音、B 站等形式建立传播矩阵，提升广播的影响力，总的来说主要有“线上 + 线下”和“线上”等两种方式。

（一）“线上 + 线下”

“线上 + 线下”是以台式收音机、便携收音机和车载收音机等传统收听终端为主，以 QQ、微信、微博为辅助的方式。

QQ 是一款即时通信网络工具，QQ 具有在线聊天、视频通话、文件传输等多种功能，是最早的聊天工具之一，使用人数众多。

微信是一个为智能终端提供即时通信服务的免费应用程序，微信具有语音短信、视频通话、朋友圈分享、商业支付等功能，可以满足用户沟通交流、互动分享、商业消费等各种需求，深受大众的喜爱，是当前用户量最大的社交网络应用，截至 2019 年，微信的用户数已经突破了 11 亿人。

微博是微型博客的简称，是伴随着网络传播发展而出现的社交网络应用，中国的微博最早开始于 2007 年的做啥网，但是真正被大众认识并且大范围的使用开始于 2009 年。任何人都可以通过微博发布和转发信息，这种人人都能发声，人人都可能被关注的传播模式极大地满足了听众参与和分享的愿望。[①] 与微信相比，微博的弱联系传播特征更强，传播范围更广，传播速度更快，微博主的微博通过粉丝的转发能以几何裂变的速度传播出去。

QQ、微信和微博具有点对点、点对多和多对多等多种传播模式，可以满足信息传递、互动交流和用户维护等多种需求。借助 QQ、微信和微博，广播节目可以及时了解听众的需求，传递节目信息，可以与听众进行互动，维护用户关系。

---

① 杨晓茹：《传播学视域中的微博研究》，《当代传播》2010 年第 2 期。

（二）“线上”

“线上”方式主要由专业音频App和视频类App两种构成。专业音频App是专门针对网络传播而开发的，满足用户碎片化、个性化收听需求的娱乐应用，专业音频App突破了传统电台的地域限制，可实现在线直播收听。当前音频App有喜马拉雅FM、荔枝、蜻蜓FM、得到、小米电台、联想收音机等，使用人数较多的App有喜马拉雅FM、荔枝、蜻蜓FM。

喜马拉雅FM开始于2012年，致力于在线音频的收听与分享，追求“随时随地，听我想听”；荔枝于2013年上线，是中国UGC音频社区；蜻蜓FM于2011年上线，是国内首家网络音频应用。这些专业音频App内容丰富，涉及历史、新闻、财经、音乐、小说、人文、音乐、英语、情感生活等多种类型，可以满足用户个性化和多样化的收听需求；除此之外，专业音频App为声音爱好者提供了展示的平台，满足了声音爱好者创作和参与的需求，吸引了一大批广播艺术爱好者和自媒体人参与进来，当前，喜马拉雅FM的主播人数超过了700万人，荔枝月活跃内容创作者的数量达到615万人，用户累计上传播客内容数达到2.34亿人。

除喜马拉雅FM、荔枝、蜻蜓FM这类专业的音频App以外，广播还利用抖音、快手等视频App进行传播。抖音于2016年上线，是一款记录生活的音乐类短视频分享软件；快手于2011年上线，是一个记录和分享短视频的网络软件。抖音和快手这类视频App满足了用户视频创作、分享和直播的需求，深受大众喜爱，使用人数快速上涨，截止到2020年，抖音使用人数已经突破4亿人。

二　网络传播时代广播营销方式

网络营销是伴随着网络传播出现的一种新型的营销方式，当前的网络营销方式多种多样，有微博营销、微信营销、App营销、E-mail营销、博客营销、网站营销、LBS营销、大数据营销等。与传统营销相比，网络营销具有费用便宜、互动性强、速度快、周期短、传播范围广、精准度高、影响力大等核心优势。在网络传播时代，广播积极尝试了微博营销、移动音频营销和直播带货营销等网络营销方式。

（一）微博营销

2009—2020年，微博的发展经历了兴起、停滞不前和平稳发展三个发展阶段，微博的使用人数在经历过快速增长之后进入平稳增长阶段，截止到2020年10月，微博的月活跃用户达到5.23亿人，同比增长3700万人，每天活跃的用户数量为2.29亿人，同比增长1800万人，成为当前热点内容输出和品牌营销的重要渠道。

微博是当前广播使用最多的应用之一，《2019中国媒体融合传播指数报告》显示，2019年有236个广播频率共开通了微博账号，开通率为78.7%，与2018年相比增长了10.9%。[①] 在开通微博的广播中，交通广播的表现最为抢眼，在粉丝量、发文量和阅读量排名前10的广播中交通广播占了5位。从微博粉丝量看来，在当前的交通广播微博公众号中，粉丝量较多的有楚天交通广播、天津交通广播、河南交通广播、中国交通广播、北京交通广播、杭州交通918、青岛交通广播FM897、江苏交通广播、905交通广播等，其中楚天交通广播粉丝人数最多，为957万人，天津交通广播和河南交通广播其次，分别为685万人和677万人。从发文量来看，发文量较多的有青岛交通广播FM897、1048苏州交通广播、无锡交通广播、贵阳交通广播、880山西交通广播、扬州交通广播、FM1031济南交通广播、哈尔滨交通广播等，其中青岛交通广播FM897发微博的数量最多，达到81万条。

交通广播的微博主要围绕交通相关内容展开，如交通路况、交通事件、交通政策等，除此之外，为了更好地吸引粉丝，还会上传社会新闻、搞笑娱乐、美食等大众喜爱的内容，不同广播的微博风格不同，发博的频率和发博的内容也不同。

微博营销是指通过利用微博主与粉丝的互动与分享活动，将产品信息传递给目标消费者的营销方式。与其他营销方式相比，微博营销具有可信度高、费用便宜、传播范围广、影响力大等特征。优秀的微博营销可以帮助企业提升品牌的知名度、美誉度和影响力，可以帮助

① 《2019广播融合传播指数报告》，http：//yuqing. people. com. cn. 2020年4月30日。

维护和管理客户关系，可以实时监测传播效果。

活动营销是当前广播微博营销的主要方式，通过线上和线下相结合的方式策划和组织活动，激发粉丝参与和分享的积极性，提升产品的知名度和影响力。广播常见的活动类型有公益类活动、竞赛类活动和娱乐类活动。例如，上海交通广播与粮食储备局发起的“中华美食小当家爱粮节粮”主题活动，湖北广播电视台交通广播部携手联投置业大花山片区，倾力打造“乘风破浪竞未来”青春创造营活动。

这些类型的活动都是当前消费群体喜爱参与的活动，通过粉丝的积极参与实现传递产品信息的目的。例如，楚天交通广播联合武汉交警推出的“上汽通用别克马路英雄”文明出行挑战赛交通安全知识有奖竞答活动，活动通过线上答题、抽奖等环节的设计共吸引了93255人参与手机在线答题。安全知识有奖竞答这种活动，既能够传递品牌的信息，塑造品牌的形象，也能将节目内容与活动完美地结合，取得了非常好的营销效果。

（二）移动音频营销

移动音频是移动网络传播时代出现的新的广播传播形式，广播节目借助于喜马拉雅 FM、荔枝、蜻蜓 FM 等专业音频平台进行传播。与传统广播节目相比，移动音频具有移动性、碎片化的传播特征，可以满足听众跨地域、跨时间收听的需求。

广播在移动音频客户端开通率高，用户订阅量大，尤其是国家台的用户订阅量更大，以喜马拉雅为例，中国之声的用户为 2.2 亿人，CRN 经济之声的用户为 7495.4 万人，CRI 环球资讯用户为 5457.4 万人，CNR 音乐之声用户为 4922.4 万人，CRN 文艺之声的用户为 1168.3 万人。移动音频的使用促进了广播影响力的提升，据《2018 年中国广播及音频应用发展报告》统计，在线广播带动了 11.4% 受众由从不收听广播转变而收听广播，成为广播的忠实听众。移动音频听众群体构成以中、青年群体为主，这部分群体是当前社会消费核心群体，学历、收入均较高，追求个性化和品质化的生活。

移动音频营销是基于喜马拉雅 FM、荔枝、蜻蜓 FM 等专业音频 App 传递品牌信息，塑造品牌形象的营销方式，包括长音频营销和短音频营销两种方式。与长音频相比，短音频形式短，针对性强，传播速度快，更具有移动互联网的传播特征。移动音频营销当前仍然以传统的广播广告营销为主，主要采用硬文广告和软文广告的形式。

（三）直播带货营销

“广播 + 直播带货”成为当前广播发展的新业态，广播的听众基础，主持人自带的流量和广播作为主流媒体的公信力等因素使得广播在直播带货方面具有得天独厚的优势。例如，“927 超级爱买”是楚天交通广播直播带货的官方授权小程序，因为节目主持人的影响力比较大，粉丝群体人数比较多，直播带货的效果好。以 2020 年 12 月 11 日上午 9 点到 11 点潘岳和雅楠的直播为例，在两个小时的直播时间里，共有 4585 位观众观看，883 人评论，23611 人点赞。

当前，经常使用的直播带货平台有抖音、淘宝、电台直播平台、快手等，用户对服装、食品、日用品、鞋子、箱包、农产品和手机等产品比较感兴趣。

三　网络传播时代广播营销思想变革

变革是营销的显著特征，从 4Ps 营销理论、4C 营销理论到 4R 营销理论，营销核心也由市场、消费者需求到关系营销。网络营销思想也由最初的以技术为导向的技术思维、以提高网站访问量的流量思维，发展为粉丝思维，营销方式也经历了网站推广、免费营销、社区营销、粉丝营销和社交网络营销等不同的发展阶段。

虽然，交通广播积极尝试了多种网络营销方式，但是，从营销的方式和效果来看，形式单一，缺少创意，影响力小。为了能够更好地适应网络传播环境，提高营销能力，应该变革营销思维，创新营销方式和方法。

（一）分享思维

AISAS（Attention、Interest、Search、Action、Share）是源于网络兴起而形成的对消费者购物决策进行分析的模型。与传统的 AIDMA（Attention、Interest、Desire、Memory、Action）模式相比，AISAS 模型在传统的购买结束后增加了一个分享的环节，这也是网络营销与传统营销思维方式不同的主要表现。

人有分享的需求，分享可以建立关系，实现自我。在网络传播时代，用户关系网络的开发与建设为分享提供了便利条件，用户可以通过微信朋友圈、微博、QQ、抖音、B 站、小红书、知乎等不同的平台以文字、图片或者视频的形式分享信息，分享话题，分享经验，分享情感。

在分享营销活动中，消费者成为营销环节中重要的一员，与市场方一道完成营销活动，消费者与市场方不再完全对立，成为营销共同体。这是一种主动营销方式，不仅能够大幅减少营销的费用，而且还可以提升营销的影响力。

分享营销要注重关系网的建设，尤其是核心人物的建设，良好的口碑可以通过核心人物快速传播。核心人物一般由专家、明星、网红等公众人物构成，粉丝基数越大，口碑越好的公众人物的影响力越大。

（二）参与思维

网络营销是一种 pasomo 营销方式，Pa（participatory）是参与，So（Social）是社交，Mo（mobile）是移动。[①] 在 pasomo 营销模式中，参与是核心，社交是基础，移动是条件，以调动消费者参与为核心，依靠社交网络，满足移动传播需要，进行病毒式营销。

参与营销需要调动消费者的参与积极性，可以通过大数据技术对用户进行画像，了解用户的消费需求和消费习惯。不同的消费群体有不同的消费行为和消费需求，例如，女性用户比男性用户更容易对朋友熟人产生信任感，青年女性群体对美妆时尚类产品更感兴趣，中年女性群体对日用百货更加敏感。

除此之外，还可以通过制造热点话题调动消费者的参与积极性。2011 年《失恋 33 天》取得了 3.5 亿元的票房好成绩，作为一部中小成本电影能取得如此高的票房成绩实属不易，它的成功可以说是话题营销的成功，通过“大 V”转发、粉丝参与，建设“失恋博物馆”等

---

① 杨晓茹、范玉明：《华莱坞大片品牌营销观念的思考与建立——从国产中小成本电影营销的成功经验谈起》，《东南传播》2014 年第 2 期。

一系列的活动和手段营造了一场关于“失恋”的热点话题讨论。大众的审美取向和关注点在不断地变化，话题营销需要主动挖掘大众的兴趣爱好，制造热点话题，调动大众参与分享的热情。

从微电影到短视频，似乎一夜之间我们进入了短视频时代。短视频是相对于网络长视频的一个概念，强调了视频时间的长短，与微电影相比，短视频的制作门槛更加低，任何人借助手机和视频制作软件都可以随时随地地拍摄和传播视频，这不仅改变了信息的叙事方式，也激发了大众参与创作的积极性，当前短视频的用户人数持续增长，达到了 8.81 亿，占网民整体的 87%。

网络加速了文字、图片、声音和视频等不同形式的融合，在短视频兴起的今天，广播也需要具备视频思维，积极探索音频视频化发展道路。

早期内地广播谈话节目刍议

——以情感谈心节目为例

钱　锋

（广东外语外贸大学新闻与传播学院副教授）

摘要：广播谈话节目因主持人节目的形态而兴盛。广播改革之初谈话节目主要起到了抚慰心灵的作用，具有非即时交流、以个人感悟引导受众反思等特点。此后谈话节目经历了双向交流、私密与公共兼备等发展阶段。本文还从话题、观点、主持人等角度探讨了广播情感谈话节目的传播特点。

关键词：广播；谈话节目；传播特点

广播谈话节目因主持人节目的形态而兴盛。对广播谈话节目的认识，一直有多种理解，从节目归属上来说，它应该属于社教服务类的性质，但是因为谈话节目的形态较多，内容的边界比较宽泛，单纯地归入社教服务类，也有其不能包容的地方，比方说，有一种谈话节目属于“音乐夜话”，即音乐与谈话相结合的一种节目形态。有专家根据谈话节目的形态和性质，做了一个比较宽泛的界定，把谈话节目列入“公共栏目”，即指内容涉及公共领域、社会公众可以分享的公益性栏目，即内容公用、对象公众、性质公益①。这样的定位也涵盖了一些话语形态是说话、内容性质却是公众性的讨论性节目、如天津电台的《夜访百家》、上海台的《市民与社会》等。广播谈话节目是广

---

① 张莉、张君昌：《中国广播名栏目》，北京新华出版社 2005 年版，第 36 页。

播传播中，最宽泛的一种节目形态，既有按性质划分的访谈节目，亦有按时段划分的夜话节目，还有按需求划分的性谈话节目。

早期的广播谈话形态，从20世纪60年代初期的江苏台对农村广播就开始了，并于1961年3月6日推出，以与农民直接谈心的形式，传播主体内容。后来一些对话性的节目，话语形态更接近口语，但是内容与后来的谈话节目并不搭边。广播谈话节目在内地兴起，与整个社会的开放程度密切相关。

一 广播改革之初抚慰心灵的拟谈话节目

谈心，是改革开放起步之初，经济起步，各种思潮纷涌，人们的思想经历了多年的封闭，渴望把自己的疑惑说出来，渴望沟通、渴望宣泄，希望能在公众传播平台得到解答。而谈心节目的出现，也是广播走近听众、熟悉听众、安抚听众的社会责任意识的体现。谈心节目大多带有教化意义，具有明确服务性的节目，通过主持人、嘉宾的思想输出，引导受众对自己疑惑的问题，产生新的思考方向，继而解疑释惑。因为受众的参与，话题的普遍性，又使得内容的拓展，具有社会价值。

（一）非即时交流单向输出的谈心节目

广播主持人节目发展初期，量比较小，大多以服务类型的为主，很多节目的拟交流态，都有谈话的倾向，如广东台李一萍、李东的《大众信箱》，在回复听众来信时，基本上就是谈话体，且内容大多有劝慰、疏导的成分在里面。

1988年春节前夕，上海台张培推出了《知心话》栏目，每周二、周四、周六，节目播出的次日就收到了100多封听众来信，她有意识地成为听众的心理医生、知心姐姐。这种谈话节目是单向的拟交流态的一种表达，她说她是受了香港电台白韵琴主持的《尽诉心中情》，台湾倪蓓蓓主持的《今夜星辰》的影响，策划主持了这档谈心节目。她与听众“谈婚姻、谈恋爱、谈第三者、谈父母的养育之恩、谈中学生的苦闷、老年人的孤独”。[①] 那时节目内容的构成，大多是分享式

① 陈圣来：《东方旋风》，上海人民出版社1993年版，第218页。

的，即主持人找大量的名人名句和案例，用共性内容回答个体的问题，通过个体问题的解答，影响更多的潜在受众。那时的谈话节目，以谈心为骨架，用说理作支撑，说现象引思考，是特定历史时期的传播符号。

（二）以个人感悟引导受众反思的谈心节目

1993 年 5 月 1 日，山东经济广播电台开播，林雨的《每周一刻钟》在山东经济广播电台推出，一周一次，每次 3000 多字的文稿都是自己亲自撰写，她在节目里通过社会现象谈个人观点，通过生活细节谈感悟，以个人的观察引领听众深入思考身边的人和事。

20 世纪 90 年代早期广播电台推出的谈心节目，大多是非即时状态的单向输出为主，即主持人单向表达对问题的认识，听众以录音电话留言或者是信函的方式，表达自己的所思所想或提出问题，交流是滞后的，主持人要经过选择，才会在后续的节目中播出，既回答听众问题，又会带出新的节目内容。这一类的节目大多是周播，有丰厚的素材积累，节目内容既有指向性，又有引导性，很符合当时的听众心理。后来这样的谈心节目形态，在各地电台谈话节目中持续多年，可以看作电台的“鸡汤文”模式。

二 双向交流的谈话节目

传媒的进步，不仅是思想的开放，还必须有技术提供保障。在电话没有做到是家家户户普及的必需品时，交流还是滞后的。当热线电话引入直播间，让电波另一头的听众有了可以即时与主持人交流的机会，问与答变得更为直接。电话接入直播间，主持人不再是一言堂地表达对问题的认知，更多受众的主动参与，话题的讨论、对问题认知的角度变得多元化，电台提供了开放式的表达讨论的平台。

（一）夜话不冷，传递人间真情

电话引入直播间，与系列频率及新电台的推出有关。虽然那时参与节目打电话，还大多用公用电话，但是电话接通的那一刻，交流变成了同时空的输出，主持人与听众，同时作为信息点的传送者。西方广播传媒 20 世纪五六十年代即尝试着开通热线电话，做生活谈话节目。中国传媒大学教授孟伟在她所著的《声音传播》一书中提道：

"谈话节目（或者访谈类、热线电话节目），是广播人以话语为传播内容的基本节目样式，这是一种具有情感性倾向的话语类型，节目的参与者甚至被鼓励谈论他们的私人问题，谈论他们的感情和对生活的态度等。"[①] 这段话是孟伟教授对西方早期广播谈话节目的总结，也适用于我们大部分以生活为主的谈话节目。

电话进入直播间的谈心节目，大多以夜间时段的节目为主，如深圳电台的《夜空不寂寞》、辽宁电台的《轻风夜话》、武汉文艺台的《今晚我和你》、福建电台的《夜半心声》、上海东方广播电台的《夜鹰热线》、北京台的《人生热线》等。这些节目的主持人既是节目内容的组织者，也是问题的应答者，更是话题走向的掌控者、引导者。

早期的夜话节目话题方向多元，但大多是面临生活中的各类问题，个体问题居多，有些折射了当时的社会现象。就听众提出的问题看，当时的夜话节目与后来明确的情感谈话节目，有很多交叉点，大多是工作生活、婚恋、人际关系、感情等问题。那时的节目大多充当了"心理咨询""心理疏导"的角色。如北京经济电台在 1993 年 3 月 28 日星期天推出了一档特别节目"心海罗盘"，节目开播的前六个月里就收到了两万多封听众来信，信件的内容和热线咨询的问题，包括与人相关的各类话题，主持人王涛与来自台湾的心理咨询专家叶教授，通过热线直播、答信录音、热线对答录音、专题论述等多种节目形态[②]，与听众做了尽心尽力的沟通指导，在听众中，引起强烈反响。这档节目引起关注的原因，是从哲学、社会学、心理学的角度，解答了听众日常生活中面临的诸多问题，且传受双方在问题的交流渠道上，变得多样化。主持人王涛是以穿针引线的角色出现，输出观点、分析问题的是来自台湾的嘉宾叶教授。这种请心理学教授参与节目做主导的，在当时是大胆的尝试，听众听到了从人文立场，社会学角度，心理学态度的分析，入情入理，极具说服力。

---

① 孟伟：《声音传播　多媒介传播时代的广播听觉文本》，中国传媒大学出版社 2006 年版，第 90 页。

② 王涛：《心海罗盘》，中国友谊出版公司 1993 年版，第 7 页。

（二）同时空双向交流，共同输出观点

进入20世纪90年代中期，国内大部分电台都开设了谈话节目，这些谈话节目有的属于有主题的，有的是无主题漫谈，听众既是话题的挑起人，也可能成为话题讨论的破题者。热线电话不再是提问题一位听众的事，而是成为电波一头对问题有见解的其他听众的共同问题。把观点输出的一部分权力交予受众，改变了传媒一家独言的局面。

广播谈话由最早的以一对众到以二、三对众加热线参与发展起来，随着手机短信和网络、微信等参与平台的开通，使得谈话现场的参与面进一步扩大。话题的选择可大可小，根据听众的关注点和热度组织谈话，通过谈话交流思想观点，表明态度，使问题在众人的思辨中得以清晰深化。节目的改革，使从业者开始更关注周围人的心理需求和社会需求，站在平等的平台上思考社会环境对人的影响。提问题的听众以个体出现，听节目的受众以群体方式参与出谋划策，这样的交流使话题的深度、广度得以拓展，更多的受众在谈话节目的平台上，成了次传播者。

三　悄悄话既是个人的，更是社会的

在内地众多广播谈话节目中，有一种类型在听众中有着特殊的地位，它承担了稳定社会，普及生理知识的巨大作用，这就是性谈话节目。“性”带有很强的隐私性，个人的私密空间不是所有人都可以闯入的，人们只有在特定的情况下才会触及这个话题。而广播传播的隐蔽性，使得一些人愿意在互不熟悉、互不认识的情况下袒露心扉。这类节目最初以普及性生理、心理知识为主，以提高人们的生活质量为主要目的，后来开始关注人们的性心理及与性有关的敏感话题。这类节目有以“性”为主体的绝对性关注点，也有性与情感结合的话题型节目。

（一）敢于吃螃蟹的探索者

全国较早推出的性谈话节目是天津人民广播电台的《枕边悄悄话》，这一节目一直坚持播出了二十几年，在媒体广播同行和当地受众中享有较高声誉。《忱边悄悄话》节目于1989年1月6日午夜开播，节目以宣传普及性科学知识为主，同时涉及婚恋、家庭、性病防治等内容，是我国创办最早的宣传、普及性科学知识的广播节目。在那个“不敢大谈性，但是大家都很需要”的年代，天津人民广播电台经济台的《枕边悄悄话》开播“如履薄冰”，当年的主持人张琦说：“那种感觉就像是在走钢丝，很危险，压力很大。因为那个年代，就是20世纪80年代末90年代初的时候，人们公开谈论性几乎是不可思议的。很多人对性的了解更是到了无知的程度。我们的节目做得好与坏，可以说会关系到听众的生活、工作，甚至是健康与生命。如果说很多青少年的性教育是在听《枕边悄悄话》的过程中完成的，我想他们应该不会反对。因为这恰恰说明他们是幸运的，有主持人的引导，有电话求助的实例，有医生嘉宾的讲解，这样的性教育是何等形象，何等专业！”

随后，山西人民广播电台的《零点悄悄话》、辽宁人民广播电台的《午夜悄悄话》等性知识普及的节目陆续开播。其中广州人民广播电台的粤语节目《零点1+1》于1993年5月19日开播，主持人杨滨说：“节目刚开播时还是面临压力的。有些离退休老干部联名写信向市委宣传部反映我们节目不健康。但台领导及时帮我们做了一些工作，当然，也及时纠正了《零点1+1》中的一些问题。比如，我们节目从一开始要求就非常严谨正规，不能有半点商业痕迹。主持人和专家在节目中不能提到任何药和医疗单位的名字，不能有淫秽声音出现在背景里。这确保节目的纯洁性和权威性。但随着社会观念的逐渐改变、性科学普及程度的不断提高，《零点1+1》的内容也向‘广’‘深’的方向前进，一些话题从当初的闭口不谈到现在开放地谈、科学地谈，既有分寸，又讲科学，绝不低俗。”后来应听众的要求，《零点1+1》增加了女性版和普通话版，随着受欢迎的程度不断提高，节目由每次1小时延长至2小时。

（二）直言不讳，但有适度的分寸

1996年，浙江文艺台决定正式开播性教育节目《伊甸园信箱》，万峰曾有与医生合作过两档医学性知识节目的经历，就担任了这个节目的主持人，他唯一的条件是不要医生参与节目。他认为“医生的知识面太窄，回答问题的时候经常把问题引到专业里去，老百姓听不懂，也不爱听。做节目首先要考虑到老百姓的需求，考虑到他们的接受能力、理解能力”。一年以后他以其语言犀利而引起众人的关注。他颠覆了不说隐私、不指责别人的安抚型的主持方式，直言不讳地谴责当事者，希望用棒喝的方式惊醒梦中人。他说：“我做节目，就是希望提高听众的觉悟和认识水平，所以我拼命呼喊。有些打热线电话到节目中的年轻人，本身就糊涂得可以，不大声疾呼怎么行？我是经常在节目里‘骂人’！如果你只会细声细气地说，他们就不觉得问题有多严重。中央电台那个‘知心姐姐’可以和风细雨，然而我有我的想法。”万峰认为，他只是依据生活的规律思考，对电话那一头的人不是指导引导，而是清晰地告诉对方该怎么做。因他的主持风格独特，他在节目中的言谈受到网民们的热捧，并形成了“万峰语录”，被听众冠以“电台怒汉”“大龄愤青”的称谓。万峰在接受《上海青年报》采访时说：“我对性问题的把关都是很严格的，点到即止，毕竟我们国家没有到那种可以肆无忌惮谈性的开放程度，老百姓的认可程度也不同，所以，哪些可以说，哪些不能说，我把握得很好。”①

四　广播情感谈话节目的传播特点

（一）话题的公开性与传播的链条延续

有些广播情感谈话节目主题来源于当天受众抛出的问题而展开，很多情感问题本来带有私密性，因借用了大众传播平台寻求答案，使原本私密性的话题公开化。有时是围绕一件事、一个人、一个话题进行探讨、曝光、评点等，谈话因其他人的加入，使问题变成公众关注的话题，成为公众视野下广而告之的内容。主持人、嘉宾和听众形成了节目中的互传关系，而听众与听众之间也会形成传播关系，甚至因话题的特殊性、趣味性，使得节目听众与其周围的人又形成另一个层面的传播关系，这样后续的传播是节目外的传播，不是广众式传播，而是小众化的群体性传播。这使得传播的链条一环扣一环地延续下去，

① 林艳雯：《为广电总局叫停性节目叫好　万峰对“性”严把关》，《上海青年报》2007年9月7日。

传播没有因节目结束而停止，突破了时效的界限，形成了听众之间更大的传播面。这也是很多谈话节目吸引更多受众关注、参与的原因。

（二）观点的争议性与不可预知性

因为广播谈话节目有“非一家之言”的特征，任何人通过电波发出声音，其对事件或人物的看法，都会引发听者的注意，而无论是谁抛出观点也都可能会出现不同的意见。于是，节目就一件事或某个说法表达态度，都有可能会引发许多有争议的观点，争议是伴随着话题的敏感性和普遍性出现的。由于听众参与的人多，各抒己见，使得节目内容会存在一些不可预知性，尤其是无主题漫谈式谈话节目，不可预知、不可控制的系数更大。

（三）主持人不是节目唯一的主宰者

无论是情感谈话，还是性谈话节目，在发展过程中都有引入嘉宾的参与，可能是医学人士，也可能是其他领域具有分析能力的嘉宾。主持人虽然是节目的主导者，但在这样的谈话节目里，不再是靠主持人一个人的话语填充整组节目。你来我往形成观点和智慧的碰撞，这是由谈话节目特性所决定的。谈话现场必须有对手，而对手可以是作为嘉宾预设的，他们在谈话开始之前可以就问题有短暂的沟通，双方的问答不脱离预设的轨道。而听众的参与则是话语开放性的体现，他们的参与可以按着主题走，也可以“跑题”，但在规定时间里由主持人出面控场。谈话节目的一般流程是：主持人抛出问题、整理问题、提炼问题，嘉宾、听众参与解答，从而完成整组节目的传播。

五　人们的精神需求是节目生存的基石

广播情感谈话节目历经三十多年的发展，节目形态已经非常成熟了，主持人由开始试探着说，到能自如掌控节目，其间或有在节目中出现的偏移，或有教条式地指点江山，每一段的历程都是成长的过程。节目在成长，形态更为多元，听众在成长，节目内容对听众有自我反思教育的作用，主持人在成长，他们不再是套路的，或是恼怒地应对让人哭笑不得的问题，而是重新定位自己的广播形象，是倾听者、陪伴者，不一定是给出问题绝对答案的智者，他们就是帮助电波另一头的社会人，疏解情绪的桥梁。

马斯洛的需求层次理论表明，一个人的生理需求是最基本的，其次是安全需求，然后是爱和归属感、尊重和自我实现五类，依次由较低层次到较高层次排列。马斯洛的理论说明了谈话节目的兴盛，恰恰是普通人在满足温饱后的精神需求。无论话题涉及哪方面内容，都是人精神领域的基本需要。发达国家的广播节目中，谈话节目占有相当高的比重，也说明了人类都有最基本的精神需求，不管是寻求答案，还是作为话题分享的消遣。谈话节目之所以种类繁多，涉及面广，与受众的各种细微需求合拍。广播在发展，媒体在融合，可是广播谈话的类型并没有缩减，以平移的方式，进入网络空间，既有视屏，也有更多的互动方式，这使得面向的受众，更多元。广播情感谈话节目进入网络空间后，打破了区域性的界限，只要是上网，都可以提出问题。那些平移到网络的广播谈话节目，依旧火爆，如吉林的钟晓工作室推出的“晓声长谈”，最新的一档节目网络的点击收听都是二三十万人次的，一个月前的可能会出现四五十万人次的情况。还有不止火爆东北三省的《叶文有话要说》（好多台买过她的节目），被称为大型情感调解现场，这个节目已播出了十五年，主持人叶文由简单的四段式——你好！听着！离婚！再见！到现在学会尊重电话另一头的求助者的心理感受，这也是她进入网络直播后的调整。面对网络的其他情感谈话节目，那些预设的写好脚本的内容，与她面对的真正需要帮助的人，完全是两个线路，叶文表示，她还会凭着情怀和责任，去做好情感摆渡人的角色。

人，只要在社会中生存，情感问题必会出现，与家人的关系、与伴侣的关系、与同事朋友的纠葛、婚姻生活、亲子关系等。方方面面无小事，解决不好，就会形成心理隔阂，继而引发新的矛盾。情感谈话节目是各类关系处理的柔顺剂，帮助当事人早日走出困扰自己的茧缚，情感谈话节目也是社会安定的基本需要。只要有需要，情感谈话节目会一直存在下去。

地方院校播音与主持艺术人才培养教学改革探究

——以贺州学院为例

颜明霞　陈　岩

（贺州学院文化与传媒学院副研究员；贺州学院文化与传媒学院教师）

摘要：本文立足地方本科院校播音与主持艺术人才培养的教学改革，以贺州学院播音与主持专业教学现状为切入点，探讨地方本科院校播音与主持艺术人才培养症候以及人才培养体系和策略构建，以期为我国的播音与主持艺术人才培养提供一些参考。

关键词：播音与主持；人才培养；教学改革

我国的播音与主持艺术专业教育，已走过近半个世纪的历程，完成了从大专到本科、硕士、博士一套完整的教学序列构建。随着文化产业的飞速发展，播音主持职业正在成为就业领域的热点和亮点。尤其近年来随着多媒体的迅猛发展，播音主持专业的就业率和前景比较好，招生也在不断扩大。据不完全统计，全国有播音与主持专业的院校近200家，专业发展呈现出热态势。贺州学院在2019年也获得面向全国招生的资格。

播音与主持艺术作为高校扩招的一环，其学科建设及其人才培养得到快速推进。在快速增长的数据背后，除综合性高校和传统艺术院校强劲发力外，普通地方本科院校也成为重要参与者，并寻求积极的改革措施，以求走出一条与传统强校不同的错位发展道路。地方高校由于自身在师资队伍、学科建设、硬件条件等方面的差距，目前播音与主持专业人才培养模式存在一些问题：顶层设计较为薄弱，发展规划不够清晰，建设机制有待完善；教学以技巧训练居多，在人文意识、艺术本位等方面出现缺失；人才培养层次区分不明显，无地方特点或区域特色；毕业生理论素养相对较弱，在未来职场竞争中后劲不足。基于此，本文以贺州学院播音与主持专业为话语主体，探讨地方本科院校播音与主持艺术人才培养存在的问题，以此探究地方本科院校播音与主持艺术人才培养的教学改革。

一　播音与主持艺术人才培养现状

我们考究以贺州学院为代表的地方本科院校在播音与主持艺术人才培养方面的发展路径，发现其有着坚定的学理依据，贺州学院始终紧随国家在教育方面的方针政策来适时改革人才培养方案。这些政策包括普通地方本科高校的应用型转型、教育部提出“促进产教深度合作”的基本要求、国家一流学科建设等相关文件，由此来制订学校关于播音与主持艺术人才培养方案。具体而言，贺州学院深化“产教融合与校企合作”，与凤凰卫视·凤凰教育合作建立全国首家“凤凰数字媒体学院”，形成“一体两院”的二级学院格局；实行“专业分流、多维构建”模式；坚持“以赛促学、创新创业”的教育模式，鼓励学生参加国家、省部级赛事，提倡“人人有团队”的培养路径；此外，贺州学院还积极组织相关赛事，如创办“主持人大赛”等赛事，为学生提供更丰富的实践平台。

二　播音与主持艺术人才培养的症结

观照地方院校播音与主持专业人才培养模式，发现存在一些症候，主要存在于人文意识不强、艺术本位缺失、培养环节流弊等方面。

一是人文意识不强，不重视历史和文学等人文学科教育，看重的是职业核心课和就业技能课。好些地方院校的播音与主持专业都没有开设广播史论方面的课程和教学。由于功利主义的盛行，不重视对学生的品格培养和人格塑造，或者说是虽然重视但实行不到位。许多学生都以金钱利益作为个人价值的标榜，一些学生基本上沉溺在课外兼职中，学生之间高谈阔论的也是生意经，造成了学生学习兴趣薄弱。而理论课程更是到了比较尴尬的境地，很多学生有着技能第一、技术先行的偏向。在许多的理论课上，有不少学生不是打瞌睡就是玩手机，不管老师的多次提醒。人文教育流于形式，对于学生的人文素养提升没有起到应有的作用。

二是艺术本位缺失，体现在学生关乎艺术本位认识不清晰。学生在鉴赏能力方面没有得到充分的培养，审美能力难以提升。学生审美的沦丧在地方本科高校是一个不争的事实。对于地方本科高校而言，由于学生缺乏诗性教育，对于艺术作品的感知力和审美力在逐渐衰减，思辨人生的洞察力和判断力也在不断下降。对于播音生而言，普通话说得很标准，似乎就是一个很大的优势。普通话基础语音固然重要，但同样重要的是对文本的感知和表达能力，这方面的培养甚至更加重要。我认为播音训练的时候不应该一遍遍地告诉哪里是重音，哪里是停连，因为艺术的本质是内心的感知，如果在朗诵的时候真正地感受到了作者的内心传达的情感，那么不需要去强调这些外化的细节也可以很自然的表现出来。

三是课程设置不太合理，尤其是在大一、大二集中上完几乎所有理论课，这是有违教学规律的，也难以起到理论指导实践的目的。理论课应该呈阶梯形安排，最难的理论课应该放在最后上，比如放在大三上，大三的学生既有一些实践经验，又有一定的理解分析能力，如果把一些较难的理论课放在大一，刚进校门的新生既没有实践经验，又没有理论素养，对一些理论课很难接受和消化，上完一学期对课程仍然是似懂非懂的，学习效果事倍功半。

三　播音与主持艺术人才培养的教学体系及对策

地方高校播音与主持专业人才培养倾向繁荣，但由此表现出的一些症结也较严峻，尤其是学生人文意识、审美能力等方面的缺失应该引起我们高度重视。播音与主持艺术人才培养之所以出现诸多症结，人才培养体系不健全是其重要问题所在。因此，必须对现有的教学体系和培养手段进行改革，以此寻求更趋合理的人才培养体系，笔者认为可以围绕“一个中心，两个提前，三个拓展”这几个方面来进行改革试探。

（一）一个中心

一个中心就是以学生为中心。我们的教学要改革以往以教师为中心，以学科为体系的传统教育模式，转变到根据产出导向，以学生为中心来制定培养目标，努力探索从教为中心向学为中心转变、从专业自足向就业导向转变的教学模式。

以学生为中心，也就是孔子所倡导的“因材施教”。因材施教就是从学生实际出发，考虑学生的个性特点，根据不同学生，采用不同的教学方法，把教学的深度、广度、进度做到适合学生的知识水平和接受能力，使每个学生的才能品行都能获得最大发展。为此，教师必须了解学生，尤其要了解我们的学生如何对接就业目标和岗位需求，以就业岗位为导向，为学生不同的职业定位设置不同的专业课程，根据产出目标，找到适合学生成才、适合学生就业的教学方法，最终达到毕业要求和培养目标。

（二）二个提前

1. 方向提前

现代教育不能丢弃“因材施教”这个思维模式，即使我们做不到对每个学生因材施教，但至少可以把学生分成几大类，致力于因类施教，也好过没有任何分类的统一施教，尤其播音与主持艺术生个性特征更明显，发展方向更多样化，就业竞争也较为激烈，所以我们更需要针对播音与主持艺术生的因类施教。

贺州学院对广播电视编导专业有个分流规划，是在升大三的时候分为几个专业方向。但我们觉得对于艺术生来说，越早分方向越好，如果以后发现自己方向错误，也应该可以允许转变方向。因为大一、大二的基础理论课较多，而一些艺术生文化基础相对较差，好些学生是硬着头皮坐在教室，上课毫无兴趣，毫无效果，又浪费时间，青春是人生最富贵的阶段，大学四年时光稍纵即逝，如果理论课程的学习效能如此低下，还不如让他们去学他们感兴趣的课程，这样至少还能多学到一些有用的本领。

借助学术型硕士和专业型硕士的分类模式，我们认为播音与主持艺术专业的本科阶段可以从进校开始就分方向，可以分成综合型和应用型两大类。这两类在培养目标上的区别是：综合型以专业综合素养为导向，偏重理论积累，注重培养学生高素质和岗位提升能力，以培养综合型通才为目标（如电台电视台主持、记者采编、培训老师或考研等）；应用型以专业应用能力为导向，重视实践应用，以培养职业技能和岗位能力为主线，以培养应用型人才（如播音、配音、婚庆主持、会议主持等）为目标。那么，相应的课程设置也要有所区别。

总之，分方向培养的方式，将就业方向提前制定，可以更加有针对性的准确定位人才培养目标，建立起符合就业岗位需要的课程体系。“定岗定位的分流培养，可以加强学生的职业道德教育，注重个体综合素质的提高。”① 对学生快速适应就业及社会工作实践起到积极的作用。

2. 实践提前

刚进大学的新生是最迷茫的时候。如果刚入校就分方向，这样专业方向明确了，就可以缩短新生的迷茫期。而将实践提前，又可以缩短对专业的迷茫期。

低年级要多点培养对专业的实际认知。这样才能切实地制定合适目标，做好学习规划。为更好地帮助新生适应大学生活，促进新生对专业的认同并对自己的学习有一个更好地规划，每年新生开学之初，一般院校都会对新生进行专业认知教育，帮助新生对自己所学专业进行初步的认识和了解。但要让学生更加明确学习方向和目标，我认为可以通过多组织一些“走出去，引进来”的活动，增加学生的专业实际感观和认知。如增加企业进校、专家进校、校友进校，通过不同类型的知识讲座和经验分享，尤其校友的经验分享，他们在母校一路走来的成长感悟，可以给师弟师妹许多的引导、开解和鼓励，使新同学

① 李克振：《浅析播音与主持艺术专业多方向的人才培养模式》，《中国包装科技博览》2010年第9期。

更快地进入角色。

重视实践教学，合理安排理论与实践学时，积极与行业企业合作开发实践课程。尤其是在低年级学生群体中，理论课的开设要结合专业特性，尽可能在理论课中融入一些实践环节，可以将理论课程与实践课程融合开设，也可以将实践课提前到理论课之前，让学生有了实践感知和实际需求才去学习，也许可以获得高效学习，因为有句古话“书到用时方恨少”，往往是需要用的时候才知道要多读书。所以实践包括实践中的困惑应该会激发学生更自觉主动的学习，更加奋发有为，好好珍惜大学时光。反过来还能用已经学到的理论知识指导播音主持实践。

（三）三个拓宽

1. 拓宽学识

在地方本科高校，播音与主持艺术人才培养最薄弱的环节依然在于素质提高，因此一定要拓宽学生的知识学养。

（1）拓宽人文教育

拓宽学生的人文教育，寻求有利于学生专业品质的培养。气质的培养要靠多读书，专业气质的培养就要靠多读专业方面的书籍。对于播音主持专业学生，除了必修中国播音学、播音主持艺术学等核心课程外，中国广播电视史、世界广播电视史等历史课程也不能忽视，而且应该学扎实，把广播电视放在宏阔的世界政治、经济、文化历史背景下加以审视，并能清晰地知道它们的发展脉络，是每个播音主持人必备的人文素养。播音与主持艺术专业属于交叉性学科，涉及新闻学、传播学、语言学、艺术学、美学等学科，社会需要通才基础上的专才，所以也要注意不断拓宽知识层面，注意综合素质的提高。

（2）拓宽审美教育

“对于艺术学科而言，绝对不能回避美育在其中的重要位置，而美育与艺术教育、艺术技能教育，以及与学科专业的意义都须臾不可分离。”[①] 播音与主持属于艺术学学科范畴，该专业学生本应该比其他

---

① 周星：《新时代高校美育观的思辨认识》，《设计艺术研究》2019 年第 3 期。

专业更应该保有对艺术的初心认知，但事实是地方本科高校学生缺失艺术本位的基础认知。所以，针对地方高校生源特点，必须重视学生审美教育，提升学生对声音和形体的美感认知，有关播音主持的认知也要从技术层面上升到美学层面。尤其是低年级学生的培养方案中，增加《文艺美学》《影视美学》等课程设置，并且要与其他课程结合起来，用美学的视角观照以及指导播音与主持实践。

2. 拓宽特色

（1）拓宽特色教育

播音与主持专业的学生经过 4 年学习基本掌握了播音与主持的相关的理论技巧，但大多也养成了单一播音主持特色，缺乏个性色彩。现在许多地方院校的播音与主持专业都开设有朗诵艺术、文艺作品演播、即兴口语表达等课程，但缺乏能彰显地方特色、彰显院校差异、彰显自我个性的课程。我觉得可以将一些有特色的艺术门类引进播音与主持专业课程。比如相声是中国式幽默的代表，也是广大群众喜闻乐见的艺术形式，前几年我国相声演员贾旭明、张康表演的相声《新闻晚知道》在网络上疯传，火爆海内外各视频网站，两位演员戏仿央视《新闻联播》“中规中矩、字正腔圆”的语气，以热门话题为内容，针砭中国时弊，幽默诙谐，令观众称赞，被称为最有内涵的相声。新闻相声集知识性、趣味性于一体，传递欢乐的同时，也向民众介绍了时事新闻，并弘扬了中华传统文化，一举三得。有条件的院校是不是也可以开设一些有特色的相声、脱口秀等作为选修课，以拓宽播音与主持专业学生的特点特长，将相声、脱口秀等特色艺术融入新闻播音、时事评论和生活娱乐报道当中，使播音主持伴随欢乐深入群众的内心。

（2）拓宽地方特色

针对地方高校的特性以及生源特点，结合播音与主持专业特色，地方文化与播音主持专业的融合是进行专业特色建构的重要选择。尤其是以贺州学院为代表的地方本科高校，有着优越的地缘优势和丰富的地方文化。首先，贺州学院建立了全国首家方言实体博物馆和国家级民族文化博物馆，这是播音与主持专业与地方文化融合的重要窗口，可以为贺州打造历史文化名片与文旅产业融合出一份力。其次，贺州独具特色的少数民族文化，播音与主持的人才培养可以与方言文化相融合，共同构建民族文化的方言音频在互联网传播，打造地方方言节目主持。通过音频记录、传承民族语言和地方其他非物质文化遗产。由此而言，以贺州学院为代表的地方本科高校，要把播音与主持专业的教育实践与地方文化相结合，既寻求地方文化的音频保护和传承，又打造独具地方特色的专业地缘属性。

3. 拓宽视野

志当存高远，志向、能力的培养首先来自视野的开阔。除了要打开国内视野，也要打开国际视野；既要打开学术视野，也要打开实践视野，正所谓“读万卷书，行万里路”。“请进来，走出去”是拓宽实践视野的较好途径。

我们已经迎来了自媒体时代，音频短视频热度不断上升，受众也拥有了更多表达自己想法的方式，越来越多的人开始成为“主播”，对于正在发生的改变，我们只有提高站位，不断地加强人才培养教学改革，与地方性本科院校应用型人才培养的定位相一致，认真思考播音与主持艺术专业建设的不足及改进之处，谋划专业发展，打造专业特色，才能紧跟形势，做大做强专业品牌，更好地服务社会需求。

从“学习强国”电台看音频创新发展

唐忠会　王瑶知

（重庆师范大学新闻与传媒学院教授；重庆师范大学
新闻与传媒学院研究生）

摘要：“学习强国”电台的强大内容集结功能形成了一个特定声音场域，该声音场域已形成了“声音共同体”，其创新发展拟打造中外融通的概念和范式。“学习强国”电台背后是大数据、云计算、物联网、人工智能等新技术带来的新的场景体验。如何实现“场景定制化”提升“用户黏性”？如何在后现代社会人们对知识和文化反思的背景下吸引目标受众和培养受众？如何在运营“官方化”的同时又能接受“网红化”？如何回归声音叙事本体和提升跨文化传播和国际传播能力？如何发挥声音媒体的传播优势讲好中国故事？这些是非常值得深思和探索的问题。

关键词：声音共同体；场景赋权；用户黏性；“网红化”

“学习强国”是由中共中央宣传部主管，“立足于党员，面向社会”的学习平台，是一个有组织、有指导、有服务、有管理的全面权威的思想政治学习移动宝典，其电台更可谓是“听力宝典”。从 2019 年 1 月“学习强国”平台上线以来，截至 2020 年 12 月通过安卓平台下载安装 11 亿余次，其专业丰富的内容和“现象级”的影响力值得我们深入探讨，更是研究音频创新发展的重要案例。

一 形成"声音共同体" 展现"大国形象"

布鲁斯·伦索尔曾在《广播中的美国：大萧条与美国现代文化的升起》中就曾全面论述过广播媒体在发展国家政治生活、社会治理、应急传播等均有战略意义，在大量新技术环境背景下的广播媒体，其发展更是具有时代意义，关乎国家战略，体现国家形象。国家形象既是各国政府追逐的战略目标，也是其谋求国家利益的重要手段。①"学习强国"电台作为互联网新时代的国家宣传媒体，既是大国形象的浓缩，又是"声音共同体"载体，其平台形象既要与大国政治、大国外交匹配的同时又需要在赢得亿万体量国民的共鸣共情上下功夫。

（一）平台形象与大国形象

"喜马拉雅"长期以来塑造拥有海量音频资源的百科全书形象；"蜻蜓 FM"打造的精英学习平台的形象；"荔枝 FM"打造的声音交友平台亲切互动的形象；猫耳 FM 打造的是可爱唯美的动漫形象；"团结紧张严肃活泼"是"学习强国"电台的初步印象。就"学习强国"功能来看，它既能听总书记讲话的同期声，又能听专题理论和原著经典，既能听戏曲、长书和广播剧，又能听故事、儿歌和学英语，它展现出的是大国形象的各个侧面，即负责担当的政治形象、合作共赢的经济形象、与时俱进的文化形象、美丽和谐的社会形象。

（二）平台形象与"声音共同体"

从布迪厄的"场域理论"来看，场域是由社会成员按照特定的逻辑要求共同建设的，是社会个体参与社会集体生活的场所。就"学习强国"的特定大多数用户群体和用户群体规模来看，"学习强国"已然形成了一个政治学习和文化教育场域，内在逻辑是运用思想政治学习资源和时政要闻来丰富传播内容，通过稳定的学习习惯来维持这个场域。"学习强国"电台强大的内容集结功能形成了一个特定声音场域，而在这一声音场域有着"共同体"的特征，形成了"声音共同体"，党员的数量、学习的自觉性以及一定程度上的互动是这个场域

---

① 刘艳房、张骥：《国家形象及中国国家形象战略研究综述》，《探索》2008 年第 2 期。

的稳定因素，“学习强国”与其场域间的互动日趋丰富：如大量丰富的文化艺术作品的注入便是与文化艺术场域的互动，与银行合作兑换积分奖品等具体形式便是与经济场域的联动，将各大电台电视台力量的注入平台便是集合新闻传播场域的体现，这些互动、联动和集合给了“声音共同体”场域更多可能性的提示。

（三）大国形象与“声音共同体”

国家宣传平台的创新是政治在技术和艺术上的具体体现，荣格认为，艺术的社会功能是它始终致力于教育时代的精神，用魔法召唤时代最缺少的形式。随着我国日益走近世界舞台中央，国际话语权正在不断适应日趋增长的综合国力，“讲好中国故事，传播中国好声音”，展现全面真实立体的大国形象关乎我国在国际社会中的声誉和在全球治理中的国际形象。然而，中国国内公众对国家形象的“我形象”与国际公众对中国国家形象的“他形象”存在着巨大差异。[①] 因此需要更多地创新对外话语表达方式，打造中外能够融通的概念和范式，形成能够引发更多声音共鸣的“声音共同体”，声音是生命的重要组成部分，那么“声音共同体”必定会是“人类命运共同体”的重要组成部分。

格伯纳认为传播媒介的“培养效果”主要表现为形成社会观和现实观的“主流”。对于主流的形成，从电视为代表的传统媒介到如今的新媒介都发挥强大影响，如“学习强国”所具备的社会属性，在广泛社会范围形塑着人们关于社会、国家、民族的共同印象，引发着更深层次更广泛的共鸣。从文艺理论的角度看，共鸣指的读者受到作品的影响，产生类似的感情激荡，除了共鸣外，净化、领悟和余味延留也是受众接受的高峰，而“学习强国”的电台通过丰富内容的角度和刺激听觉感官的角度为引起更广泛的共鸣提供可能，也为受众的净化、领悟和余味延留提供更多契机。

子曰：“为政以德，譬如北辰，及其所，而众星拱之”，这恰好也是费孝通“差序格局”的比喻印证。社交网络中的“差序格局”是人

---

① 门洪华、周厚虎：《中国国家形象的建构及其传播途径》，《国际观察》2012 年第 1 期。

们常见的“强联系”“弱联系”“临时联系”三个圈层组成。以“学习强国”为例，党员是“强联系”，非党员是“弱联系”，偶然下载安装的用户是“临时联系”，而作为国家层面的学习应用，其格局不仅是社会的人际层面的。以“学习强国”电台为代表的音频发展，更应当内化和践行如今从习近平总书记统筹发展和安全作出的重要论述中逐渐形成的关于加快形成以国内大循环为主体、国内国际双循环相互促进的“新发展格局理论”，更应当立足于国内市场优势和潜质，进一步发展“新发展理念”，拓展总体国家安全观，推进更深层次的改革，扩大更高水平的开放，形成在国际传播和全球传播中的大国“声音共同体”。

二 实现“场景定制化”提升“用户黏性”

从近几年全国广播电视行业统计公报可以明显看出，目前音频有声内容平台从用户需求的角度积极探索商业盈利模式，聚焦用户付费、节目版权、短音频及电商直播等细分领域。而人们对音频的需求从公共广播系统的各种场馆、大厦、校区、酒店、公园、学校等公共场所，到私家车、居家生活、个人学习、娱乐消费等私人空间；从广播背景音乐，发布信息、广播寻人、消防广播，到懒人听书、定制音乐、声音直播、倍速听课等实用功能。音频发展有着从广泛到具体，从公共到个人，从共性到个性的趋势，而其背后是大数据、云计算、物联网、人工智能带来的新旧场景不断融合，和全新的场景体验。

（一）场景和场景“赋权”

智能设备的广泛普及使得适配用户的特定场景及需求成为新的理念引领，场景式服务是适应移动互联网环境泛在需求、泛在连接和泛在服务的需求。[①] 所谓场景式服务是针对特定主体或者用户群体，依托于场景技术来感知并向用户当前所处的场景和情境，自动捕获用户需求动向，通过场景信息的推送和反馈来激活用户的场景感知并向用

① 毕达天、王福、杜小民、韩丽萍：《短视频产业场景式服务及其价值创造路径研究》，《情报理论与实践》2020 年第 12 期。

户提供精准服务与场景切换。[①] 从定制场景的特征来看，线上定制场景往往是在虚拟世界定制现实般场景，而线下往往是在现实世界定制虚拟式场景。从识别场景的特征来看，线上往往是通过识别模拟现实场景来发挥虚拟场景价值，如目前大家应用的音频 App 里面存在着大量模仿现实场景设置的各种场景。而线下往往是通过虚拟场景的判断识别来导向现实场景，如科幻电影里常见的空中投屏，人们可以选择投屏上面虚拟的按键和场景提示去指导路线和行动。从场景“赋权”的角度来看，以“酷狗”音乐为例，它不仅根据音乐本身的特点进行了场景分类，还“赋权”用户自我设置想要的自然场景的功能，如增加雨声、风声、雷声、海浪等供用户灵活搭配和切换的不同音效，组合出“风雨时刻”“海边休闲”等不同场景，充分满足用户的个性需求。除了音效的模拟，它还有选择匹配汽车的功能，将不同品牌车型的音箱设备和效果充分数据化，让用户选择最匹配应用场景的音效。因此，为场景更好的构建、感知、匹配，我们不仅要充分理解线上特定场景中的用户，也要充分理解现实中特定场景中的用户，不仅要充分考虑用户对特定场景的需求，更要充分考虑用户在特定场景中的需求。

（二）用户满意度与“用户黏性”

有学者在 Davis 提出的描述解释人对信息技术的接受程度，并在对行为加以解释的技术接受模型（TAM）的基础上做出音频知识付费平台用户黏性影响因素的 ATM 模型（基于 ATM 模型的音频知识付费平台用户黏性影响），并采用 Cronbanch's alpha 系数测量问卷信度，得出结论是：感知易用性、有用性、性价比、创新性对用户满意度的影响是正向的，而用户满意度和主观规范正向影响用户黏性。[②]“学习强国”电台在作为中央中宣部主办的学习平台，它既是资源库，也是风向标，反映着时代命题，“学习强国”电台在充分发挥了音频平台伴

① 曾建勋：《推进图书馆场景式服务》，《数字图书馆论坛》2018 年第 11 期。

② 刘捷、王玥清、任贵珍、金建崇、杨权诚：《基于 TAM 模型的音频知识付费平台用户黏性影响因素研究——以喜马拉雅 App 为例》，《中国市场》2019 年。

随性强、可填补碎片时间、可帮助视觉障碍群体等优势的基础上，伴随着大量优质内容的不断注入形成了自己的特色，它不仅具备“有用性”还兼具“实用性”；它的门类多样，功能齐全，架构创新，使用便捷，没有广告，更无须付费，与大多数音频软件相比是具有高“性价比”的；且它是一个集专业化、区域化、民族化于一体的综合音频平台，是具备“易用性”的，因此，为了进一步提升“用户黏度”，更应当从这几个方面切实创新提升，而创新提升的基础是问题意识，一方面界面设计仍需优化，比如目前存在收听无记录，存放不灵活，界面隐藏层次太多等问题，另一方面功能设置仍需完善。目前还存在无倍数播放，无保存下载功能，无法共享播放，部分栏目无配文辅助理解等不足，在用户使用和学者研究的过程中发现和指出的问题都需及时有效的改进，才能实现进一步的创新和提升“用户黏性”。

（三）社会总体想象物的“双极性”

用户对于“学习强国”平台的感受是具有“双极性”的，好用的认为非常好用，排斥者亦具有明显的排斥情绪，一定程度上认为它给人的感受是严肃呆板的，内容是教条生硬的，形式是枯燥单一的，在这里我们借用比较文学中“社会总体想象物”这一概念来阐释，当社会总体想象达到平台预期定位设想时，此时反映的是文化政治的认同，平台能有效发挥其自身价值，平台定位形象也能不断强化社会总体想象。然而平台形象是被用户“创造式想象”并非“再现式想象”，所以创新发展一方面当努力避免平台定位形象与社会总体想象相异，另一方面当重视社会总体想象物的“双极性”，从社会公众对其认知和联想维度入手，提升完善平台的表现手法和个性特征。

（四）积分和“强化物”

“学习强国”的学习报表组织排名为党员干部每日“打卡”提供着压力和动力，目前“学习强国”一共有 15 种积分规则，根据每项规则积累每天最高可积累 57 分，其中每有效收听一个音频可积 1 分（上线 6 分），有效收听音频累计 1 分钟积 1 分（上线 6 分）。学习强国“积分”可以说是刺激用户反应链的一种“强化物”，用户重复使用使得的习惯程度得以巩固。这种观点是根据巴甫洛夫条件反射理论与斯金纳操作条件反射学说的研究成果，即新的行为的建立和形成都必须使用“强化物”，通过强化物的反复作用，促使某种新的行为产生、发展、完善和巩固。近年来各大电商在吸引目标受众和培养受众使用习惯上不断探索，纷纷开发上线了养成类的游戏：淘宝有“芭芭农场”、支付宝有“蚂蚁森林”、美团有“苹果树”，酷狗音乐也可以“养”一只“酷小狗”，而网易公开课、中国 MOOC、得到 App、樊登读书等知识服务软件也以不断创新方式培养着用户的习惯，如显示学习数据、积累学习勋章、颁发学习证书、分析学习动态图、积累学分、推送学习报告等。从众多案例中去反观和思考“学习强国”电台，其听力和声音的属性使得它的发展和创造新的“强化物”似乎还有更多想象和创造空间，在例如听力测试、听力游戏、听力道具、听力服务等领域还有更为广阔的空间。

平台总会在吸引目标受众和培养受众使用习惯上不断探索，而在后现代社会人们对知识和文化的反思的背景下，尤其需要我们对音频的学习或接受习惯以及背后的文化特征进行探索和思考，利奥塔就曾在《后现代状况——关于知识的报告》中指出后现代知识的特点：“在当代社会和当代文化中，即在后工业社会和后现代文化中，知识合法化的问题是以不同的术语提出来的。大叙事失去了可信性，不论他采用什么统一方式，思辨的叙事或解放的叙事。”

三　运营“官方化”　接受“网红化”

（一）“官方”是保障力

“官方”一般解释为政府方面，又指掌控权力的一方，人们也常用来指“主办方”，往往伴随的是权力性和专业性。无论是从留声机到电报电话，从扩音器大喇叭这样一套公共播音装置再到第一次世界大战后出现了飞机与地面的无线电通话、广播、警用的警车无线电通话，以及音乐厅、广播演播室的电磁功放系统，等等，这些技术的应用最初无不是在“官方”倡导和设计下得以实现，而如一方面如今面对网络社会时代，新媒体用户的知情权是不足的、选择权是有限的、安全性是未知的，“官方”平台应用依然是最优选择；另一方面出台的如:《网络安全法》《信息安全技术个人信息安全规范》《个人信息保护法(草案)》等系列法律法规是新媒体用户数字化生存的保障。与此同时,从社会福利和社会保障的角度来看,正是有了“官方”的保障,网络社会才会避免过多的被资本裹挟。

“学习强国”是极具代表性的阵地建设和示范标志。以“学习强国”电台为代表的新的媒体形态,一方面正是对广播的线性模式的反思,它改变了传统广播以时间为标准的传播特性;其互动性和选择性改变了传统广播影响的单向性和整体性;各种社会因素的介入改变了广播原有的与时间成正相关的、受众收听越多越容易受影响的直接的、没有中间变量的影响,它产生的效果不再是线性的、单向的、整体的,而是动态的、多元的、分化的。另一方面也反映着时代和国情的“真实需求”,随着智能技术和工业社会的飞速发展,无论是《单向度的人》中马尔库赛提出“虚假需求”,还是马克思的“需求异化”都曾提出“真实需求”辨识的重要性。

(二)“网红”是助推力

“网红”通常指网络生活中走红的人、事、物、地,往往伴随着流量和热度。在人们的刻板印象中“网红”有放大特质哗众取宠的意味,而随着这几年线上网络直播、直播带货打造了一批能吸引粉丝经济的有生产力的“达人”,在“互联网+旅游”“短视频+才艺”等模式下发展出一批以才艺见长的“红人”,以地方美照、美食和美景等特色打造的网红“打卡地”等。“网红”似乎是在井喷式地发展,而人们对“网红”这个原本中性的词也逐渐有所回归,Gamsonr 认为网红既是商品体系,是产业,又可以是一系列故事。[①]回到音频传播来看,我们更应当回归声音本质去充分探索它的信息传播和能量传递。目前各种应用是以音频“传播信息”这一功能的开发为基础,而声音本身能够传递能量,它的物质属性还未得到充分利用和推广,而音频传播的发展一定是技术和社会因素并重,社

① Gamson, J., The unwatched life is not worth living: the elevation of the ordinary in celebrity culture, Pmla Publications of the Modern Language Association of America, 2011, pp. 1061-1069.

会属性和物理属性均应得到充分的重视和挖掘，创新和发展就该大胆设想音频媒体在未来传播格局中的独特存在价值、功能和意义，用好“网红”，创造“网红”，赋予其更多可能性：1. 听觉游戏：数据显示，目前我国境内 App 在架数量已经超过 350 万款，下载量排在前四位的 App 类型分别为游戏类、日常工具类、电子商务类和生活服务类，而游戏中听力游戏为数并不多。例如：从婴幼儿的角度讲听觉并不敏锐的，是需要科学的训练培养，通过听力游戏便可加以培养，能使其提高准确清晰度，听觉游戏的开发和应用是有空间和市场的。2. 听觉工具：从无障碍传播的发展角度来看，广播曾是视障人群的首要选择，而如今随着人工智能技术的发展可以为视障人群提供更好为技术接入、技术使用和内容接近，除了提供基础的无障碍实现保障外，还应设计更多无障碍、正常化、可及性的优质个性服务的听力方案。3. 听觉投放：就“学习强国”电台而言就可以打包投放至非公领域非公平台中、地铁火车等公共设施上，出租车网约车等公共交通里。

（三）“讲好中国故事”是核心竞争力

“讲好中国故事，传播中国好声音”是习近平总书记在 2013 年 8 月全国宣传思想工作会议上提出的，其现实意义和理论价值折射了时代的要求和使命，为“中国叙事”指出了方法和方向。“故事是人类文化的基本元素和重要标识，具有独特的影响力和号召力”（2018 年 12 月 21 日来源解放军报原标题：讲好中国故事）而故事和叙事这两个概念一直存在着争议，大部分研究者认为“故事就是叙事”，也有学者对其做区分“故事是故事讲述者的产品，是故事讲述者对一件事或一系列事件的描述，而叙事是故事接收者对故事的消费，即接受者根据个人先前已有知识、注意力、个性、人口统计特征以及重要他人来解释故事”。① 透过莫言、贾平凹、阎连科运用了声音叙事的长篇小说，可以发现声音叙事在具体文本中有着不同地输出方式。同时，声音叙事对于唤醒民间资源和文化传统、解读人性、填补历史空白、想象现实等方面也具有

① 徐蔓：《品牌故事对品牌态度的影响》，硕士学位论文，广东外语外贸大学，2020 年。

重要意义。[①] 我们应当回归声音叙事本体，从声音内容、形式、特征、意义多角度来提升以小见大和深入浅出能力、由此及彼和由表及里能力、跨文化传播和国际传播能力、新媒体创新使用能力来讲好中国故事和讲中国好故事。

① 贺与诤、张学昕：《中国当代小说中的声音叙事——以莫言、贾平凹、阎连科作品为例》，《辽宁师范大学学报》（社会科学版）2020 年第 3 期。

声音融合平台“云听”的模式建构与发展动向

——基于老年受众的视角

赵红勋　吴昊阳

（河南大学新闻与传播学院副教授；河南大学新闻与传播学院硕士研究生）

摘要：移动互联网和交互技术不断发展，移动广播客户端将新媒体技术和传统广播结合，开辟出了一片广阔的市场，本文以“云听”客户端为例，基于老年受众视角，从受众意识的觉醒，听景融合的再造，视听体验的建构三个方面分析“云听”客户端的模式，并提出提升“云听”的易用性，适配城市老年人的音频使用场景等未来发展方向。

关键词：移动广播；老年人；“云听”客户端；“银龄专区”

数字时代，老年人是不容忽视的网络用户群体。根据中国互联网络信息中心发布的数据，截至 2020 年 6 月，中国已有 9.4 亿名网民，其中 60 岁及以上老年网民占 10.3%。[①] 这意味着，我国约有 9600 万名“银发网民”，其规模不容小觑。

因此为“银发网民”画好像，了解他们的上网特点、兴趣偏好、网络需求，以及帮助他们解决在网络空间遇到的各类问题难题，很有必要。而移动广播客户端比如荔枝 FM，喜马拉雅 FM 等却忽视了老年群体对于信息、文化、娱乐、社交、生活等方面的需求，因此存

---

① 第 46 次《中国互联网络发展状况统计报告》中国互联网络信息中心（CNNIC），http://www.cac.gov.cn/2020-09/29/c_1602939918747816.htm，2020 年 9 月 29 日。

在老年群体频道内容整合度不高，质量参差不齐且无法形成有效交互等问题。

2020 年 3 月 4 日，中央广播电视总台“云听”客户端上线，该客户端被业内外人士称为线上音频领域的“国家队”。按照总台的布局，“云听”是继“央视频”5G 新媒体平台之后推出的基于移动端发力的音频聚合平台。它依托总台优势资源，聚焦泛文艺、泛知识、泛娱乐三大品类，为各类终端用户提供声音产品和服务，[①] 特别是推出“银龄专区”板块，为老年人提供精准服务，兼顾老年用户的文娱生活需求，展现出新媒体的媒介关怀和责任。

一　“云听”的模式建构

（一）受众意识的觉醒

受众也被称为接收主体，在大众传播中研究中，受众既是信息的接受者，也是读者、观众或听众的统称。随着媒体环境的变化，受众的内涵也会随之变化。同时，受众也并不只是被动的信息接收者，而是同样具有主动传播的特征。[②] 传播者和受众作为整个传播过程中的重要主体，分别处于起点和终端的位置。受众是传播行为的接收者和信息流通的目的地，如果出现缺失，传播就失去了方向和目的，而不能被称为传播活动。[③] 任何传播活动，都需要关注受众并对其特征进行分析，以精准了解其需求，达到有效传播的目的。

受众意识是传播者通过了解受众的个体和群体特征，推测受众传播期待和信息需求，并根据揣测制订传播方案、确定合理的传播模式，在合适的时间，进行适度、适量传播，满足受众多元化需求。

“云听”客户端针对老年人，分析了解老年人关注天下大事，渴望获得健康养生知识，热爱国粹经典等群体特征，推测老年人信息需

---

① 《移动音频“国家队”入场》，央广网，https：//baijiahao. baidu. com/s？id = 1660291951307-517914 & wfr = spider & for = pc，2020 年 3 月 5 日。

② ［英］丹尼斯·麦奎尔：《受众分析》，刘燕南等译，中国人民大学出版社 2018 年版，第 2 页。

③ 胡正荣：《传播学总论》，北京广播学院出版社 1997 年版，第 257 页。

求，将健康养生、国粹经典、天下大事、听书讲古等相关内容结集成“银龄”板块专区，方便城市老年人收听。从而有针对性的使老年人获得一种经验上的“回报”和媒介使用上的“满足”，使之认为平台对自身的需求而言是有用的，通过这样得到的“回报”和“满足”可以传播至城市老年人继续选择和使用“云听”，增加其使用行为。

（二）听景融合的再造

第一，听景资源的融合。“云听”客户端主打三大内容板块，“听精品”“听广播”“听电视”，为移动互联网用户提供高品质声音产品。[①]“云听”依托全国广播电台节目资源，拥有强大的音视频数据库，汇集全国广播直播流；依靠规范、严谨、成熟的采编播体系，保障高品质内容生产；拥有多渠道分发优势，具有主流媒体的传播力、引导力、影响力、公信力。[①]

目前“云听”客户端分为热点、综艺、音乐、文化、相声、资讯、社会、情感、财经、生活等18大类节目，共计166小类节目，累计入库节目超过200万小时。针对老年人设置的“银龄专区”涵盖健康养生、国粹经典、天下大事、听书讲古等6大类节目，累计入库节目超过90万小时，充分满足了不同年龄阶段，不同偏好老年人的多样需求。

第二，听景方式的融合。针对大多数老年人视力下降，阅读困难等群体特征，“云听”客户端一方面汇集各大广播电台全天候的广播节目，另一方面将备受观众、读者喜爱的视频节目、名家名作书籍进行音频化呈现，以听剧、听书的方式实现音视频价值的最大化，照顾老年人身体特征，更大程度上满足了各知识层次老年人不同听景方式的需求。

（三）视听体验的建构

麦克卢汉认为“媒介是人的延伸”，[②] 是人体感官能力的延伸和扩

① 《中央广播电视总台音频客户端“云听”正式上线》，新华网，http：//www. xinhua-net. com/info/2020－03/05/c_ 138845395. htm，2020年3月5日。

② ［加］马歇尔·麦克卢汉：《理解媒介》，何道宽译，中国人民大学出版社2006年版，第43页。

展。在媒介时代，人们通过媒介延伸自己，通过感官刺激感知外面的真实。媒介在反映现实的同时更在构建现实。也就是说，在满足受众需要上，“云听”客户端不仅在构建受众的需求，同时也在传播形式上试图最大限度地优化受众的视听体验和使用体验。

优化视听体验。视听作品是人们通过耳朵、眼睛等感官进行感知和体验，由此产生情感共鸣。由专业团队创作的优秀音频节目是声音艺术中的精品，高超的录音合成技术给人们带来具有艺术感染力的听觉作品，营造充满魅力的声音景观。① 例如，“云听”与“学习强国”平台合作，将理论著作制作成有声读物，听理论的优势在于，经过播音员播读的理论知识更易于理解，缓解眼睛疲劳，适合移动收听，便于在碎片化时间里学习。良好的视听体验，能够增强用户对于客户端的认同感。

优化使用体验。在移动阅听环境下，用户的直接体验，不仅来自视听体验，也来自人机交互行为的使用体验。第一，设置专门板块类别。“云听”客户端的主页分类清晰，界面美观大方，声音流畅清晰。“云听”根据电台、主播分类，也根据内容分类，为用户提供多种搜索路径。与喜马拉雅 App 和荔枝 App 不同的是，“云听”将健康养生、国粹经典、天下大事、听书讲古等相关内容集结成“银龄”板块专区，方便城市老年人收听。第二，为老年人解决技术使用难题。如果想达到良好的使用效果，用户需掌握一定的信息技术，具有使用新技术的能力。为避免技术鸿沟给老年用户带来的不便，“云听”在上线之初，通过视频为老年人演示客户端的安装和使用方法，可视化的帮助老年人掌握客户端使用方法。第三，提供专属定制服务。“云听”注重细分内容，为用户提供专属的定制服务，或建立个人专属的电台空间，设计有人情味的内容和服务模块，在收听互动中建立心理上的信任感，满足人们获取信息、社交娱乐和精神文化上的需求。“云听”发起实施“云听银龄悦读”计划，为热爱阅读的老年人提供平台，分

① 童云：《深度融合的新型广播运营体系——从“云听”客户端谈起》，《中国广播》2020年第10期。

享他们与书相伴的心得和感悟。

二 “云听”的受限原因

（一）页面排版不符合老年人阅读习惯

伴随着老年人自身视力下降，他们已习惯使用页面简洁、字体较大的网站或手机移动客户端，并期望在最短时间内找到符合自身需求的视听内容。“云听”客户端虽已为老年人设置独立板块“银龄专区”，以便于老年人进行集中搜索。但是“银龄专区”板块出现在客户端首页底端，未能做到打开客户端第一时间发现“银龄专区”，且“银龄专区”并未针对老年人进行个性化处理，比如进行放大字体，简化字数等符合老年人阅读习惯的改变。因此，对于老年群体来说，烦琐复杂的外部因素严重影响了他们对“云听”的使用率，进而让他们产生了厌倦反感的态度，最后减少了他们对“云听”的实际使用行为，并通过大众传播逐步影响其他老年群体对“云听”的态度，如此在老年群体中对该客户端的口碑和使用率都将相应下降。

（二）功能设置缺乏有效互动

新媒体一个很大的特性就是高度互动，移动广播 App 作为新媒体时代下产生的软件，也应当与用户形成高度互动。“喜马拉雅 FM”和“荔枝 FM”二者都具有较强的社交属性，其中“荔枝 FM”的社交属性尤为突出。在“荔枝 FM”，UGC（用户生成）内容占很大比例，而且分享、互动行为较为活跃。相较于二者而言，“云听”则侧重于 PUGC 属性，社交方面能力较弱，[①]“云听”留言板的互动体验，满足了用户基本的互动需求。但针对老年人不擅长文字输入却又渴望社交分享平台的特征，“银龄专区”并未设置语音留言输入，导致老年人因不熟悉文字输入法，不擅长文字输入等技术层面问题，不能在平台进行有效、活跃的分享互动，直接影响了“云听”客户端的使用感和口碑。

---

① 夏恩博、吴弘乐、魏翥凡：《“云听”与同类产品的差异及应解决的几个核心问题与“喜马拉雅 FM”和“荔枝 FM”的比较》，《中国广播》2020 年第 6 期。

三 “云听”的优化策略

“云听”虽在一定程度上补偿了老年人的媒介使用，但是这种补偿也伴随着产生了新的缺陷，城市老年人群体对于移动广播有着自身的需求，同时该客户端自身也有着需要改进的方面。

（一）强化老年人的易用性

一是平台的易用性，对于城市老年人用户而言，他们自身在关于媒介产品的认知能力、知识背景、使用经验等方面存在着不足，所以产品功能少，界面简单的平台对于他们来说是易用性更高的产品。

二是平台的可靠性，可靠性是指无故障工作的能力。对于平台而言，可靠性意味着真实性和无故障运行及保护用户财产和信息安全的消费者消费保护能力。城市老年人空闲时间较多、信息辨别能力弱、网络安全知识欠缺，再加上子女不能时刻陪伴在侧，于是就成了网络使用中的“高威胁用户”，因此平台的可靠性也成为影响城市老年人使用移动广播客户端行为的考虑因素。

所以对于老年人市场的扩展要从内容和平台两个方面把关。在平台方面，首先要简化客户端的使用界面和功能，在界面设计上，字体要适度放大，字体颜色要清晰、对比要鲜明，功能选项标志要显眼，必要时可以对选项符号进行标注解释；其次要建设或通过与其他大型支付平台的合作为老年人创建可靠和易用的支付平台，在平台上对支付过程进行详细的阐述指导或者提供电话讲解咨询服务，为老年人群体提供人性化、便利化的服务，为其网络消费把好关。

（二）适配老年人的使用场景

学者彭兰在《场景：移动时代媒体的新要素》一文中提出传播视域内场景的四个基本要素：空间与环境、用户实时状态、用户生活惯性以及社交氛围。[①] 而提供特定场景下的适配信息和服务是场景分析的最终目标。空间环境是场景定位的最基本要素，在不同的场景、不同的空间中，人会产生不同的行为模式和互动交流模式。人的阅读认

---

① 彭兰：《场景：移动时代媒体的新要素》，《新闻记者》2015 年第 3 期。

知行为会受到身体的知觉和环境的影响。所以空间环境是影响听众是否可以融入阅读世界的关键。

从空间环境的角度来看，根据对城市老年人的收听地点和收听习惯的调查，城市老年人最主要收听地点是在小区当中，在小区以外，社区等老年人活动中心也是经常进行收听的地点。关于社交氛围的营造，栾铁玫提出未来广播是“移动的、个人的、云端的、社交的”[①]，社交互动性是发展的必然趋势。在数字化时代，老年人的生活惯性、实时状态可以借助平台实现以数据的方式储存。通过收集用户的使用时间、使用时长、使用地点来提供精准服务。从移动音频如何更精确服务城市老年人方面来看，针对城市老年人群体，推送时间应该集中在上午和中午，应该围绕他们经常活动的小区、社区等老年活动中心的地点提供内容和服务，例如，向老年人推送关于居住地附近的养生保健类的活动以及最近最新的银行理财信贷信息。关键词的选择应该通过对不同年龄老年人阅读内容偏好的理解、进而推送相关性更强、更容易被用户点击的内容。形成个性化的适配，激发分享欲望，同时在操作上也要针对社交功能做出更多的简化，号召更多老年人参与互动分享中。

四 结语

在我国人口老龄化问题如此严峻的情况下，“云听”客户端关注老年群体对于信息、文娱生活等方面的需求，虽存在着面向老年群体的页面设置不便捷且尚未形成有效交互等问题，但整体而言，“云听”客户端利用媒介融合优势，关注老年人受众意识，优化老年人视听体验，担当起注重老年人精神文化需求的社会责任，彰显出了自身的媒介关怀，避免老年群体成为新媒体时代下的边缘化群体，让新媒体时代更好地满足老年群体的需求，为他们提供更优质的广播内容和服务。

① 栾铁玫：《移动声媒：融合时代广播变革的新形态》，《新闻与写作》2015 年第 10 期。

社交短音频：后疫情时代移动音频生态的错位策略

杨　燕

（重庆师范大学新闻与传媒学院副教授）

摘要：2020 年新冠肺炎疫情的暴发给公众的生活方式带来潜移默化的影响，同时悄然改变着移动音频的产业生态。后疫情时代短音频内容获得了发展契机，依托社交需求的增长开发的社交短音频 App 可能成为移动音频产业新的生力军。

关键词：短音频；社交；后疫情时代

2020 年新冠肺炎疫情的突然暴发，导致众多国家面临公共卫生危机、经济社会危机甚至人道主义危机。新冠肺炎疫情给全球带来巨大影响，也潜移默化地改变着公众的生活方式。中国抗疫成果显著，但世界其他国家的疫情还看不到尽头，并可能时刻威胁中国的抗疫成果。

有学者认为“后疫情时代并不是我们原来想象的疫情完全消失，一切恢复如前的状况，而是疫情时起时伏，随时都可能小规模暴发，从外国外地回流以及季节性的发作，而且迁延较长时间，对各方面产生深远影响的时代”①。进入后疫情时代的中国社会正在悄悄发生着改变，这种改变也影响着媒介生态环境，其中就包括移动音频的产业生态。

---

① 王竹立：《后疫情时代，教育应如何转型?》，《电化教育研究》2020 年第 4 期。

一 后疫情时代移动音频产业生态的改变

1967年，麦克卢汉在《媒介即讯息：效果一览》一书中提出媒介生态（Media Ecology）的概念。作为社会系统的一部分，政策、资源、技术条件和竞争环境的改变，会对媒介的发展带来必然的影响。

2011年电子商务移动支付高速发展，网络视频产业日趋成熟，而基于用户关系信息分享的社交媒体微博在这一年日益显示出快速的渗透力和巨大的影响力。就在中国互联网经济迅猛发展的2011年，国内首家网络音频应用“蜻蜓FM”上线，打出“更多的世界，用听的”这一个鲜明的口号，打破了大众对广播的惯性思维。之后喜马拉雅、考拉FM、荔枝FM、优听等App如雨后春笋般破土而出，移动音频产业获得资本世界的关注，市场规模逐步显现。根据易观国际2018年发布的《中国移动音频行业发展盘点》，中国移动音频市场经历探索期、市场启动期后，在2018年进入高速发展阶段，移动音频App用户规模连续12个月持续增长，全年涨幅50.3%，用户打开次数和使用时长在2018年下半年迅猛增长，整体受众渗透率超过70%[①]。2019年移动音频产业增长速度放缓，但依旧显示出强大的后劲。2020年新冠肺炎疫情的暴发不仅没有影响移动音频产业的发展势头，反而成为手机网民使用时长占比排前三的应用类型。2020年6月，中央网信办发布了第46次中国互联网发展状况统计报告[②]，疫情后中国的手机网民规模达到了9.32亿人，网民中使用手机上网的比例为99.2%。在这次报告中首次对网络音频App的使用进行了统计，手机网民经常使用的各类App中，网络音频App（指可以收听互联网电台等音频节目的移动互联网应用类型）的使用时长占比达10.996%，排在各类应用使用占比的第三位，仅低于实时通信App的13.7%和网络视频App的12.89%，

---

① 易观：《2018中国移动音频产业发展盘点》，北京易观智库网络科技有限公司2019年版，第9—10页。

② 第46次《中国互联网络发展状况统计报告》，http：//www.cac.gov.cn/2020－09/29/c_1602939918747816.htm，2020年9月29日。

高于短视频 App 两个多百分点。

移动音频应用在疫情后虽然呈现出良好的发展势头，但后疫情时代公众内容消费习惯的改变、互联网音视频行业监管的进一步加强、技术环境的变化带来用户延伸服务场景的需求等变化，改变着移动音频产业的生态。

（一）公众内容消费习惯与消费场景的变化

疫情期间，人际交往大部分处于缺场状态，但缺场化的交往，反而加大了人际交流的密度①。有学者认为，疫情下的社会发展变迁，体现出一种时空压缩性的特征，但同时也呈现了大规模的时空扩展②。较长的疫情过程使公众在缺场状态下建立了特殊的人际交往惯性，“生活于同一场域当中的群体，通过缺场交流建立联系，形成新的团体”③。在疫情期间相对封闭的场域下，与长内容相比，短内容在社交平台中更便于分享，更能成为一种社交资本，并形成话语核心影响人们的整体心态，而这种社会心态通过网络的高速传递后会产生出更复杂多变的形式④。

按照克劳锐 2020 年 5 月发布的《中国 MCN 行业发展研究白皮书》中的分析，后疫情时代公众的内容消费习惯与消费场景已经了变化：在图文类内容的严肃阅读和深度阅读的同时，用户的短视频观看习惯已经不可逆转；纯粹的热点内容已经不足以吸引眼球，有思想有深度能引发内心共鸣的内容形成了主流审美；在内容喜好方面，垂直细分内容的受众面大幅增大，通过移动终端进行内容消费成为主流。

（二）技术环境的变化　用户对服务场景的延伸提出了新的需求

2018 年年底，中央经济工作会议明确了将 5G 基建、特高压、城

---

① 唐魁玉、梁宏姣：《后疫情时代生活方式的选择》，《哈尔滨工业大学学报》（社会科学版）2021 年第 1 期。

② 刘少杰：《网络社会的时空扩展、时空矛盾与社会治理》，《社会科学战线》2016 年第 11 期。

③ 刘少杰：《“疫情防控的社会学思考”笔谈》，《学术界》2020 年第 2 期。

④ 唐魁玉、梁宏姣：《后疫情时代生活方式的选择》，《哈尔滨工业大学学报》（社会科学版）2021 年第 1 期。

际高速铁路和城际轨道交通、充电桩、大数据中心、人工智能、工业互联网作为“新型基础设施建设”。在2019年全国两会的政府工作报告中明确要求“加快新型基础设施建设”。随着“新基建”建设的推进，5G、AI、VR、AR等技术的革新与发展对音频平台的内容生产、社交生态等也带来了颠覆性的变化，用户对服务场景的延伸提出了新的需求。

（三）互联网内容治理更加完善　长音频节目的版权监管进一步加强

我国的互联网治理经历了从规制接入秩序到规范互联网的服务性和应用性问题的转变过程，随着法律法规的陆续出台，我国的互联网治理更加完善。由国家互联网信息办公室、文化和旅游部、国家广播电视总局联合印发了《网络音视频信息服务管理规定》（自了2020年1月1日起施行），从资质、信息内容安全管理主体责任、“实名制”身份信息认证、信息安全、处罚机制、举报路径和辟谣机制七个方面做出了明确要求，有效确保网络音视频的良性传播。由国家网信办公布的《网络信息内容生态治理规定》于2020年3月1日起施行，进一步丰富完善了互联网信息内容标准，要求网络信息内容服务平台应当履行信息内容管理主体责任，加强本平台网络信息内容生态治理，培育积极健康、向上向善的网络文化。互联网内容治理系列规范的出台对移动音频平台的内容生产提出了新的要求。

与此同时，国家高度重视内容资源的版权监管。2001年修订的《中华人民共和国著作权法》，2005年颁布的《互联网著作权行政保护办法》，2006年的《信息网络传播权保护条例》，均涉及音频应用监管方面的内容。关于移动音频平台的版权监管力度进一步加强，节目版权的竞争进一步加剧，优质长音频节目抬高了制作门槛，内容生产的成本增加。

二　后疫情时代社交短音频内容生产的发展契机

（一）长音频再中心化已成红海　短音频异军突起或成蓝海

依据生态位理论的趋适原则，生物会出于本能的需要寻找良好的生态位，这种趋适行为的结果导致生物所需资源的流动。和网络视频产业的发展相似，几个聚合型大音频平台利用资金优势独立创作优质自制节目或者租用、购买高质量的节目内容资源版权，导致移动音频产业的优质资源越来越集中在少数大的音频平台上，长音频内容的扩展和布局成为抢夺用户注意力及黏性的重要手段。

互联网音频产业的再中心化逐渐带来一些不可回避的现实问题，内容同质化现象日益明显。在由长音频内容组成的移动音频市场已经形成的红海天地里，现已存在并成熟的产业在这片红海展开了厮杀和拼抢。当市场空间变得拥挤的时候，意味着未来利润增长的前景必然会随之黯淡。身处红海的其他音频企业想要超过竞争对手，在现有市场空间的竞争中取胜，攫取已知需求下的更大市场份额，必须持续拉新和增强用户黏性。对于内容的投入不断增加，带来内容成本像无底洞一样不断扩大，这种割喉式的恶性竞争使移动音频产业的红海变得更加血腥。借用市场营销策划领域的蓝海战略理论，选择降低成本、细分市场或重点突破策略，或许会带来移动音频产业新的发展空间。因为资源分布的区域性制造的资源性壁垒成为移动音频产业发展的障碍，在与大资金硬碰硬的斗争中，发掘未饱和的内容地带可能找到一片可以深耕的蓝海。

（二）短视频的迅速发展培养受众短节目的接受习惯　为短音频节目蓄力

随着移动终端的发展，移动场景成为核心场景，适合移动场景的短视频在这几年获得飞速发展。2016 年爱奇艺头部电视剧《老九门》播放量达到 125 亿次，2017 年产生巨大影响力的自制综艺《中国有嘻哈》播放量 26. 8 亿次，而 2018 年短视频《陈翔六点半》全网点击量达到 500 亿次，制造了一个长视频难以企及的新高度。短视频在这几年的风生水起，培养了用户对短内容的接受习惯，移动音频领域短音频的内容生产也开始试水。

2017 年阿基米德 FM 联合上海广播推出了短音频制作激励方案，一系列优秀的短音频节目浮出水面。《中国广播影视》杂志公众号“广电独家”发布《2019 全国广播电台和频率调研报告》，报告指出短音频、广播手机节目等内容形态的创新正在打开广播新的发展空间①。有业界人士分析，“短音频相对于长音频的劣势明显，也不具备短视频用户生产内容（UGC）的优势。从国内外媒介的战略布局来看，也都不以发展短音频为主。短音频不会是传统广播的新风口”。②

从聚合型移动音频平台的角度看，短音频节目确实不足以构成对长音频内容的强大冲击，但从音频垂直领域的角度看，社交短音频的发展却大有市场。

（三）后疫情时代社交需求升温　社交短音频获得发展契机

按照生态位理论的开拓原则，处于一个生态环境中的生物在面对资源和环境的竞争中，会通过主动改变自身的状况，不断开拓和占领一切可以利用的空余生态位，从而为自己寻找恰当的生存空间。人的记忆和信息处理的能力是有限的，在互联网快速发展的今天，我们所接收的信息其实已经远远超出了我们的信息处理能力，也超出了我们实际需要。有限的信息需求和无限的信息供给之间的差距造成了信息过剩，垂直领域的信息服务探索成为应对信息过剩的有效办法。

在疫情期间封闭隔离的生活状态下，被阻断的面对面交流反而促使社交的需求陡然提升。缺场化社会交往产生了“抱团式”的人际关系新维度，通过移动终端进行视频聊天、音频交流等方式有效弥补了缺场化交往的遗憾。因为世界疫情的不明朗，中国的抗疫环境依然严峻，这样的社交需求在后疫情时代还将持续。唐兴通在他的著作《移动互联网时代的新 4C 法则》中提出了互联网社会的“新 4C 法则”：在适合的场景（Context）下，针对特定的社群（Community），通过有传播力的内容（Content）或话题，通过社群网络中人与人的连接（Connection）的裂变实现快速扩散，从而获得有效的传播和价值。在艾媒咨询发布的《2020 年 6 月中国手机 App 榜单》中，微信、支付宝、QQ 依旧位列 App 活跃用户排行榜前三，这三大基于社交功能的

① 2019 全国广播电台和频率调研报告：《短音频、广播手机节目等打开广播新的发展空间》，http：//finance. ifeng. com/c/7sWv6GgeQuA。

② 郭庆华：《短音频会成为传统广播的新风口吗?》，《视听》2020 年第 6 期。

App 在移动终端的受欢迎程度从一个侧面体现了后疫情时代用户的社交需求。对移动音频产业而言，长音频内容的社交功能明显弱于短音频内容，在后疫情时代社交短音频利用其独有的特性，将可以有效减弱受众注意力和时间的稀缺对信息接收的影响，从而获得更好的发展契机。

三 社交短音频 App 的错位策略

2020 年 9 月央视市场研究（CTR）在上海发布了《2020 年中国媒体市场趋势》报告，该报告将当下的媒体分为了惯性媒体、黏性媒体、刚性媒体和弹性媒体四种类型：以电视、微信、微博等为代表的惯性媒体，特征为长期接触形成稳定的触达习惯，用户量级大，触达频率高；以电竞游戏和短视频为代表的黏性媒体，特征表现为以受众的兴趣点出发形成强大连接度，吸引力强、用户黏性高；以电梯、户外、企业内出现的媒体形式，为刚性媒体，特征表现为在特定时间和场景下的强迫接触；以知识付费、社交电商为代表的弹性媒体形态，特征表现为媒体接触具有一定的随意性和不确定性，而音频媒体就属于这一类。有效调节用户对音频媒体接触的不确定性和随意性是摆在音频媒体从业者面前的一大难题。

对于没有中心节点的互联网而言，平等是互联网最重要的原则，以工具形态服务用户的思维在互联网逻辑中很难有发展空间，而为用户的想象力服务，帮助用户去探索自己可能感兴趣的领域则更符合互联网精神。

2016 年上线的抖音经过几年的发展，在后疫情时代无疑已经成为社交短视频应用领域的王者。为了减少用户注意力被打断的概率，抖音设计了霸屏的阅读模式，没有时间提示，让用户在刷短视频的过程中忽略时间的流逝。同时抖音界面设计模仿网游提供沉浸式娱乐的模式，所有按钮设计都尽量不让用户跳转出主界面。短视频领域的抖音利用独特设计很好地利用了用户接触媒体的随意性和不确定性，通过低门槛的创意 DIY 为用户的想象力提供服务，通过一线明星、网红和专业内容生产者组成流量引导的主力群体，一系列的周密策划确保了抖音的成功。

声音是最富有感情和想象力的信息传递方式，借鉴社交短视频App的成功经验，利用声音的情感属性进行错位策划，可以为社交短音频找到有效的突破途径。

艾媒咨询在2019年第一季度对中国的社交App进行了统计，数据显示，中国社交App用户整体偏年轻化，使用陌生人社交App的24岁以下用户占一半以上，在线音频用户24岁以下的占比也达33.5%。对社交短音频App来说，关注年轻群体的社交需求毫无疑问应该放到策划的首位。

作为社交短音频App，关注用户的自我表达和与创作者的交流互动应该是增强社交功能的直接途径。社交音频App“听说很好玩”模仿抖音的界面设计，以霸屏收听的界面提供用户沉浸式娱乐；用弹幕的互动方式延续视频阅读习惯，为用户提供了与作者及其他用户平等交流的机会，让用户通过评论找到共同体；该App提供用户生成内容的通道，为普通用户提供了很好的自我表达机会。

社交音频App要成为常态的消费方式，需要针对多样化的场景进行垂直领域的专门设计，才能有效改善用户与音频媒体接触的随意性和不确定性。“AI听短音频”App打出“3亿驾驶者的选择”的口号，将目标锁定驾驶状态下的用户，主推十分钟以内的短音频节目，内容涉及时事新闻评论、书摘、相声、脱口秀等，帮助驾乘人员利用碎片时间消费丰富的短音频内容，满足个性化收听的需求。

随着5G和物联网的不断发展，全面拓展和丰富音频内容搭载场景成为可能，社交短音频App还有更大的发展空间。针对垂直领域细分受众群体，精准投放内容，在避免与大型平台竞争的前提下，社交短音频还会取得更加良好的收益。

融媒时代音频平台发展困惑与应对策略

杨　帆
（重庆师范大学新闻与传媒学院）

摘要： 音频平台以其在伴随性、便捷性方面的优势，已成为人们获取知识和信息交流的重要方式。通过梳理音频平台孕育过程以及发展概况，发现当前已进入平台的成熟发展阶段，但也在版权纠纷、内容生产、用户体验等方面存在诸多问题，特别是尚未形成成熟的商业模式。按照传媒发展规律，提出从完善音频产业链、树立精品付费模式、深度挖掘“声红”社交影响力、提升App的用户体验、形成多元化营收方式、加强音频平台的营销策划六个方面，对音频平台进一步优化发展提出相关建议，以期发挥好在提升全社会的阅读习惯、增强文化素养、传承传统文化等方面的积极作用。

关键词： 融媒时代；知识付费；音频平台；发展策略

声音作为传播手段，是人们获取信息、传授知识、沟通交往的重要方式之一，由声音为介质衍生出的音频产业也是传媒产业的重要组成部分。自古以来，我国就有说书、听书一说，但受制于技术手段及传播效率，长期以来只是作为视觉传播的辅助方式之一，有声读物也曾在相当长时间内遭遇发展瓶颈。而随着近年来传播技术的飞速发展，“互联网+”搭建起了信息高效利用的平台，将移动音频纳入了互联网产业链范畴，再叠加上融媒体时代带来的时间碎片化和信息爆炸趋势，更激发了人们“知识焦虑”及有限条件下的时间利用需求，逐渐孕育出音频平台这个细分领域。我国也涌现喜马拉雅 FM、蜻蜓 FM、得道、荔枝 FM 等音频平台公司，音频内容不断丰富，用户付费习惯被培育，音频平台已成为人们获取知识和信息交流的重要方式知识服务正向知识经济生态模式升级。[①] 但随着音频平台的快速生长、网络知识产权意识的逐渐增强、个性化需求的日益增长，音频平台面临的发展问题也日益突出，例如侵权诉讼问题、受众黏度不高、内容同质化问题等，特别是迟迟难以孵化出成熟的商业模式是制约音频平台持续健康发展的关键[②]。因此，本文将遵循传媒产业发展规律，深入研究影响音频平台发展的主要问题，积极探索未来音频平台新的发展路径，以期望更多的媒体主体、内容生产者、运营商等了解并加入音频平台生态链中来，共同推动音频平台行业健康发展，为国民提供更好的知识服务，并推动学习强国。

一　付费音频平台孕育历程

大众传播媒介形式，是伴随着时代及技术的发展而不断进行着衍变和更新。较早的音频媒介有广播、磁带、光盘等。而随着互联网时代的到来，信息化技术发展和海量数据的逐步丰富，以有声读物形式进行播放和学习的需求日益增加，以平台形式汇总音频读物孕育而生并不断发展。我国首个有声读物网站“听书网”于 2003 年成立，自此开启了音频平台时代。而后移动互联的兴起进一步拓展了音频平台的应用范围，而个性化的信息需求也催生丰富的付费音频服务，音频平台作为一种媒介，大大拓展了人的听力和人脑功能，丰富了获取知识信息的渠道，也在一定程度上解放了用眼需求[③]。回顾音频平台的最初产生到发展出付费模式，按照载体介质划分，可分为萌芽期、快速发展期、成熟期三个阶段。

① 姜喆：《从知识付费到轻教育赛场——音频类知识服务产品发展趋势浅析》，《出版广角》2018 年第 24 期。

② 尹晶晶：《付费音频平台的发展瓶颈与营销策略》，《青年记者》2019 年第 33 期。

③ 刘国慧、张家宁：《基于生产角度的知识付费内容优化研究》，《传媒》2020 年第 2 期。

第一是以网站为主的萌芽阶段。该阶段音频平台以 PC 端在线网站为主，时间大概在互联网兴起的 2011 年前。该阶段的特点是将原来单个的磁带、光盘、电台用户转向线上的互联网，用户可通过登录网站选择获取音频读物，在线或者下载下来进行收听，比较典型的有听书网、静雅思听、天方听书网等。比起原来购买物理存储形式的视频读物，网站平台提供了不受时间限制、更为丰富的音频内容选择，也减轻了用户的使用负担。但该阶段受制于互联网早期免费思维影响，网站少有付费产品，一方面是受制于用户的付费习惯以及支付便捷性不高，另一方面也少有高质量的面向个体需求的音频读物[①]。

第二是以移动手机为主的发展阶段。该阶段音频平台以手机 App 应用为主，时间大概在 2011 年至 2015 年。该阶段的特点是将音频平台由固定的电脑拓展到了移动手机，用户可以通过手机下载听书类 App，从而享受到更为便捷更为丰富的音频体验。此阶段也诞生了喜马拉雅 FM、懒人听书、蜻蜓 FM、荔枝 FM 等众多音频平台。这也是 3G、4G 技术改变传媒业态的直接体现，此时可实现音频的实时传输，大量上班族随时可在碎片化时间进行使用，进一步解放了双手和双眼，该阶段移动客户端音频平台的用户规模实现大幅增长。

第三是以手机交互为主的成熟阶段。从 2015 年至今，国内手机 App 音频平台在经历前期快速发展后，逐步进入稳步提升的 2.0 阶段。该阶段的特点是行业继续高速扩张，近 5 年来国内平台用户规模年均增速在 20% 以上，2019 年用户规模已达 4.78 亿人，2020 年预计将超过 5.5 亿人[②]，并且用户主要集中于几个头部音频平台，例如喜马拉雅 FM、蜻蜓 FM、懒人听书用户数先后突破 2 亿之多。而这些头部音频平台在不断扩大规模的同时，也逐渐推动流量变现，平台经济效益逐渐提升，亏损持续收窄，并出现一些爆款付费音频产品。

---

① 葛梦麒：《喜马拉雅 FM 付费音频内容研究》，硕士学位论文，内蒙古师范大学，2020 年。

② 徐梦蕊：《基于内容分析法的“得到”App 付费内容研究》，硕士学位论文，湖南师范大学，2020 年。

二 当前音频平台公司发展概况

经过前期大规模投入和市场培育，目前我国已经形成了相当规模的音频用户群体。在知识付费的大生态逐步形成气候的大背景下，音频付费内容市场也获得了相应发展，以 2019 年为例，仅有声书市场规模就达到 63.6 亿元。音频市场迎合当下快节奏、碎片化学习的需求，市场十分可观，也具有持续挖掘潜力。而在这片发展蓝海中，按照音频平台公司参与主体，可以划分为三类。

一是三大电信运营商。利用雄厚的用户资源优势，三大运营商在自身移动阅读业务成熟模式基础上，开展了音频听书业务。例如中国联通推出有“沃阅读”，主推高速阅读体验、社区阅读交流，以及精准阅读服务；中国电信推出有“氧气听书”，主推海量内容、正版版权，积极推动净化音频读物市场；中国移动推出有“咪咕听书”，主推用户社交平台互动，除了汇集众多主播、电台音频内容外，用户也可自己录制音频上传。

二是传统媒体出版商。主要是传统的广播电台、出版社等传统媒体，将传统线下业务拓展到线上，转型搭建移动音频平台。例如中央人民广播电台出品的“云听”手机客户端，就是发挥其在音频节目制作等方面的优势，将音频节目放入其中，并实时增加了移动端的主播，主打内容的深耕和精品化节目。再比如中国出版集团推出的客户端产品“去听”，也是将自身纸质出版内容转为音频产品，搭建音频读物平台，实现对纸质书的“内容增强”，也取得了一定的效益。

三是互联网文化公司。主要是依托手机 App，以及微信自媒体公众号开展音频业务，按照互联网思维融合了大量音频内容，当前头部音频平台基本都是互联网文化公司所建。例如国内最大的音频平台喜马拉雅 FM，其用户规模突破 6 亿人之巨，在移动音频市场的占有率已达 73%。“吴晓波频道”目前订阅用户已经超过 400 万人，在内容广告、内容付费和内容电商等传统内容变现手段外还试水会员制；罗振宇推出“得到 App”，邀请众多内容大咖入驻讲课，还利用有声读物的影响来推广纸质书的售卖，以此为基础逐步拓展创办“得到大学”。

这三类音频平台主体的身份差异，也导致其业务分布的差别，相较而言三大电信运营商和传统媒体出版商更专注于音频读物、音频节目本身，将业务从线下拓展到线上。而互联网文化公司则是重构音频平台生态，将互联网思维运用到平台建设中，普遍以综合性音频平台为发展目标，吸引了大部分用户，成为头部音频平台，也是本文研究的重点。例如喜马拉雅 FM 主要业务包括有声读物、知识付费、娱乐等，并开通有音频直播、互动社区、电商业务，共同组成平台主要的盈利来源。蜻蜓 FM 主要业务则是传统电台与电视内容构成的 PGC（Professional Generated Content，专业生产内容），并差异化发展了面向男性用户的音频直播业务。与之相对应还有荔枝，其内容多是面向女性用户，主打情感牌，主要业务包括音频直播、社交、游戏等。从月活跃度指标也可以看出，互联网文化公司的喜马拉雅 FM 月活跃度稳定在 7000 万人，高居各类音频平台榜首，而其他传统媒体出版商的音频平台月活跃度仅为百万人规模，但服务更为细分的群体。

三　音频平台发展存在的问题

当前互联网红利已逐步消退，几家头部音频平台经过跑马圈地占有了绝大部分用户份额，都力求通过打造海量内容的平台从而形成护城河，这也造成彼此间业务交叉重合较多，行业竞争越加激烈，而前期高速增长期积累的问题也在逐步暴露，主要体现在：

一是音频内容质量良莠不齐问题。音频平台普遍在内容生产的“大而全”和“小而精”上存在不足。一方面平台本身在创造高质量内容上动力不足，免费内容片面追求大数量和广覆盖，转载、搬砖现象较为普遍；而付费内容创作上又因专业团结缺乏，难以精准满足用户需求；另一方面开放式的平台让用户也成了内容的主动生产者和传播者，但这种低门槛也难以保证产品质量，大多数用户并没有足够的专业知识和技能，而平台本身也难以对内容进行仔细审查，进而造成一些思想糟粕、虚假信息、侵犯版权的作品时有发生。

二是法律纠纷问题。前期发展中各平台为追求内容的丰富性，对版权问题重视不够，尽管现在平台建设日益规范，加大内容合规性审查力度，但是各平台的法律诉讼仍然居高不下，并集中于侵害作品信息网络传播权[①]。特别是付费内容的二次转载上传造成免费盗版的现象频出，售卖侵权音频牟取不法利益问题显现，甚至催生出专业的“搬砖党”。在现行管理体制下，一般认为音频平台对用户上传内容天然负有把关审查义务，切实履行好平台的主体责任，需要做好平台自身的版权保护机制。

三是平台商业体系不完善。音频平台虽然拥有大量用户，但尚未建立持续健康的盈利模式，目前也主要以广告收入、会员服务、知识付费、粉丝经济等变现手段，且除广告收入外，其他收入尚不稳定，例如喜马拉雅营业收入中广告收入就占到40%。大多数音频平台基本都是先用免费音频来吸引用户，在积累一定用户量后再进行付费转化。但普遍显示付费用户转化率偏低，限时免费专辑与传统广播电台节目仍是收听量头部[②]。在未来会员基数增长放缓背景下，各音频平台的经营压力也将与日俱增。

四是用户人性化体验不佳。当前以广告为主的营收模式，造成音频平台普遍存在节目植入广告太多、时长太长的问题。对于一些短小的节目，其自身仅有5—10分钟，而在之前播放之前就会插入15—30秒的广告，让用户感受广告占比过大，也易造成一些用户为拒绝广告而直接忽略节目内容本身。此外，各大音频平台追求海量数据后，对于数据的分类整理并不科学，用户难以迅速找到感兴趣的内容，平台推荐效果不佳等，都会降低用户对于音频平台的使用黏性。

四 音频平台未来发展策略

综上分析可知，未来音频平台将从竞争蓝海发展到竞争红海，虽然市场仍将保持一定的增长，但也将越来越展现出存量博弈的特征。而经过前期大规模投入和铺垫，众多音频平台也将进入回收期，其能否顺利形成可持续的商业模式，将成为音频平台未来发展成败的关键，

① 张路：《喜马拉雅FM竞争力探析》，《数字传媒研究》2020年第10期。

② 田常清、孟鑫：《喜马拉雅FM运营特色及启示》，《青年记者》2020年第20期。

具体而言，可以从以下几个方面：

一是要完善音频平台全产业链。在音频平台产业链上游，可通过以 PUGC（Professional User Generated Content，专业用户生产内容）为特点的内容生产模式，提升音频市场内容生产的品质和丰富度；在音频平台产业链中游，精准识别用户需求，对应实施供给侧智能推送，快速搭建起音频产品供给与需求的桥梁；在音频平台产业链下游，结合 5G、物联网、大数据、人工智能等先进技术，围绕音频场景营造提供配套产品。例如喜马拉雅 FM 推出车载智能硬件“随车听”“听书宝”等都是有益尝试，可进一步打造音频产业生态链，开发和延伸数字文化衍生产品，筑牢音频平台的商业基础。

二是树立精品付费模式。始终坚持内容为王，一方面主动适应人们对更高水平、更个性化的文化消费服务的需求，朝多元、专业、特色化方向发展，针对不同人群创造更多契合的音频产品，让更多的人享受到不同的、并且是中意的内容。另一方面加强对内容生产者的审核与把关，让生产者自律、大众监督、专业审核以及平台自查相结合，共同对音频市场进行监管，同步健全版权监督机制，形成良性发展。

三是深度挖掘“声红”社交影响力。在用户流量增长期已经过去，留住用户保持用户的黏性已经成为现今要面对的主要问题。可加强音频平台在 IP 方面的建设，充分发挥节目主播的粉丝经济效益，例如老梁的《四大名著情商课》累计播放量超过 1.5 亿次，“局座”张召忠在平台上各节目播放量超过 10 亿次，反映出用户对于“声红”IP 的巨大认可度，以及“声红”IP 的强大影响力。以 IP 带动打造音频平台主题特色，再围绕 IP 再开发系列音频衍生产品，实现最大的经济效益，增加音频的附加值。

四是提升 App 的用户体验。针对音频客户端语境的特殊性，通过优化 App 界面设计，方便用户迅速便捷的看到具有深度且内容翔实的节目推荐，这些方面可以更多学习抖音的推荐算法，使得用户对节目质量好坏有更多的感知参考因素。另外，建立对付费用户的利益保障机制，建立售前免费试用及售后服务体系。同时为增加用户对于音频平台的黏性，可以丰富构建“听友圈”功能，吸引更多听众前来互动，增加体验该功能的乐趣。

五是形成多元化营收方式。参照视频行业第一阶段是基础变现，主要看规模和流量，产生的是广告变现，包括贴片广告和信息流广告。而到了第二阶段，是体验变现，比如付费用户的首播精品内容和 VIP 特权，第三是阶段则是生态变现，基于整个 IP 内容的深入挖掘和跨界合作。对比之下，当下音频行业的知识付费模式更多的只是处于视频行业里的第二阶段，还要进一步深耕场景消费，抢占用户碎片时间。

六是加强音频平台的营销策划。类似于电商“双十一”活动，喜马拉雅 FM 策划将 12 月 3 日定义为“知识狂欢节”，并逐年营造节日氛围，2019 年该节日的消费总额突破 8 亿元，比 2018 年同期增长 45%，显示出了良好的节日效应。未来音频平台可进一步加强对于音频学习的宣传推广，从做大蛋糕入手，做好节假日、明星节目、“声红”的营销策划，打造富有仪式感的消费感觉，带动提升平台的效益。

五 结语

当今社会的音频产品已经逐步渗透到大众的生活中，并成为日常生活的一部分，音频阅读是阅读形式的延伸，音频广播也是传统广播的网络化演变。如果说在电视、PC 机等固定屏时代，音频用户可能比不上视频用户，但到了以 5G、人工智能、大数据为代表的万物互联时代，音频以其更加便捷适宜的载体形式，有了比视频更多广泛的应用场景。人们可以更好地利用这种新型方式来填充碎片化时间，缓解了社会转型期人们的压力。本文通过回顾音频平台的发展历程，分析当前音频平台存在的问题，进而从内容生产、生态链打造、商业模式完善等角度，对音频平台下一步优化发展提出相关建议。展望未来，面对人民日益增长的美好生活需要，喜马拉雅 FM 等音频平台也将提供更多更为人性化的服务，提供更为丰富更为优质的音频内容产品，增强知识的大众传播力，相信音频平台的良性发展也会对全社会的阅读习惯、文化素养、传承传统文化等方面起到积极作用，而我国的音频平台在未来也将有着光明的发展前途。

数字广播中环境类公益广告的话语表征分析

——以“喜马拉雅 FM”为例

杨　航　管　彤

（重庆师范大学新闻与传媒学院讲师；重庆师范大学新闻与传媒学院学生）

摘要：数字广播的出现顺应了新媒体时代广播行业的发展需求，为广播发展提供了新的技术支撑。近年来人们环境保护意识的不断增强，环境类公益广告在数字广播的公益广告中占据着越来越重要的地位。研究通过对“喜马拉雅 FM”中的环境类公益广告展开了文本、话语实践以及社会话语实践三维度的分析，梳理了数字广播广告中环境类公益广告的话语表征形态以及与社会现实的勾连机制。

关键词：数字广播；环境保护；公益广告；喜马拉雅 FM；话语分析

一　前言

近年来，作为传统四大媒体之一的广播正在面临着巨大危机，尤其是伴随着互联网技术的冲击，传统广播丧失了过往独占音频市场鳌头的优势。传统广播行业的发展模式已经无法适应市场瞬息万变的潮流，为了摆脱传统广播行业面临的困境，维系原有广播媒介在覆盖面和传播速度上的优势，传统广播开始寻求数字化转型，将数字技术充分运用于广播传播之中。作为智能化数字 App 的代表之一，“喜马拉雅 FM”将数字化技术与广播完美融合，并通过手机及电脑等 App 端口，向大众推送形式多样、内容丰富的数字广播内容，受众可以通过自己的喜好选择想要收听的数字音频。截至 2018 年 1 月，喜马拉雅 FM 的用户激活数量达到 4.5 亿人次，在线主播超过 500 万人次，日均收听时长达 128 分钟。[①]

公益广告尤其是环境公益广告作为广播媒介广告的一部分，不仅是广播媒介维护社会公共利益，承担社会责任的体现，也是广播广告的一大特色。本研究以“喜马拉雅 FM” App 为例，通过输入“公益广告”相关信息进行搜索，进而根据用户点击量选取了从 2013 年到 2019 年五年内的三个点击量较高的数字广播公益广告专辑：2013 年《广播公益广告》专辑（36.8 万次点击量）、2017 年《公益广告》专辑（2.1 万次点击量）以及 2018 年《云南公益广告大赛广播类作品》专辑（9700 次点击量），并对这些专辑中的环境公益广告进行了文本细读研究，发现环境类话题一直是出现较多的话题并且是数字广播公益广告中的重要组成部分。研究采用话语分析的方法，对这些环境类公益广告进行从文本到话语实践再到社会话语实践的三维度分析，总结其话语表征形态与社会现实勾连的机制。

二 数字广播环境类公益广告的文本分析

话语作为社会互动的一种形式，不仅是自主语言表达的客体，还是一种社会实践方式与交际形式。从语言学的角度，话语是句子的意义单位，具有比较宽泛的概念，在福柯的定义中，话语是用来结束陈述的有规律的实践。[②] 文本分析作为话语分析的一个重要部分，通过文本的词义、语义、论证等相关内容，对文本的话语语境和表现形式进行分析归纳，从而让人们深入了解文本的主题和表达的信息。

（一）使用简短的音频载体进行文本表达

自媒体时代尤其是微博时代的到来，促进了信息的碎片化扩散传播与“浅阅读”的盛行，在字数的限制下，语言文字变得越发凝练，

---

① 《喜马拉雅联合创始人余建军，喜马拉雅用户量达到 4.5 亿日均使用 128 分钟》，https：//www.bianews.com/news/details? id = 8556。

② 刘立华：《传播学研究的话语分析视野》，《国际新闻界》2011 年第 33 卷第 2 期。

受众可以在短短几秒钟之内扫视完一条信息。对于碎片化信息的特点，有学者提出4个优势，即传播权的开放，信息发布多渠道，信息内容的多样化和传播的即时性。[①] 这些快餐式阅读下的碎片信息虽然为受众的信息选择带来了更多的自主性，但也同时影响着受众的阅读习惯。习惯了“浅阅读”的受众对于长篇文字报道或者长音频逐渐失去了阅读和聆听的耐心。2007年，时任新闻出版署署长柳斌杰曾在北京国际出版论坛上提出，快速、快感、快仍的消费特点的“浅阅读”符合大众流行文化与消费文化的基本特质，适应现代“快节奏”社会下人们对信息的追求和对休闲娱乐需求的追求。[②] 在“浅阅读”下，简短凝练的文字、短视频、音频成为了受众欢迎的内容。

为了适应市场的需求，广播媒介也在寻求媒体融合中衍生出了不同的音频形式，以适应受众快速抓取信息的要求。在“喜马拉雅FM”推出的环境公益广告的数字音频专辑中，点击量较高的环境类音频中，都有明显的共通特点，即音频简短，其去除了冗杂的文本叙述，通过语音和背景音乐的配合传达想要表达的环境保护内容。以2018年《云南公益广告大赛广播类作品》专辑为例，其中所有环境类公益广告音频时长都低于1分钟，大多集中在30秒到45秒，如《文明是最美的风景》《环保跳一跳，绿色新姿态》《变废为宝，创意一代》等。只需要一杯水的工夫，受众便可以听完一段音频并从中获取相关信息。

（二）连续性含义的谈话分析

谈话分析作为一种由社会学家发展起来的话语分析方法，侧重于人们日常的生活。根据萨克斯（Sacks）、沙格夫（Schegloff）和杰斐逊（Jefferson）在1974年提出的关于谈话分析的轮换规则，在谈话分析中，谈话者以“诸如一个复杂句，简单句甚至一个词来建立他们的‘轮换’，参与者能够确定这个单位是什么并以极高的准确性预测它所

---

① 任晓敏：《“浅阅读”的碎片化传播优势》，《新闻实践》2011年第6期。

② 李鹏飞：《厚报时代应对读者浅阅读需求的策略——长沙晚报的“导视大法”探析》，《新闻记者》2010年第11期。

完成的时间”。其极为强调谈话中话语的“连续性含义”。[①] 换言之，词汇的表达和其顺序位置在谈话中都有着极其重要的作用。连续性的话语不仅可以限制谈话出现的场景还可以对话语的承接和过渡作出合理的结束。在连续性的对话中，受众可以通过相关情景和语言叙述对话语的类型和社会关系作出判断。

在数字广播中，连续性的谈话更有助于听众理解文本内容。如在2013年《广播公益广告》专辑的环境类广告中《保护动物从孩子做起》这一音频通过孩子们对“地球上是先有鸟还是先有蛋”这一问题七嘴八舌展开讨论，首先是第一个孩子回答“先有鸟”，另一个男孩反驳“不，是先有蛋”。其中第二个回答与第一个回答以及问题的构成连续性问答，在回答观点的“轮换”中构建系统性的谈话顺序。对话音频最后回到提问的孩子给出观点“一定是先没鸟”。这个回答打破了原有话语秩序的平衡，让听众产生疑惑，如何从鸟和蛋谁先出现转变成了谁先消亡呢？在听众感到疑惑的同时，音频借助孩子们同样的疑问“为什么呢?”巧妙反映了听众的疑虑，通过疑问音频文本的设置激发的听众的兴趣。最后男孩给出理由，“因为人们天天在掏鸟蛋”。如此一来，解决的听众的疑虑，让听众恍然大悟。在这段对话结束以后，音频通过一段鸟鸣声过渡到音频想要传达的主旨内容，通过旁边表达“保护动物，从孩子做起”的观点。在后半段音频中，鸟鸣声和旁白的插入，也起到了延续谈话内容的作用，鸟鸣声作为一种环境音，形象生动承接了上文“人们掏鸟蛋”的行为，让受众有一种身临其境的感受，仿佛是人们在掏鸟蛋是成年的鸟儿们发出的抗议与哀鸣，而旁白的叙述，更是将音频的主旨内容进行了升华。原来，音频通过这段童真的对话是为了表达“从孩子做起”的观点。短短的几个字连续性概括了前文的“动物”“孩子”“保护”等简单词汇。在连续的谈话与场景承接中引起受众对环境保护的重视以及教导孩子进行环境保护的重要意义。

---

① ［英］诺曼·费尔克拉夫：《话语与社会变迁》，殷晓蓉译，华夏出版社2003年版，第12—22页。

（三）环境文本语境下的隐喻

概念隐喻观点把语言分为字面意义和隐喻意义。字面意义即直接表达，而隐喻则是用另一个意义来表达现有想法。弗科尼亚在其“合成空间理论”中，把隐喻认为是一种联系语言和常见的概念认知的过程。[①] 比如在环境公益广播语境下，文本运用的“非诚勿扰”“跳一跳”等一部分网络衍生出新意义的网络媒体词汇就是对现实世界和虚拟世界的映射。经过数十年的发展，环境文本的隐喻已经越来越完善，其不仅仅作为一种修辞方法而存在，更是一种思维方式。

2013《广播公益广告》专辑的环境类广告中《拒绝过度包装·包子篇》就使用隐喻的手法，通过讲述了包子和它的小伙伴的故事，进行环境保护的阐述。在该音频中的开头，一系列食物对包子表示不满，并排挤它，不愿意和包子成为朋友。为此，包子感到十分委屈并且不理解它的丸子伙伴们为什么不喜欢它。音频的最后，其中一个丸子反驳道“包子的皮太厚了”，并表达了“过度包装就是浪费铺张”的道理。让听众们瞬间明白了包子不受欢迎的原因。该段音频通过拟人化的方式以包子和丸子伙伴的视角讲述了过度包装不可取的环保道理。音频将包子隐喻成过度包装的物品，而把极厚包子皮比作过度的包装。丸子们则是普通包装的代表。通过这两个听众熟悉的形象的对立比较，隐晦地表达出作者的意图。同样，在2013年该专辑的另一篇《垃圾分类》中，音频通过使用足球比赛中的罚牌颜色隐喻垃圾分类的回收方式。黄牌代表着不可回收物品如食物残渣，红牌代表有毒有害的垃圾如废旧电池等材料。而塑料、玻璃等队员由于在比赛中遵守了相关规定，被给予了蓝色奖章，音频通过裁判的口吻将通过蓝色隐喻成可回收物品。在这一系列的隐喻关系下，听众可以将垃圾分类与现实世界杯足球比赛联系到一起，以红黄蓝三色联想到垃圾分类中的有毒有害垃圾、不可回收垃圾与可回收垃圾，加深听众们的情节记忆。

---

① 王梦：《认知社会语言学视角下网络词汇的隐喻和转喻属性研究》，《湖南大学学报》（社会科学版）2020年第34卷第3期。

三　广播媒介下环境类公益广告的话语实践

在福柯的“权力网”中，话语作为一种实践，其与权力存在一种互构的关系。他认为，话语是在一定数量下，经由被控制、选择、组织和再分配后产生的，认为整个社会与“权力网”密不可分，人们即使在巨大的“权力网”中也能进行日常社会活动。①

（一）数字广播中环境类公益广告的话语特色

在不同的文本或者同一文本内容的不同方面，都可能有着不同的话语特色。话语风格受到了其不同形式的传播目标和传播效果的影响。“风格的实现决定与具体情景中的话语类型或事先设定的意识形态背景。”②

1. 直接使用劝服性话语点明主旨

一部分环境类公益广告通过开门见山的话语叙事风格简洁明了且直观地点明主题，以劝服受众。在这列话语风格的公益广告中，大多故事情节是以单人或双人口述的形式进行话语表达，通过劝解人们不合理的行为严肃的点出环境保护的重要作用。例如 2018《云南公益广告大赛广播类作品》专辑的《低碳出行，益起创建文明城市》中，并没有使用大多数音频采用的对话形式，而是通过一男一女两人穿插口述事例，讲述了上班路上的拥堵、离开拥挤的地铁的漫步、骑上轻便的单车的游玩，和卖早点的阿姨打招呼，和跳广场舞的老人问个好等一些人们现实生活中经常经历的场景，告诉人们“选择合理方式，发现城市美好”以达到劝解人们低碳出行的目的。同样，2013《公益广播广告》的《一度电篇》通过提问一度电可以做什么？使用极端列举的方式，列举出了最长、最大、最重、最有味道、最解渴的一度电，而这些一度电可以完成的事情却又都涵盖在听众们在日常生活的情景当中，这些看似不起眼的一度电，却有着大大的作用。在简明直观的

① 唐婧：《“权力网”下外媒“他塑”中国国家形象的话语实践》，《视听》2020 年第 5 期。

② ［荷］托伊恩·A. 梵·迪克（Teun A. Van Dijk）：《作为话语的新闻》，曾庆香译，华夏出版社 2003 年版，第 84—85 页。

数字列举中点明了节能的重要性。除此之外，2017《公益广告》专辑《大自然的共鸣》，通过动物们的声音配合主播口述，再现了大自然中悠远、威严欢快、恬静的不同氛围。此时环境音一转，通过汽车鸣笛声、伐木声打破自然原有的声音，通过主播的口直接告诉听众“生命源于自然的共鸣”。

2. 通过情节记忆再现加深印象

从心理学的角度而言，记忆可以让人们时刻保持着与过去和未来的联系，记忆不仅作为人们的心理活动而存在，也是瞬间空间的集合体。曾经人们经历过的时间或者看到事情会留存在大脑中，而这些保留下来的情节以为曾经让人们留下了较大的印象或者产生了较大的影响。[①] 在环境类公益广告的传播中，情节记忆借助听众熟悉的话题或事件进行代入式阐述，有利于加深听众对该广告的印象，从而达到公益宣传的目的。

2013 年《公益广播广告》的《保护动物——母亲节节目版》利用同年最热门的《非诚勿扰》节目的开场白和音乐，描述了华南虎的一次相亲经历，通过华南虎无法找到相亲对象而遗憾离场作为故事的结尾，以此体现出华南虎面临濒危的严重情况。在该音频中，引入了“非诚勿扰”这一在 13 年最火爆的相亲节目作为人们的记忆载体。当音乐一响起的时候，看过该节目发听众就会产生熟悉而激动的情绪。并配合着背景音乐在脑海中重现了该节目的出场情节，把听到的音频文本和脑海中的记忆画面重合，将现实节目中“有请一号男嘉宾登场”这一台词代入“有请华南虎”的广告词上。除人们熟悉的电视节目以外，热门的综艺、传统的诗歌和历史也是环境类公益广告在制作上利用情节记忆加深受众认同感和熟悉度的载体。如 2017 年《公益广告》中《拒绝雾霾，爸爸去哪儿》利用同名综艺的台词与主题曲植入环境公益广告，讲述了一段父亲与儿子之间的对话，表达了在雾霾之下人们无法出行的无奈。2018《云南公益广告大赛广播类作品》中

---

① 柴鲜：《不断重构的个人化记忆——以门罗短篇小说〈侵犯〉和〈阿尔巴尼亚圣女〉为例》，《贵州大学学报》（社会科学版）2014 年第 32 卷第 4 期。

《环保》通过孩子的童真话语朗读众人熟悉的《咏鹅》一诗，并将其中的“白毛浮绿水，红掌拨清波”替换成了“白毛浮臭水，红掌拨黑波”。用孩子的眼睛看到的世界和诗歌中美好的场景形成鲜明的对比，以众所周知的诗歌在颜色细节上的变化加深人们的感受。

（二）注重话语加工与社会认知

话语加工隐藏着人们对社会的认知，在理解和互动行为中，那些获得相似体验的行为人和旁观者至少会拥有部分相似的认知模式，而部分相似的认知体验和其模式会对人们将来的社会活动及其行为产生类似的回忆和传播内容，“这部分共享的理解通过大众媒介等公共话语形式来获得”，由于社会认知和话语语境的紧密联系，人们在解释话语的同时也在对社会语境做出了类似的介绍。[①]

环境类公益广告的出现体现着人们对社会的理解与认知，部分环境类公益广告通过相同体验行动者的相似经历，利用行动者的认知体验让他们在特定的情节回忆中产生共鸣。如在人们的认知中，相声作为我国特色的民间艺术，以其幽默诙谐和反讽的语言和特色的东北口音在听众之间饱受欢迎。在 2017 年《公益广告》的《大腕也低碳》中，主播模仿热门的德云社现场的单口相声表演，拟用大腕说话的口吻，把所有观点正话反说，通过地道的东北话和相声语速，让听众形成在台下听相声的画面感。这部分拥有着相同听相声经历的听众在听到这段公益广告之时，可以迅速地捕捉到相声中的反讽情节，从而产生类似传播回忆，快速地理解语境所要表达的意义。同理，在游戏领域，一提到 2018 年最火爆的微信小游戏，人们都会想到“跳一跳”，这个在各个年龄段人群中知名度极高的 PK 小游戏。在人们的认知中，该游戏是一款益智类小游戏，其将 PK 精神融入简单的游戏规则中，通过手动操作点击屏幕，根据点击时长的不同来引导小球跳跃的高度和举例，跳到方块上的位置越居中，得分也就越高。而 2018 年《云南公益广告大赛广播类作品》中《环保跳一跳，绿色新姿态》就借用该手游的

① ［荷］托伊恩 · A. 梵 · 迪克（Teun A. Van Dijk）：《作为话语的新闻》，曾庆香译，华夏出版社 2003 年版，第 109—111 页。

游戏规则，再现了节能环保过程中采取的从小到大的不同事件，得到不同的跳一跳分数。该广告把游戏中的竞技比拼精神与环保精神结合到一起，让人们在回顾休闲游戏的同时，开启环境保护的 PK 姿态。

四 环境类公益广告的社会话语实践

在费尔克拉夫出看来，“谈话话语已经并且正在从它的原初领域即私人领域的人际间的相互作用向公共领域扩散”。当代社会的话语与其社会环境下商品、民主、教育、技术等变化密不可分。[①]

（一）社会变化的话语本性

福柯提出变化的话语实践是社会变化的重要因素，实践受到事实的限制。同时费尔克拉夫也提出话语与社会本身有关，其包含社会身份，社会关系，知识体系，信仰体系等因素，不仅如此政治和社会因素是该部分音频获得众多关注背后的原因。[②] 环境类公益广告作为社会现实状况反映的一部分，不仅体现了当下的环境现状与人们的思想观念还与政治政策和社会发展过程中的经济水平密不可分。比如在 14 年，我国大城市尤其是北京、上海等地的雾霾天气为人民的日常生活和经济社会发展的运作带来了巨大困扰，该天气极大影响了人们的生活健康指数，不仅如此，雾霾天的存在也对各大行业的日常运作起到了阻碍作用。在此情况下，我国政府加大了对雾霾的治理力度，政府和民间都提出了应对雾霾问题的对应方法。在环境类广播公益广告的发布上，对雾霾问题的防治与重视也体现得淋漓尽致。如前文提到的 2017 年《公益广告》中《拒绝雾霾，爸爸去哪儿》，在这则公益广播广告中，雾霾成了家庭出行首要关注的主题。由于雾霾天气的影响，孩子们无法和父母出行游玩，广告中孩子沮丧的心情和疑问以及父亲无奈的回答都让人们对雾霾天气所造成的社会环境隐患感同身受。随

---

① ［英］诺曼·费尔克拉夫：《话语与社会变迁》，殷晓蓉译，华夏出版社 2003 年版，第 186—190 页。

② ［英］诺曼·费尔克拉夫：《话语与社会变迁》，殷晓蓉译，华夏出版社 2003 年版，第 51—53、186—190 页。

后，音频画风一转，父亲对孩子说，“今日不开车我们一起做公交车出行”，该语境体现了文本的“拒绝雾霾，绿色出行”的主题，也响应了政府和社会保护环境，缓解城市雾霾的号召。

（二）采用技术化的治疗话语模式勾连社会实践的对策行动

技术化的治疗话语模式大多采用“日常的”和“家庭的”风格进行叙事，其话语建立在含蓄称述的基础上且支持话语的连贯性。[①] 在环境类公益广告的语境下，大量的技术化的治疗话语模式被采纳进而用于文本之中。这部分文本通过含蓄的表达，以类似“冰山理论”[②]的方式将大量的含义隐藏在含蓄性话语表达的背后。以2013年《公益广播广告》的《保护地球低碳生活——电影预告篇》为例，通过电影宣传叙述的种种地球自然灾害的情景，如海啸吞没雪山，矩阵毁灭城市，无数房屋卷入滚滚洪水……用人们熟悉且亲切的讲述方式，点明了该“末日电影”是由世界各国集体参与，全球人民本色出演。表达了世界末日电影什么时候上映——你来决定的中心含义，借此含蓄点明每个国家，每个社会公民保护环境的重要意义。这种勾连模式将公益广告提倡的行动号召与社会话语实践紧紧耦合在了一起，成为数字广播公益广告影响现实、改造现实的独特路径。

五 结语

广播技术在近年来的发展，主要集中在数字音频领域。尼尔森网连媒介研究发表的数据显示，在2018年，收听数字音频节目的听众规模高达6.61亿人次，接触率达47.55%，占全体网民规模的82%，数字音频节目的受众与线下直播流广播节目的受众一起构成了音频节目收听的主力军。[③] 数字化是传统广播行业在面临转型与变革的过程中

① ［英］诺曼·费尔克拉夫：《话语与社会变迁》，殷晓蓉译，华夏出版社2003年版，第20—22页。

② 《萨提亚家庭治疗中的重要理论》，https：//baike. baidu. com/item/% E5% 86% B0% E5% B1% B1% E7% 90% 86% E8% AE% BA/6315591？fr = aladdin。

③ 尼尔森网联媒介研究：《尼尔森网联联合蜻蜓FM推出〈网络音频节目用户研究报告〉》，https：//www. takefoto. cn/viewnews－1742624. html。

不可或缺的一部分。要发展广播技术，就不可忽视其媒介融合和现代化技术支撑。

数字广播中的环境类公益广告虽然有着不同形式与叙事方式，但都涵盖在话语分析研究方法之中。部分公益广告以其强情节性和特色话语形式，受到了许多数字广播听众的欢迎。在如今，新媒体技术尤其是短视频和快餐文字信息爆炸的时代，数字广播及其上的公益广告要想在传媒领域中站稳脚跟，就必须注重语言表达与创新，加深受众的情节记忆与情感认知同时减少累赘话语叙述。不仅如此，公益广播在聚焦人们日常生活的同时更要注重时代背景和现实社会政策，紧跟时代和社会进步的步伐，关心政治和社会背后的原因。对环境公益广告中存在的问题的批判不仅基于在隐喻、转喻以及直白表述等文本表现形式，更要基于环境和社会的现状和热点，以此推动未来广播媒介的发展。

音频融合与广播创新发展

耳听为实：移动传播时代"声音纪录片"的价值研究

张　楚　王彤阳

（西南大学新闻传媒学院美学博士研究生；重庆师范大学新闻与传媒学院硕士研究生）

摘要：移动互联时代背景下，基于广播特写而衍生出的新型音频节目形态——"声音纪录片"进入了大众视野，它在画面缺失的情况下通过音乐、音响、同期声构成具有画面感的叙事形式。但它与传统的广播特写相比，又呈现出一些新的特征与价值。本文主要是通过结合相应的声音纪录片案例，解析移动传播时代"声音纪录片"的新特征，进而探讨"声音纪录片"价值增量，希望给予其他"声音纪录片"的发展以启示。

关键词：移动传播时代；广播特写；声音纪录片；知识消费；价值

在视觉传播为主导的读图时代，广播节目受到了严峻的冲击和挑战。但随着移动传播时代的到来以及媒介技术的提升，广播节目的传播逐渐向移动化的音频节目形态演变。如今"音频"这一媒介形态呈现方式更为多样，这不仅是传统广播媒体的延伸更是其他媒介形态与互联网相互融合的结果。其中传统的广播特写与影视纪录片的结合形成的"声音纪录片"形态呈现为一大亮点。在移动传播时代，声音纪录片这一提法虽然在学术界还没有对其下明确的定义，但在业界出现的大量作品以及传播效果来看，呈现出一些新的形态和价值特征。故本文沿用业界使用的“声音纪录片”这一称谓，来指代广播特写在移动传播时代的这一新的发展现象。

一 移动传播时代的声音纪录片

广播特写从20世纪20年代以来成为广播节目常见的形式，在西方呈现出文学性、新闻性等多样化形态发展。1987年，第10届柏林未来奖中的广播特写奖授予了我国创作的广播作品《难以忘却的歌声》，以此为开端，在国内的广播电台中开始大量涌现以声音为逻辑主线、以音响为构思、统领及表现的广播特写作品。

1985年，欧洲广播特写之父布朗先生将广播特写定义为“是音画，是用真实的声音创造的艺术的画像”①。在西方广播特写对应的国际广播评奖中被划归为“Documentary”的奖项。在我国广播特写一直以来又被称为“录音特写”或者“新闻特写”，属于广播新闻中的一种。通过新闻采写以纪实的手法，利用人物谈话录音和实况音响的手段记录事物或者人物具有典型的侧面或者片段，从而完成新闻报道。中国新闻奖中的广播专题奖就包括了广播特写这种体裁。中央人民广播电台广播学会秘书长李宏认为，广播特写就是用声音创作的纪录片。② 2020年9月湖北广播电视台湖北之声的《焦点时刻》特别策划：《我们在一起》节目入选国家广播电视总局公布了第一季度广播电视创新创优节目名单。该节目以“声音纪录片”的方式，从湖北抗疫中选取了十个值得记录的故事，将这些重要的时刻、事件和现场用声音的方式一同见证。其实以声音纪录片的形式多次被国家广播电视总局评为创优节目从2015以来年以《致我们正在消失的文化印记》《我的长江》《我们的节日》等节目，同时在移动互联网上以喜马拉雅、蜻蜓FM、酷我畅听、澎湃新闻为代表的网络App，冠以“声音纪录片”的音频节目大量涌现。至此，声音纪录片这一新的广播类型受到了业界的普遍关注，被业界认为是媒介融合时代新型音频节目。

---

① 李宏：《广播特写，用艺术的形态表达真实的内容》，《中国广播》2012年第3期。

② 李宏：《广播特写，用艺术的形态表达真实的内容》，《中国广播》2012年第3期。

二　声音纪录片的新特征

声音纪录片与广播特写相比，呈现出一些新的特征。首先，在选题上，声音纪录片依旧秉承着真实性的叙事特点，除新闻热点外，还涵盖了历史文化、地域风俗、人生故事等多样性的主题，相较于广播特写而言，可谓是选题更为广泛。比如，运用大量翔实的声音资料，触摸中华民族伤痛印记的《贵州抗战全纪实》。从第一部“贵阳之伤”到第八部“走进和平村”，展现了日军是如何将这场空前的灾难降临到贵阳，镇远的和平村又是如何“以德报怨”，用博大的胸襟感化战俘。《贵州抗战全纪实》正是用声音串联起了听众对这段尘封历史的回忆与灾难的想象；北京人民广播电台主持人张楠在《星夜迷航》中，重理了马航370失联的始末，及其引发的种种猜测，震颤听众悬着的心；湖北之声《我们在一起》选取了疫情期间始终和这座城市在一起的十位记者，通过他们的主观口述与客观音响的结合，再现了封城现场、火神山医院、社区等地发生的值得被记录的瞬间；湖北广播电视台音乐广播创作的《其实武汉很动听》唤起了武汉人最深刻的记忆，因为他们是这座城市的倾听者，更是歌唱者。

二是突破广播特写宣传引导的主要功能，声音纪录片多以普通人的故事为线索，真实展现人物的性格、情感、生活和命运，从而激发人们对事件的价值判断和情感思索。[①] 例如，张楠在其制作的声音纪录片《我心飞翔》里，体验了博卡拉的滑翔伞运动，并且结识了中国女孩陈燕，述说着她与滑翔伞结缘的契机。陈燕曾是人人向往的“白领”，却因为一次旅行，决定放弃原有的一切，到尼泊尔学习滑翔伞。她的人生经历再次将生存还是生活这一都市悖论推向风口浪尖，引起听众的思索；《其实武汉很动听》在疫情期间发起了特别播出计划，展现了武汉形象，传递出战疫信心，让世界听到武汉归队的最强音。在“过早篇”，节目以卖早点的师傅为引子，介绍了热干面的制作方法和吃面的讲究，武汉人与生俱来的江湖气便体现在这酣畅淋漓的

① 张洁意：《中西方广播特写比较研究》，《新闻知识》2015年第5期。

“过早”文化上。“大学篇”从武汉高校活地图——出租车师傅的视角出发，揭开多所高校的神秘面纱，“武汉话篇”则以李娜的一声吆喝，探寻武汉女人的说话艺术。

三是制作主体的多元化。广播特写多是由具有一定知识和专业背景的行业人士制作生产，而声音纪录片在广播记者作为采制主体的基础上，加入了独立音频制作人、自由网民等群体，真正实现了从内容制作端就“下沉”到群众中去。而且，声音纪录片不同于广播特写对新闻事件客观冰冷的书写，而是在政府主流价值观和社会热点的基础上，将人文性和个人内心情感因素融入其中，与听众拉近了心理距离，更近一步引起共鸣。譬如，PAGE SEVEN 这一中文播客团队在微博坐拥 9144 个粉丝，迄今为止已推出了 108 期声音纪录片。不仅内容制作精细，题材涉猎也十分广泛。

三 声音纪录片的价值增量

艾瑞咨询的统计数据显示：2019 年，中国网络音频行业市场规模为 175.8 亿元，同比增长 55.1%，预计在 2020 年至 2022 年网络音频行业市场规模增长速度会放缓，规模仍会上升。在移动互联时代中国网络音频行业市场高速增长的背景下，声音纪录片继承了传统形态的广播特写和影视纪录片的新闻价值、文献价值、引导价值的基础上，呈现出新的价值特征。

（一）知识消费价值

知识消费指的是社会大众对知识生产和知识交流完成的一种延续性动作，是受众为达成某种利益驱动而进行的获取和使用知识的过程。[①] 它面向的是大众，强调的是为大众服务，并融知识生产和消费于一体。

1. 声音纪录片弥合文字与视频知识消费之间的空白

人类有着漫长的知识学习的历史，随着时代的发展，知识的承载

① 徐阳：《共享经济下移动音频平台的知识传播研究》，硕士学位论文，华中师范大学，2018 年。

主体、形式和途径都发生了相应的变化。移动互联时代数字传播技术的进步使得报纸、广播、电视、杂志之间不断的融合，因而改变了知识的组织、传播、接收方式，使知识消费的形式越来越丰富、传播载体越来越多样。媒体传播和知识阅读结合地越来越紧密，新的阅读知识的形式朝着多元、开放、便捷的方向发展。在网络音频开拓的新应用场景中，“不看颜值”的声音社交成为一种新趋势，打破了视频领域下的“颜值”垄断，且使用场景更为随意，只需通过声音判断和对方是否契合，不少音频平台嗅到商机，在原有业务蓬勃发展的同时，开始探索更多的应用场景，完成自我转型。

文字传播虽然制作成本最低，却有文字识别和文化理解的门槛；视频的制作成本太高，且观看视频受时空场景限制较大。音频与互联网的结合传播填充了文字知识和视频知识传播之间空白区域。伴随着“耳朵经济”的悄然兴起，音频知识消费成为了互联网行业又一风口。声音纪录片结合了影视纪录片在扩展眼界增长知识面的属性，用户在视觉被占用的时候就要依靠音频这种形式，充分利用伴随性和流动性的特点，成为知识的良导体，最方便受众进行获取知识，因而移动音频终端成为受众受欢迎的知识消费形式的重要载体之一，使知识传播的时空范围大大扩大，成为一种较为理想的伴随式传播方式。

例如，重庆巴南区委宣传部出品的声音纪录片《听见老巴县》，从巴人建国的故事说起，阐释了“巴”字与重庆的渊源以及它是如何深深地镌刻进重庆人民生活之中的，伴随着“老巴县，最重庆，新巴南，最巴适”的标语，听众在第一期节目里了解了巴国的由来，第二期节目中知悉了从巴国到巴县的传奇历程，第三期节目中又明晓了巴县这个地名经过沿革流变后究竟去了哪里。他们在收听时不断获取关于巴县的知识，并在这一过程中建立了自己的知识结构。

2. 声音纪录片完成知识消费中的身份认同

利用网络音频的社交属性，网民们对声音纪录片的参与度不仅是对社会的热点事件上，还表现在知识内容的再次传播上。对传播的知识发表言论，表达对文化的观点、内心感受，完成自身的身份认同。声音纪录片通过对碎片化场景进行重塑，并结合社交等新媒体传播工具，实现了受众对知识内容生产的交互获取，受众借由社交互动实现了知识消费以及知识共享，极大地促进了声音纪录片知识消费的使命。

对于移动互联时代的受众而言，人们接入互联网的成本不断降低，获取知识的成本也不断降低，因而互联网中的每一位用户都可参与知识的共享和传播中来，互联网为其赋权赋能。譬如，2019 年中央广播电视总台策划的声音纪录片《我们的节日》第二季，介绍了侗族花炮节、京族哈节、藏族雪顿节、黔南数端节等，用声音吟唱节日的旋律，向听众展现了不同地区独特的民族节庆文化与历史变迁轨迹，生动而有力地诠释出中华文明的文化内涵与价值观念。听众们也会积极地在节目下面留言，诸如一位听友的评论“第一次了解这些少数民族的节日和风俗，虽然只能听到声音但是很有画面感，希望以后有时间可以去体验一下”。此外，喜爱和认可节目的听友们也会通过微信、微博等社交媒体进行转发分享，以满足自己的效用需求，其他感兴趣的受众看到链接后会好奇地点开试听。可见，听众在获取知识以后，进入知识消费的第二阶段，即使用知识，从而完成知识性信息的二次传播。受众推动了声音纪录片的社交传播，并借由对其产生的知识消费过程实现了身份认同的建立。又例如，《其实武汉很动听》《我们在一起》等节目中展现的都是普通的生活场景及现实个体，而所有个体都置身于后疫情时代的背景下，疫情的严峻性和深刻性能够唤起大众的集体记忆，集体记忆的传播能够增进受众的集体认同，进而增强民族向心力。

当前，对于声音纪录片的传播而言，各类音频互联网平台积极鼓励引导用户积极参与讨论，反馈机制日益通畅，从而实现了声音纪录片消费的受众群体日益壮大，形成了良性的知识消费循环。未来，随着移动互联网等技术的飞速发展，受众借助移动音频平台进行知识消费的方式会越来越多，而知识消费的形态也会日趋丰富和多元，在这样的大背景下，移动音频平台逐步塑造兼顾知识消费和知识分享的价值体系，并为用户创造更大的社会价值。

（二）声音纪录片再现和表示现实价值

爱因汉姆认为“声音产生了一个实际的空间幻觉，而画面实际上是没有这个深度的，声音是有着巨大的空间表现力的”。[①] 国内学者傅修延从人类在听觉上的本能表现出发，认为听是一种更具艺术潜质的感知方式，即听觉不像视觉那样能够“直击”对象，所获得的信息量与视觉也无法相比。但正是这种间接与不足却给人的想象提供了更多的空间，听觉更是人类的感性生存维度。

声音纪录片作为一门声音的艺术，是靠充分表现和发挥的声音魅力来获取认知，感受事物。以画面为主要语言的影视纪录片利用声音来增强其表现力，声音纪录片也以声音为主要语言利用不同的声音强度、音调、音响等效果来使听众幻影出具体的形象画面，调动想象的空间，从而获得再现和表现现实世界的价值。

1. 解构声音纪录片元素

声音纪录片包括再现性声音、表现性声音。再现性声音以交代情节和展示事件中的真实声音为主。即按照声音纪录片所记录的事件的发展脉络、事件的逻辑顺序和因果关系来组接声音的一种客观写实的声音。这种声音的形象与事件的发生同步，有展示事件的真实环境、诠释和强调事件内容的作用。一部声音纪录片绝大部分声音由客观性写实声音构成。表现性声音将现实或非现实生活中的声音加以夸张、歪曲、变形，表现事件中人物的精神状态和内心世界，一般具有象征和隐喻的性质。表现性声音主要有主观声音、纯写意的声音、风格化的声音等，以此呈现出内心的真实。[②]

比如，上海人民广播电台创作的《安全区之声》讲述了抗战期间，一位名叫饶家驹的法国神父，创立起保护难民的“饶家驹安全区”，里面有一小段录于83年前的声音：一个法国神父在城隍庙附近的军事中立区给难民孩子们发糖，并用法语逗他们，孩子们笑得前仰后合。除此之外，《安全区之声》里还有许多人物采访的同期声，这些真实而又珍贵的声音档案是对这段历史的具象呈现。如果没有客观

① 郑剑虹：《电视小品的声音创作手法》，《音响技术》2005年第2期。

② 吴帅芸：《声音蒙太奇在电影中的表现及运用》，《石家庄职业技术学院学报》2018年第5期。

写实声音的渲染，则会导致该片缺乏感染力和真实性。

2. 在声音的再现与表现中重构现实生活

对于现实的建构一直是中西方美学史上重点讨论为问题，每一种艺术形式的演进过程都是艺术家们探究真实现实的过程，不同的艺术形式往往建构出不一样的艺术真实。声音纪录片作为一种移动传播时代出现的一种新的艺术样式，为我们提供了一种新的方向与思路来探究建构现实真实。“真实记录”是声音纪录片的基础。普遍意义上我们借用直接电影的创作方法，它的创作理念是“墙壁上的苍蝇”式的观察和纪录。基于此，声音纪录片被认为是对现实生活的再现，即通过声音元素等细节的记录并创造性地阐释现实的真实生活场景，并通过适当的表现性的剪辑和音响来增进内容的感染力。

针对声音纪录片而言，不管是其中的再现或者表现的声音，都是原始声音素材元素组成的融合音，以此来完成对现实的“再现”与“解释”。一方面，它依从人类感知觉器官的本能，给予受众感性的生存维度，既与画面贴合，从而实现了解释、说明等动作的完成；另一方面，它赋予人们更多的想象空间，并对声音纪录片的效果起到了渲染、抒发、升华的作用，使得声音纪录片节目更有魅力和吸引力。

3. 在声音的再现与表现中共建真实

对于现实的建构一直是中西方美学史上重点讨论为问题，每一种艺术形式的演进过程都是艺术家们探究真实现实的过程，不同的艺术形式往往建构出不一样的艺术真实。我们所知觉到的现实是在感官筛选意识判断下得到的，被感知到的世界。脑科学和认知心理学的研究发现，人们的知觉包括自下而上（Bottom-Up Processing）和自上而下（Top-Down Processing）两个处理过程，在自下而上的输入过程中，感官细胞接受外界的信号刺激，如光、声音等，转换成电信号，通过中枢神经上传到大脑皮层特定的感官处理区进行加工。同时，来自大脑皮层的自上而下的过程，由于受到注意、记忆、经验、预期、动机和情绪等影响，也会对感官输入的信息进行加工比较。自上而下和自下而上两个过程协同合作，再加上知觉系统的填补作用，在外界的感官信息不完整、不稳定、不断变化的情况下，大脑的知觉系统仍能以稳定的方式对周围世界进行认知。人类的认知特性使知觉重构成为可能。

声音纪录片作为一种移动传播时代出现的一种新的艺术样式，以真实记录和用耳倾听的方式为我们提供了一种新的方向与思路探究建构现实的真实。声音纪录片将个人体验与声音元素相结合，建构出个人独特的“真实”世界。这种真实是一种心理或精神真实，更是一种对认识链条末端的主体再度观照。

四 结语

本文所探讨的“声音纪录片”在学术界并没有形成统一的规范化定义，但综合当前移动互联网视域下出现的大量作品以及传播效果来看，“声音纪录片”呈现出一些区别于传统媒体环境下广播特写的发展形态及价值特征。故本文沿用业界约定俗成的“声音纪录片”这一称谓，由此指代广播特写在移动传播时代衍变的新现象和新特征。然而，“声音纪录片”的快速发展过程中难免会暴露各种问题，尽管其改变了大众对广播特写的“刻板印象”，形式上也大胆进行创新融合，但其传播效果及品牌宣传还有待进一步提升，在某种程度上，声音纪录片这一样式的最终成型还需要不断的探索和规范。

记忆里的声音:浅析百年广播剧艺术的社会文化内涵

马子惠

(华东师范大学传播学院硕士研究生)

摘要: 广播剧的发展与媒介的进步一脉相承。作为人们喜闻乐见的艺术类型，广播剧的内容与形式经历了不断丰富变化的进程，每一个时代都有特别令人回味无穷的声音将这种艺术类型保留，其经典的播音作品始终与时代同步，为时代留下了深刻的文化印记。广播剧文化作为社会文化的重要表征，回首过去，体现在不同时期广播剧经典作品的社会背景、表现内容、制作形式、审美价值当中。展望未来，注入科技“强心剂”的广播剧艺术，以其蓬勃发展的态势，从容坚定的引领着时代风气。

关键词: 广播剧艺术；有声语言；文化表征

一 广播剧艺术概述

广播剧，是通过（有线或无线）广播来传递声音形式、剧情内容的戏剧播出形式。广播剧播音员以不同的声音样态，展现剧情、人物，再现环境氛围和情境气氛，营造身临其境的艺术氛围，故又被称为“用耳朵听的戏”和“看不见的戏”。[①]

---

① 周微:《耳朵里的声音大戏：新中国广播剧风雨历程》,《中国广播》2019 年第 10 期。

在其他传播媒介没有被发明出来之前，广播是人们精神生活的重要补充，收音机一度是人们最主要的现代化电子设备。比如，在改革开放前后，文学作品中提到的“家庭四大件”，即“三转一响”，缝纫机、自行车、手表、收音机，是体现当时现代化程度、衡量生活水平的重要标准。当然，时过境迁，在媒介日新月异高速发展的今天，这已经成为历史，但也充分证明了收音机、广播节目在人们生活中的重要作用。20 世纪六七十年代的《深山信使》《红岩》《海岛女民兵》，80 年代的《水浒传》《人生》《安徒生童话》等广播剧经典作品，成为那个年代出生、成长的人们睡前午后的闲暇时光中的精神食粮，是记忆中挥之不去的声音。改革开放后，注入市场经济的新鲜血液，文化艺术领域也有了新的发展，文学作品崭露头角，广播剧创作数量和水平稳步提升。

当然，记忆里的情怀，也受到了时代进步科技发展的冲击。改革开放后，我国引进首条彩电生产线，电视进入人们的视野，大众传输方式更新。电视声画合一、生动具体的属性，造就了电视剧的繁荣，分散了部分广播剧的听众，广播剧收听率江河日下。

20 世纪末 21 世纪初，人民生活水平得到提高，小汽车进入大众家庭，广播剧伴随广播事业“重获新生”。驾车时人们需要能够仅用耳朵就可以获取实时信息的工具，汽车里的车载广播最合适不过了。借此契机，各台的广播频率纷纷改版，以天津电台的《太行山上新愚公》《中国钟》等广播剧作为代表，广播剧文化创作思想和形式不断更新。更新后的广播剧或将新时代楷模的事迹进行戏剧化加工，或将传统文化结合时代文化翻新讲述。以广播剧中极具伴随性的声音，缓解驾驶员驾驶之余的疲惫，填补乘车人旅途的无聊。丰富受众的精神生活，引导大众文化审美，传播时代主旋律。

如今，智媒体大数据时代到来，5G 技术和人工智能算法，方便各个媒介提供个性化的文化服务。移动社交媒体和“喜马拉雅 FM”“蜻蜓 FM”“荔枝”等网络平台和移动终端，协同打造了广播剧推荐、分发、传送的新渠道。各媒介发挥“高手在民间”的社会资源优势，公开众筹编剧、适应受众接受习惯，丰富广播剧的传播样态。广播剧文化驾着科技时代的快车道，蓬勃发展。

广播剧在风雨中成长，经典的剧作，丰富了不同时代受众记忆中的声音，引导着不同时代的风气。这些声音也记录着广播剧艺术在人类有声语言文化系统中的贡献。

二　广播剧艺术是特定时代重要的文化表征

泰勒在《原始文化》中谈道："所谓文化或文明乃是包括知识、信仰、艺术、道德、法律、习俗以及包括作为社会成员的个人而获得的其他任何能力、习惯在内的一种综合体。"广播剧作为一种文化呈现形式，与社会系统相统一，体现出我国不同时代的社会风格及艺术特色，也传递出其特有的文化价值。

广播剧艺术经历了三个阶段：新中国成立初期广播剧的起步时期（1949—1978 年），改革开放后广播剧创作的兴盛时代（1979—2000 年），新时代下"融媒体广播剧"的突破时代（2001 年至今）。每一个阶段，都是我国社会发展和文化进步的集中体现。

（一）新中国成立初期的广播剧：宣传引导（1949—1978 年）

1. 响应文化政策

1949 年，在北平召开了中华全国文艺工作者代表大会。会上，毛泽东说："我们欢迎你们。"话中"欢迎"的理由是："人民需要你们。"

从这时起，中国文化领域在制度、政策方面的新局面得以形成。随着文化的普及政策提上日程，轰轰烈烈地提高全民素质的识字运动，让有线广播几乎拉到每一个家庭，广播的触角延伸至每一个村落。受国力和科技水平的影响，电视机对普通家庭来说还是奢侈品，而广播的普及率在这一时期占有压倒性优势。

在广播通信不断发展的背景下，广播节目被时代大量需要，此时，具有文化教育作用的广播剧，率先吸引受众，占据舆论引导和社会宣传的阵地。一方面，其完整的故事性、内容的丰富性，赋予广播剧独特魅力。另一方面，广播剧因传播时对听众文化水平无过多要求，故而其娱乐性、趣味性、知识性很容易为大众接受。一时间，广播成为人们获取信息、接受社会主流价值取向最主要的方式。

2. 展现革命风格

中国当代的广播剧艺术，顺应时代社会发展，从这时开始迈向新的台阶，广播剧工作者也积极响应号召，勤奋创作广播剧作品，完善制作过程，进一步满足受众精神文化需要。

这个阶段的广播剧如《刘文学》《三月雪》《红岩》（我国第一部广播连续剧）等，注重作品的社会价值，密切反映现实。延续了延安时期的传统，赞扬当时的人文风貌，激发人民的革命热情、爱国情感。其艺术形式表现为，戏剧的技巧性较强，注重细腻的内心刻画，人物塑造立体丰满。借鉴舞台剧的表现形式，内在特点与舞台剧相似，如场次转换用鸣笛起场、单一场景的戏剧形式、没有人声解说等。

3. 艺术形式独立

广播剧的制作方式随时代科技不断更新。20世纪五六十年代，广播剧用磁带录制声音，从剧本的设计，配音员的演绎，再到声音的剪切、叠加、合成、渲染等制作过程，艺术样态逐渐成熟。在新制作方式助力下的广播剧，由直播转为录播形式，丰富的声音层次、多样的表现形式，传播效果显著增强。在磁带录制技术的助力下，塑造出更加生动、真实、独特的剧目内容，有别于以往“舞台剧”的声音表达，广播剧发展为独立的有声语言艺术形式。

政治引领文化，文化影响生活。戏剧家曹禺说：“广播剧的生命，在于它的独特的个性。广播剧的艺术家们给听众留下了广阔的天地，使听众参与了创作。”①

在新中国成立以后的火热年代中，广播剧艺术受特定的政治环境的影响，伴随科技进步，从受众的生产劳动中汲取创作素材，孕育出具有独特内涵的作品，填补受众的闲暇时光，并给予其深远持久的文化引领，让广播剧艺术发展与时代文化脉搏一起跳动。

（二）改革开放后的广播剧：开放视野（1979—2000年）

1. 展现开放风貌

随着“改革开放”政策的实施，开放的春风，吹遍了经济、文

① 曹禺：《广播剧选》，载于朱宝贺，宋家玲《广播剧选》，中国戏剧出版社1981年版。

化、科技、教育等各个领域。1979 年，中国文艺界代提出“文艺为人民服务”口号，得到广播媒体的支持，各级电台都创作出符合当下社会哲学和审美趣味的艺术作品。一年后，在第一次全国广播剧交流会上，“中国广播剧研究会”成立。我国广播剧行业内，展开对广播剧制作内容、播出水平、社会影响等因素的综合评定，众多学术会议相继召开。制度和物质文化的“兴奋剂”，让这个阶段的广播剧文化在各个方面都展现出蓬勃发展的趋势。

这时期广播剧的创作数量，是“文革”期间不可想象的。“文革”前生产的广播剧数量不足 40 部。据中央台统计，1981 年全国生产广播剧 370 余部，1982 年 600 余部，1983 年 500 余部。并且，以往生产广播剧的单位，仅限于部分省台和少数市台，而此时已有 70 多家电台单位参与生产，广播剧创作数量达到 700 余部。广播剧创作数量的增加，丰富着文化市场。展现出开放繁荣的风貌。

2. 时代哲学思考

开放的社会背景下，广播剧艺术的哲学思考不断深入，真实且深刻的反映社会生活，歌颂新人新思想，提倡真实、客观的艺术审美。这时期的广播剧，有《将军府》《真与假》《晶莹的心》《南宫玲霞》等。如《金鹿儿》中的金鹿儿，这部剧曾获联邦德国“未来奖”，在全球语境中，外国朋友对这样一个爱打扮的女性，赞赏有加，认为这体现出积极的生活态度。而在我们国内（1981 年），当时，正处于改革开放初期，受众对举止轻浮、注重外表的女孩，并不接纳，国内外受众对同一角色的态度，反映了当时不同社会的文化差异。

人们更容易接纳，展现当时主流审美和时代精神的人物。如《南宫玲霞》表现了一个家庭成分不被看好，却将社会生活、党、群众，时刻记挂在心上的年轻文艺工作者形象。如《晶莹的心》中，表现同癌症作斗争的刘玲，依然热爱学习、热爱工作、热爱生活，塑造了感人的新人形象。此剧播出后，有听众来信说：“这部广播剧使我消除了待业的苦恼，点燃了心灵的火花。”如《真与假》中，运用细腻的笔触，刻画了佩佩和琴琴两个新时代女青年的心理图画，对于社会的光明与阴暗呈现出极致的刻画……

可见，广播剧艺术在展演内容中，潜移默化地引导和呈现了人们的时代审美。与其他文艺形式一样，广播剧文化是社会文化的反映，艺术是同社会道德、社会审美、社会科学之间相互关联、彼此作用的，广播剧作品也以展演者的声音，反作用于社会道德、社会审美和社会科学。

在时代大潮的推动下，广播剧艺术在创作、编排、传播的各个环节，突破模式桎梏，延伸出了大型广播连续剧、微广播剧、音乐广播剧、戏曲广播剧、方言广播剧等全新审美形式的广播剧子系统。[①] 广播剧中所呈现的内容由革命延伸到社会生活的方方面面，如广播剧《大地震》《凝聚》《汽车人》等，或关注人物特殊心理，或以不同视角切入事件。广播剧制作的合成、渲染技术不断突破，广东台制作的中国第一部立体声广播剧《渔夫和金鱼的故事》，是现代化录音、编辑、传播的技术与设备充分结合的开篇之作。

3. 走出国门迈向世界

随后，广播剧开始走出国门，进行国际文化交流，思想交融更加深入，广播剧的价值引领也更加丰富多元。“各美其美”“美美与共”，我国广播剧开始探索符合世界各国人民审美的普遍规律。中央人民广播电台编创的广播剧《李自成闯石门寨》，在德国电台播放，是第一部于境外传播的广播剧。广播剧《减去十岁》以超现实主义手法，虚构出异想天开的世界，成为新式广播剧的代表，并荣获第十届“西柏林未来节奖”，是我国在世界性广播剧评比中，第一次获奖。同时，文艺界广播剧工作者将经典文学作品改编成广播剧，《王昭君》《火焰山》等作品，被译为多国语言，受到各国听众一致好评。

20 世纪末，随着经济社会发展，人民生活水平提高，电视机开始普及，电视剧、电影在人们文化生活中慢慢占据主导地位。在影视剧市场大发展的背景下，广播剧受到冲击。广播剧因受自身影响力有限、投资少、传播效益回报少等因素制约，无法成为社会资本的首选对象，逐渐出现播出作品数量锐减，作品产出数量大幅下降的现象，甚至一度依靠政府拨款维持。直到 1996 年，广播剧重新得到重视，被纳入精神文明建

① 周微：《耳朵里的声音大戏：新中国广播剧风雨历程》，《中国广播》2019 年第 10 期。

设“五个一”工程，继而出现多个广播剧制作基地。广播剧的发展与社会生活变化与影随行，呈现出自然且真实的艺术发展趋势。

（三）21 世纪下的“融媒体广播剧”：精神力量（2000 年至今）

1. 孕育精神力量

党的十九大以来，以习近平同志为核心的党中央，以政策扶持，推动文化事业全面繁荣和文化产业快速发展，为中国梦提供精神力量、道德滋养。广播剧围绕社会主义核心价值观，展现着开放、包容的社会思潮，创作视野开拓，内容深耕。创新后的广播剧文化，也使时代文化呈现新的意蕴。

或放眼全局，紧扣时代变化，讴歌改革开放。《希望的田野》和《京城第一家》等广播剧反映了改革开放是社会群体的云霓之望，开放过程的困难与艰辛。或贴近民生，赞颂基层工作者，再现身边暖心事。《事儿妈今年 23》和《拆迁》等广播剧，讲述了街道主任，小小官职为百姓用心付出的生活常态。或以小见大，唤起受众共情，传递动人故事，《一诺千金》《月上柳梢》等广播剧，谱写平凡，补充了丰盈多彩的现代精神养料。

此外，智媒体时代，大数据算法作用下的个性化推送、智能化分析，总结了受众关注的热点词语。广播剧融合畅销书籍、社会新闻，紧跟主流文化脉搏，融入当代楷模、社会劳模、抗疫英雄等人物事迹，紧随社会风尚。在 2020 年疫情期间，广播剧编剧以医护工作者的真实事迹为灵感，创作出公益性视听微剧《凡人小林》，成为“网络爆款”。在防疫期间，广播剧导演与演员网络交流、异地录制，音效、剪辑在制作者家中完成。音频版通过“中国微广播剧”公众号、学习强国、云听、喜马拉雅等多个 App 上线，并在中央电台及省台播出。该剧真挚感人的情节，唤起了疫情期间，人们对冲锋在抗疫一线的医护人员，辛勤工作的情感共鸣，激发社会热烈反响，广播剧主人公“武汉凡人小林”也荣登微博热搜榜。[①]

① 董慧临：《战疫微剧〈凡人小林〉开创广播剧生产新模式》，《中国广播电视学刊》2020 年第 3 期。

2. 丰富传播样态

20世纪末，广东开启国内首个数字音频广播先导网，实现了广播系统的一次技术革新。随后，多媒体传输技术日渐成熟，广播系统迈向数字化、系统化、多元化，广播剧也在科技革新的大环境中，丰富着传播样态，谋求突破。

为顺应新时代发展的需要，广播剧丰富传播样态，满足受众的多样化需求。广播剧《遇见海昏侯》，用“新闻录音+广播剧”的形式再现新闻事件。或口述新闻生动表达内容，体现广播剧传播的价值导向。广播剧《生死攸关》，用形象的有声语言，呈现了长征史诗般的色彩，荣获国家广播电视总局创新创优大奖。① 新闻纪实类广播剧，弘扬社会主旋律，随后，各地纷纷效仿，传播效果极佳。

“广播剧+众筹编剧”形式的《寻找刁爱青》，成为北京电台推出的实验性网络音频作品。节目利用广播剧探案题材特质，邀请网友根据广播剧故事情节进行推测，编剧团队与受众时刻沟通，根据受众反应和测评效果，引导剧情走向。网友实现了从“收听”到“编剧”身份的转变，从“别动”到“主动”，点燃了受众主观能动性，拓展了广播剧的社会影响力。

“网络广播微剧”形式，依托“荔枝FM”，喜马拉雅App等互联网及社交娱乐平台，营造了音频传播门槛低、数量大、种类多的个性化音频服务平台。加之智媒体时代，大数据算法作用下的个性化推送、智能化分析，总结受众关注的热点词语，满足受众碎片化收听习惯。广播剧创作团队，将热点话题融入广播剧内容，用各种广播剧艺术形式和互联网融媒体发展相结合，创作出《逃离金三角》《金银潭24小时》等优秀广播微剧，火遍全网。

3. 更新运作链条

2004年，北京人民广播电台文艺广播以10万元奖励征集优秀广播剧剧本，将广播剧交易带入媒介市场，形成了广播剧提供者、中介、

---

① 高岩:《用最适合的方式讲述最有吸引力的故事——当新闻遇到广播剧》,《中国广播》2017年第3期。

购买者三位一体的市场循环模式。[①] 在广播剧制发环节中，融入商业化元素。广播剧的传播主题由传统媒体扩展到文化传媒公司、广告公司、互联网平台和社会有声语言爱好者。广播剧融入时代新鲜话题、市场商业属性，更加便于传播，以娱乐性、普适性受到大众喜爱。

广播剧融合商业、娱乐因素后，听众和广播剧产品的相关性不仅仅局限于内容获取，听众趋于重视，包含平台文化、制作水平、品牌影响等在内的播放端口社会影响的因素。这将吸引一部分信息相投、文化结构相似的听众，形成稳定的传受关系。基于高黏性的传受关系，用户可能在收听广播剧时，与广播剧存在双向的价值关系，即内容付费的认知与接收。平台信任、内容认同后产生音频消费需求。比如，我国第一个网络音频付费平台猫眼 FM，广播剧作品《杀破狼》，运用前 2 集免费收听积累下的用户群，进行其他剧集付费的模式。截至目前，《杀破狼》第一季播放量 2929 万次，第二季播放量 2435 万次，第三季播放量 4053 万次，成为广播剧商业化实践的成功案例。

三　广播剧蓬勃的未来：在审美追求中丰富艺术内涵

媒介变迁过程中，广播剧从无到有，从 20 世纪 80 年代的诞生起，便发挥了宣传引导作用。在 90 年代末，电视的冲击，让广播剧一度遇冷，甚至险遭社会淘汰，但私家车的普及和互联网技术的支持，却为广播剧插上了飞翔的翅膀，广播剧行业用开放视野审视国际、审视广播剧行业。行业的希望和曙光，赋予广播剧新的艺术内涵，成为融合人文气韵的时代镜像、成为共存与竞争的表现形式，展现开放和谐的审美通融，奏响时代主旋律，丰富着人们记忆里的声音。

（一）拓展存在：融合人文气韵的时代镜像

广播剧作为时代镜像，创造、重塑、更迭，反映时代变化，包容新的文化内涵和科技的革新思想文化交流中，将稳定的情感元素，融入时代发展的新内涵，反映现实生活，塑造剧中人物思想和故事情节，

---

① 董旸：《市场博弈与传媒变局形势下的广播剧之变》，《现代传播》（中国传媒大学学报）2006 年第 2 期。

再现新的文化诠释。同时，借助科技力量。在技术发展快车道上，激发艺术创作亮点，融合出带有人文气韵和社会风貌的时代镜像。

2017 年，金砖国家领导人第 9 次会晤在厦门举行，广播剧工作者将剧中人物与故乡厦门相结合，再现心系祖国、建设故乡华侨陈嘉庚先生，9 个非凡故事，广播剧再现特定地域和时代背景中的人物事迹，梳理国家发展的成就，折射出以爱国主义的民族精神和以改革创新为核心的时代精神。通过广播剧这一时代镜像，展现大国风范的包容气度，通过剧中情节塑造重情寻根的气韵。

在文学、建筑、绘画、表演等艺术形式中，虽然选择的艺术样态与广播剧不尽相同，但对“故乡”“乡愁”“兄弟”等词语的想象和联想，是精神互通的。“故乡”象征着生命诞生、心灵庇佑、绵延发展的思想依托，象征着孕育诞生、长大成人、背井离乡、落叶归根等人生阶段，展现出生命发展规律，“故乡”承载着人们对故土的丰富情感。新时代广播剧工作者，丰富了“故乡”的内涵，把“故乡“对人们的影响，通过“奉献”与“反哺”的故事来呈现。

同时，广播剧作为时代镜像，在传播过程中，搭乘时代开放和科技进步的快车道，激发艺术创造的活力，塑造新的表现形式。广播剧中的人物形象不仅可以通过音效、对白、情节来塑造，还可以运用画面来展现。广播剧将视听结合，打造媒介融合的音画微剧，通过唤起受众的情感共鸣。弥补了广播剧“只闻其声”的劣势，富有感染力的画面和极具表现力的声音形式，也成为广播剧艺术呈现的新亮点。成为当年彰显金砖精神、凝聚侨心侨力的人物声音“名片”。[①]

（二）创造秩序：成为共存与竞争的艺术形式

放眼广播剧发展环境，内容的差异和题材的变化，始终延续着表现形式的和谐与对抗、传播方式的共存与竞争，同时，扩大和深化着对艺术发展前景的探寻，引领着更加深刻的社会风气。智媒体时代，一方面，媒介平台间生产壁垒已然打破，多元丰富的艺术表达形式，高效便捷的生产样态，促使广播剧蓬勃发展，输出主流艺术作品。另

① 薛伟强：《新兴微广播剧在融媒体时代的艺术创作与创新》，《传媒论坛》2019 年第 2 期。

一方面，交织着媒介权力的传播环境，在互联网思维下，步入新的起跑线，各传播平台关注用户思维和内容垂直细分，广播剧作品纷纷争夺着“头部”流量，呈现个性化广播剧内容。

网络短视频、音频传播平台来势汹汹，后劲十足。“抖音”“荔枝FM”“猫眼FM”等平台，以内容发布门槛低、平台身份去阶层化、用户动作灵活为特点，构建PGC与UGC协同创作的短视频、有声读物、有声剧的前沿阵地。各媒介纷纷关注社会动态，将时事热点融入广播剧创作，拓展广播剧融资结构，革新广播剧创作样式和传播方式。广播剧《魔道祖师》，在猫耳FM放映，融入二次元时尚文化元素，总播放量达4191.6万次，单季售价25.9元，流量变现成绩卓越。

新媒介生态下，广播剧传播平台的信息辐射范围和内容信任程度，不仅仅蕴含着传播权力架构，也展现出平台内容与受众的黏性关系。不可否认，媒介传播样态和结构的变化，是媒介融合后传播关系作用的结果，也是媒介间共生和竞争的产物。但在网络舆论场中，媒介平权，媒介平台的议程设置，塑造出具有独特性的受众群体。同样，“去阶层化”受众群体，在判断媒介、理解媒介的过程中，反映出媒介间传播内容和传播形式的差异性。因此，媒介间共生与和谐，冲突与对抗的关系，揭示了传播结构的复杂性，也发展了共存与竞争的艺术形式，承载着不同媒介的传播价值。比如，拉萨人民广播电台914、新乡市人民广播电台综合广播FM99.1分别与蜻蜓FM，进行广播剧联播，提升广播剧的影响力和竞争力。

（三）象征意义：展现开放和谐的审美哲学

互联网平台的开放性，使得听众审美经验可以在评论区呈现，审美的哲学阐释观照艺术与现实。话语相互交织，微细庞杂，在激烈的思想碰撞中体现着对彼此的尊重。从日常生活、人际交往到社会发展，广播剧剧中人物被赋予不同的美学意蕴，受众感受各异的审美体验和情感皈依，广播剧的审美内涵在创作和交流中被丰富。

用户在享受有声产品的过程中，传统美学的艺术经验不再被抽象的理论所束缚，感性的完善、具象的体验被正视。譬如，结合社会热点的广播剧播出后（如《太行山上新愚公》《中国钟》《回声》《事儿妈今年二十三》等)，表达者结合自身审美认识，在微平台发布自己对审美的真理性看法，为了提升观点说服力，而收集各类资料，从历史观和世界观的整体和局部关系中探索，使论据翔实。受众也可从审美主体论出发，在观点争论中找到分析事实的切入点。实际上，不同思想在发布社区的交汇过程中，达到共融，吸收广播剧作品的多维审美内涵，提升审美诠释。这样，可以帮助广播剧创作者和听众重新思考广播剧的精神实质，从多维度审视问题，包容不同看法、吸纳有益观点。在共融状态下，剧作者和受众可以自如的，唤醒对精神内核和认知系统的记忆，辨识并形成符合社会主流价值的思潮。开放的审美环境，维持网络广播剧生态环境的整体活力和运行机制，更精准的展现时代风貌。同时，有声语言艺术以传播平台为桥梁，潜移默化地提升听众审美的真实性和完整性。

跳出审美认识，在欣赏广播剧的过程中，是在艺术哲学思考中积累经验，感受到剧中时代人物展现的精神美感，感悟情景、事件、人物象征，体会艺术作品的自律，从而移情到真实生活，丰富意义感悟和真理探索的深度。

未来，借助科技的推动和认识的深化，广播剧的影响必定更为深远。作为艺术领域的重要表现形式，激发着我们对时代审美、历史风貌和文化内涵的思考，将持续反映人文积淀和时代气质的社会存在，观照和谐共生与竞争对抗的艺术形式，象征包容开放和兼收并蓄的审美哲学，在传授的良性互动中，深化人们对审美和真理的实践。

类型化音乐广播的发展路径探析

——以“动感101”为例

雷芳芳

（重庆师范大学新闻与传媒学院硕士研究生）

摘要：科技的迭新迎来了智媒时代，面对环境的改变，类型化音乐广播也需改变以往的生存方式，转型找寻发展之路。针对目前我国类型化音乐广播的发展困境，本文以上海音乐广播电台“动感101”为例，总结其在媒介融合背景下的转型实践经验，望为我国类型化音乐广播的良好发展提供参考。

关键词：类型化；音乐广播；发展路径；“动感101”

一 类型化音乐广播的概念及现状

（一）类型化音乐广播的概念

类型化广播（format radio），其概念起源于20世纪60年代的美国，即为特定的受众人群提供特定内容的广播，其频率一致，内容主题一定。所以类型化音乐广播就是为了某个受众群体提供特定风格音乐的广播。2002年，中央广播电台推出以年轻人群体为受众定位、以流行音乐为内容定位的“音乐之声”是我国大陆首个类型化音乐广播。

（二）类型化音乐广播的现状

对于整个媒体行业来说，广播的竞争优势可能不大，但CSM媒介研究数据显示，2019年广播的收听场景仍然以车载为主，占比为

62.1%，且公安部数据表明我国机动车数量仍然呈现逐年增长的趋势。由此，车辆数的增加保证了我国广播听众的基数。另外，赛立信媒体发布用户及其广播收听率的调查数据显示2019年上半年，广播受众人数达到6.8亿人，新媒体平台的听众缓慢增加，且类型化音乐广播在全国的整体市场份额依旧占20%以上，其他主要占比高的类型频率分别为新闻类广播和交通类广播。

当前类型化音乐广播的核心受众主要为15—45岁年龄层的听众，而这部分人被我们称为“新中产”，是我国消费的主力人群。上海人民广播电台流行音乐广播“动感101”正是以15—34岁年龄层为受众群体，且风格定位是轻松、有趣、接地气，因此深受上海地区年轻人的喜爱，市场占有率最高。

二　我国类型化音乐广播的现实困境

（一）内容同质化，本土性缺乏

根据赛立信媒介研究数据，我国目前广播电台的音乐频率共211套，其中省级42套，省会城市24套，副省级城市19套，地级市城市141套。可见，类型化音乐广播经过十多年的发展已十分成熟，在移动互联网时代音乐广播行业的竞争更是一片红海。同一个省市出现多个风格类似音乐频率的现象比较常见，并且在节目的选择和制作上依旧按照以前的模式，这样导致音乐广播内容同质化问题严重，吸引不了听众的注意。无法满足听众需求的音乐就很难传播，原有的听众流失，而新的听众对节目内容不感兴趣，那么该广播的受众就无法留存。

类型化音乐广播要可持续化发展，就必须通过满足受众诉求抓取受众。听众收听节目是收听该节目能给自己的特殊感受和精神诉求，不同时间段的节目可以表现出不同时期听众对于节目的不同需求。节目自身内容的吸引力决定了受众的留存度，因此类型化音乐广播要发展，内容为王同样是根本。一个没有特色的音乐广播是无法在众多广播中竞争的，特色广播会让听众对这个广播产生深刻的影响，进行关注，最后选择长期收听，长此以往这个音乐广播才会形成良好的传播。我国文化源远流长，不管是文化历史性城市还是现代流行性都市，都有带有其地域特色性的音乐品类，有着丰富的音乐资源。但是当前的电台大都坚持以流行音乐为主，对本土性音乐资源的开发比较少。这导致了节目内容的同质化，也造成了音乐广播频率自身特色的不足，因此在老受众不流失的基础上拓展新受众比较难，无法形成一个有较好影响力的音乐广播。

（二）主持单一化，差异性缺少

在类型化音乐广播中音乐占播放主体，因此对主持人而言必须用简洁的话语让听众有所得从而不会转台。在这样的情况下，主持节目时以何种风格感染受众就对电台主持人的专业素养提出了更高的要求。主持人的专业素养决定了节目的专业程度，音乐广播主持人除了自身的播音素养外，更重要的是其对音乐的理解。多数类型化音乐广播主持人介绍音乐时从歌手本人分析，而不是从音乐自身的词曲去分析。主持人对音乐的介绍代表着对音乐自身的理解程度，专业音乐素养强的主持人能更好地将其对音乐的感受传达给听众，使听众产生共鸣。但是广播主持人多由播音主持专业出身，所受到的技能培养方式基本相同，因此在主持风格上也比较单一化。一方面，观众对“千人一面，万人同声”的主持风格都已经眼疲耳乏，长期的审美疲劳会让听众觉得每日的节目内容千篇一律，对日后的音乐鉴赏没有期待感。另一方面，普通广播的主持风格甚至照搬优秀节目的主持风格，无法结合本土特色进行，也减少了听众的归属感。

对于听众而言，主持人的人格魅力也是很重要的一点。听众会因为某个主持人的人格魅力而专门收听该档节目，也会因为对某主持人不认可而拒绝收听。主持人是社会公众人物，即使在节目外也要注重一言一行，因为他们的言行很容易被公众模仿，因此主持人在节目外的表现同样代表着该节目的价值，观众肯定不会选择收听品行不好的主持人主持的节目。另外，主持人对节目的驾驭能力也会增加个人的魅力，两者是相互促进的。再者，拥有丰厚的文化积淀和表现力的主持人，势必也是会赢得听众的青睐的。对节目的驾驭能力和文化积淀是主持人临场应变能力的基石，是促进节目收听效果的催化剂。但是电台主持人的人格魅力展现的能力较为有限，在节目中只能通过声音体现，而观众没有视觉感并不清楚电台主持人的长相，所以在现实生活中电台主持人的品质表现也相对较弱。并且在对主持人的培养和包装上，我国大多数电台还有所欠缺，因为目前城市对于广播的投入建设也不是很足，主要在应急广播上。电台对著名主持人的宣传比较重复，差异化不突出，无法借助主持人自身的人格魅力拓展听众。

（三）听众模糊化，互动性缺失

听众定位决定了节目的内容，想要做好节目就必须了解听众的诉求，然后以自己的节目内容去满足他们。由于广播是传统媒体，即使在新媒体平台，也比较偏向于传者思维。即由于反馈渠道的不及时，广播主持人的受众意识较弱，其在表达形式上也比较自我，不会研究听众的变化、把握听众的特征和诉求，自然就无法建立以听众为核心的传播机制，无法形成好的传播效果。我国大多数音乐电台本身的建设力度不足，没有技术能力去确定该音乐频率的核心受众。所以当前类型化音乐广播电台对于自身音乐频率定位的模糊，是由于其对听众定位模糊，没有形成好的用户画像。核心听众画像的确定需要通过位置定位、区域定位、人口统计定位、兴趣定位和行为定位五个方面。而这五种定位都需要大数据技术的支撑和相关部门的配合，但我国地方性电台的自身能力不足，无法达到这种建设力度，所以节目的风格制作也只能延续以往的模式，或者参照一线城市的优秀节目。但每个城市的听众画像是不一样的，地域性会减弱类似音乐节目的影响力。

传统广播的传播形式本身就比较单一，与听众之间很难展开有效的沟通，在这样传受互动有限的媒体上，传播效果也降低了。广播的互动手段从以前的写信到热线，再从短信到新媒体的微博平台和微信平台，互动的渠道一直在改变。新媒体平台虽然比以往增强了主持人与听众之间的互动性，但是在广播过程中的参与度并没有提升。一是节目时长有限无法容纳太多的用户在节目中进行参与，二是限于广播是听觉媒体只能靠主持人进行播报，所以广播与听众的黏性也较弱，受众对其的期待感也少。对音乐期待感最强的听众是司机，是广播最大的受众群体，广播的伴随性对其是个优势，但司机自身的职业属性导致其不太可能在开车时参与节目的。因此广播自身伴随性的特质有利有弊，一方面人们可以在分心的状态下去收听，另一方面同样导致广播对受众而言其存在性较弱的问题，即当广播只作为陪伴角色时人们对它的选择就可有可无。

（四）营销模式化，创新性缺位

在创新上，广播既不能靠拓展区域，也不能靠延长时长，只有靠把握好营销方式来进行突围。音乐广播以前都是靠保持节目内容的新鲜感来维持，很少更新营销方式。但是广播的受众群体并非只有听众，受众是多元的，他们的诉求也是多元的，有的受众只选择收听节目，而有的受众想要借助广播平台推广自身品牌。那么针对第二种受众的营销，不能单单从节目内容的创新上下功夫，而是在营销模式上创新来获取更多的广告资金，促进音乐广播的建设。但是国家市场监督管理总局发布的年度广告数据显示，2019 年广播广告经营额度呈现 5.73% 的负增长，跌幅创下近五年新低。另外，随着新媒体平台的短视频、小程序和直播等新事物的出现，用户对于新兴媒体的黏度更强也导致广播广告的市场份额逐渐被侵占。在这样的竞争压力下我国当前类型化音乐广播的营销模式化是一种恶性循环。

类型化音乐广播的营销方式中冠名营销占很大一部分，这种营销在出色的音乐广播中可行，借助广播自身的影响力能够达到广告商的预期，但是这种营销在广告资源较少的地方性广播比较困难，并且当前广告营销基本属于一键式投入，而不是无法让广告商体验到个性化服务，不能随时通过营销效果来进行调整其对广告的投放，造成的广告主对广播节目的迟疑从而阻碍其对的广告赞助。所以没有创新性的广播营销方式势必无法适应市场，音乐广播的市场价值也就无法凸显。

三　“动感 101”的发展路径

“动感 101”是上海创办的第一个类型化音乐电台，被称为上海收听第一台。其收听率、市场份额和广告创收常年位居榜首。据调查，“动感 101”在 2015 年的广告创收就已突破三亿元，在 2016 年“动感 101TV”的播放量达到 1 亿次。赛立信广播融媒体云传播效果数据显示，上海人民广播电台 2019 年前三季度的在线收听点击量累计 4.5 亿次，是唯一突破 4 亿人次关卡的省级电台，“动感 101” 以 9540 万人次点击量在全国省级电台中排名第六，在音乐广播中排名第二。

（一）内容层面上：栏目定位准确，内容特色凸显，塑造个性主持

在类型化音乐的栏目设定上，“动感 101” 的王牌节目有《音乐早餐》《东方风云榜》《音乐万花筒》等。《音乐早餐》节目创办已有 20 年，是以上班族为受众群体目标的，其播出时间是工作日的早上 7 点至 10 点，处于早高峰时期。日收听人数为 220 万人，节目主打音乐和新闻资讯，歌曲欢乐给人一种积极向上的感觉，是上海收听率仅次于新闻广播的早班节目。而位于下午五点至晚上八点的节目《音乐万花筒》，正是人们工作一天后的需要放松的时间点。节目定位是流行音乐，搞怪的主持风格让整整三个小时的节目也不枯燥。该节目是在 15 岁至 35 岁人群中占有率最高的晚间节目，拥有最年轻最活跃的听众。《音乐早餐》和《音乐万花筒》把音乐广播的伴随性发挥极致。每晚八点迎来了听众最具期待性的《东方风云榜》，这是大陆第一个给流行音乐排名并每年举办颁奖礼的节目，属于老牌节目，创办 27 年。节目定位就是流行音乐，吸引年轻人。其通过发布中外各类榜单吸引各大音乐制作公司和歌手的关注，进而将流行音乐相关的多种资源，包括音乐人、作品和粉丝都收入囊中。从而利用这些资源举办颁奖晚会，形成自身的品牌和知名度，将流行音乐广播做成一种潮流。除了这三档王牌节目的特色外，动感 101 也在其他节目内容创造特色。其中《越夜越动听》是一档情感类特色节目，听众通过拨打热线向主持人讲述感情的困惑，主持人利用自身特长和节目品牌，将该节目从热线解疑发展到线上社区，塑造其成为一个解决邻里困难的居委会角色。

类型音乐广播为了加深听众对电台的印象，采取的策略是对内容主体即音乐进行打造，而对主持人进行了弱化。但是这并不意味着主持人不能借助平台优势成为具有商业价值的公众人物。“动感 101” 借助王牌节目的影响力进行推广新的主持人，并且在节目外将主持人进行个性化包装和打造。在节目播出时主持人进行专业主持，在线下主持人利用自身特长和魅力形成个人的粉丝群体，将粉丝和社团进行深耕，摆脱平台束缚，打造粉丝经济，促进“动感 101” 的可持续化发展和资源的循环利用。“丁丁脱口秀”就是“动感101”打造主持人的成功案例，利用主持人丁丁的个人优势为主播举办固定剧场的演出，该演出也成为有口碑的搞笑节目。这种通过线下对于主持人的个性化打造，使只能听见的广播声音成了看得见摸得着的现实人物，从而带动主持人的商业价值和电台的后续发展。

（二）受众层面上：明确用户画像，紧盯听众诉求，互动渠道灵活

根据CTR中国城市居民调查（CNRS）数据分析，“动感101”的用户画像有五点：一是听众男女比例均衡，小家庭结构为主；二是听众收入高，消费实力强，九成以上为私家车主；三是听众“乐观、向上、潮流、时尚”的生活态度，与频率定位相符合；四是广播是听众获取多品类产品信息的有力渠道；五是听众对广告的耐受度高。广播由于地域性特征显著，其定位不同于其他媒体，因此明确其受众画像是掌握广播自身定位的关键。互联网时代之所以对传统广播造成冲击，是因为受众诉求发生变化导致传统广播的听众流失。随着智能媒体的应用，听众能够随时选择自己喜爱的广播收听，且不受时空限制进行回播。因此，拥有直播特质的广播频率在各种小程序、App的挤压下无法留存受众。而“动感101”根据精准的用户定位描绘出其用户画像，通过对核心受众数据的分析来确定节目内容的输出和广告的投放。在受众画像确定后，结合当下时期进行编排不同的广告和音乐内容，满足广告主和听众两类人的需求。在“动感101”的受众画像中，汽车消费、住房家装、家电、旅游、高端个护家庭日用品等多品类信息的需求旺盛，因此在该电台洽谈广告时就会选择符合受众需求的广告，而不会选择边缘化的广告进行创收。

随着新技术的发展，广播的互动渠道更加灵活。听众的互动对音乐广播节目也十分关键，听众参与度高增加了节目在市场上的竞争力。因此电台应以互联网为机遇，找到广播与新媒体平台的连接点，实现音乐广播的互联网化和现场化，增强互动渠道的灵活性。“动感101”通过各个节目的知名度建立了相应的节目粉丝社群以及电台会员群，线上推出明星直播、美食视频节目和音乐读书会等福利，线下举办会员观影团、明星见面会、脱口秀和会员旅行等活动。2019年，“动感

101”共举办50多场会员线下活动，平均一周一场，线上线下相结合的互动渠道满足了有效听众的心理诉求，推动其消费，同时广告效果也达到了广告主的心理预期，进一步增加了该音乐广播的商业价值。

（三）营销层面上：立体传播矩阵，精准营销推广，打造品牌IP

新媒体技术浪潮下，传统广播的转型势必与新媒体平台相结合建立自身的传播矩阵，适应新的生产、分发和传播形式。“电台+App+微信公众号+微博+小程序+官网+抖音”等全方面立体化的传播矩阵成为广播融媒体发展的趋势，“动感101”也建立了以“微博、微信公众号、泡菜电台、小程序101TV和阿基米德FM”为主要新媒体平台的传播阵地。其微博“动感101”粉丝数量66万+人，超话#和动感101拉偶像一把#讨论次数达到2498.7万次，阅读数达到24.5亿次，原创人数2.3万人。微信公众号“动感101”年度粉丝评论10万+条，互动留言量达到400万+条。小程序“101TV”入驻平台15个，平均全网点击量超300万次。另外，2020年11月1日上海广播主持人全明星秀活动，近百万网友通过阿基米德、抖音、微博等平台观看直播，阿基米德App上该专区共吸引近250万粉丝为主持人打榜。在这样的立体传播矩阵下，动感101电台积极与各大品牌合作，利用当前流量明星宣传广告，发挥其运营战略，精准营销。

5G时代的到来，广播可视化是未来广播的发展趋势。伴随着短视频直播平台技术的成熟，2018年广播听众通过网络收听的比例开始上升，传统收听比例降低，因此为拓展新的受众，各大广播主持人入驻视频平台开启了广播的可视化。“动感101”也于2018年开创了视频直播项目并不断邀请明星歌手做客直播间，打造一个粉丝亲密互动交流音乐的平台。2020年6月18日，“动感101”的可视化开启电商模式，建立自己的商城，利用上海本地的特色产品打造出“味”“美”“家”“行”四大类，突出“上海”和“潮”两大主题，与电台定位相契合。

“动感101”对于自身品牌IP的打造除了通过节目内容和主持人，借力新媒体平台创新电商直播形式外，还有对于粉丝的经营。2018年付费经济盛行，“动感101”结合自身节目内容和品牌效应推出了“付费会员”，这一经营收入仅一年就达数百万元。为日后电台创收开启了新的渠道。粉丝利用自己的会员身份，通过参与线上线下的近距离活动获得满足感。活动的频繁举办验证了“付费会员”的传播效果，深化了电台的品牌 IP。

四 小结

智媒时代的到来使得类型化音乐广播也在不断寻求发展之路，当我国类型化音乐广播面临内容特色缺乏、主持差异性缺少，听众互动性缺失和营销创新性缺位等现实困境时，上海流行音乐广播“动感101”却通过在内容上创造特色、塑造个性主持；在受众上明确受众画像、构建多种互动渠道；在营销上借力新媒体形成立体传播矩阵、打造品牌 IP 等，重新定义音乐广播，走出自己的道路成为国内外东方音乐第一台。

听书 App 中文学经典的传播

——以《西游记》为例

罗苗苗

（重庆师范大学新闻与传媒学院硕士研究生）

摘要： 随着网络技术的发展，各类听书 App 因其移动化、便捷性成为人们阅读经典的重要媒介。本文运用传播学相关理论，以喜马拉雅、蜻蜓 FM 等听书 App 中的《西游记》有声作品为研究对象，采用定量与定性分析的方法，厘清各平台中《西游记》的传播主体、内容形式、受众群体的特征。听书 App 中《西游记》传播主体全民参与，传播内容类型多样，受众以儿童、青年知识分子为主，在一定程度上扩大文学经典的传播范围，拓展传播场景。文学经典通过听书 App 进行传播具有美育、传承经典、复兴听觉文化等方面的意义，同时也存有声音瞬息性导致内容印象不深、忽视对原著的进一步探索、可能造成“信息茧房”、难以进行深度阅读等方面的局限。

关键词： 文学经典；声音传播；听书；《西游记》；特征

在历史发展过程中，文学经典的声音传播一直存在。远古的游吟传唱，各朝各代的曲苑说唱及当代广播长书均通过声音媒介进行文学经典传播活动。随着网络技术的发展，新媒介不断产生，文学经典的传播形式不断变革。艾媒咨询《2019—2020 年中国在线音频专题研究报告》数据显示，2019 年中国在线音频市场用户规模达 4.89

亿人[①]，各类听书 App 因其移动化、便捷性成为人们阅读经典的重要媒介。

目前国内外对于《西游记》的研究主要集中于文学形象、版本作者、译本传播、影视改编等方面，对《西游记》在听书 App 中的听觉传播尚未展开深入系统的研究。

一 听书 App 中文学经典的传播

文学经典的传播历来是文学界、传播学界关注的热点之一。随着科学技术的进步，印刷术、广播、电视、网络依次诞生，丰富了文学的传播方式，拓宽了文学领域。不容忽视的是，在文学的传播历程中，声音一直都“扮演”着重要的“角色”，声音媒介在文学经典的传播、接受的过程中起了重要作用。

文学的声音传播亦被称为听书、有声阅读，指通过听觉来欣赏作品的语言文字[②]。听书的历史源远流长，吴钊、杨垒垒将听书的发展分为四个阶段，即“在地听书、在场听书、在辑听书、在线听书”。[③]听书的发展不是“阶段消亡式的”，虽然一脉相承，但也有主流之分。在地、在场听书阶段以口头传播为主流，在辑听书阶段以广播为主流，而在线听书阶段的主流则是听书 App。文学经典的声音传播受到不同阶段不同主流形式的影响，所产生的传播效果不同。无论是口语时代的产物——说唱、戏曲，还是工业时代的产物——广播长书，可以说是听书的“前半生”。如今，听书网、听书 App 等与现代技术结合的在线形式出现与流行，以新的听书“面貌”接下文学的声音传播的“接力棒”。

在网络问卷调查中，有 68% 的人阅读过文学经典书籍，而在使用听书 App 的用户中，仅有 13% 的人没有听过文学经典。由此可见，无

---

① 艾媒咨询：《2019—2020 年中国在线音频专题研究报告》，http：//www. iimedia. com. cn/consult. jsp。

② 邓月琴：《有声阅读概念探析》，《安阳师范学院学报》2019 年第 6 期。

③ 吴钊、杨垒垒：《中国移动听书研究：历史源流与现实图景》，《现代传播》（中国传媒大学学报）2018 年第 3 期。

论文学经典声音传播的形式如何改变，听书受众的关注热情不减。

文学典籍是听书 App 各传媒公司、个人主播等制作节目的经典播料，除了专注型的听书 App 外，几乎所有的“大综合”App 都包含了文学经典作品的有声节目。本文通过综合考量下载量、专注听书等因素，从表 1 中选择了喜马拉雅、蜻蜓 FM、懒人听书、荔枝、酷我畅听、氧气听书六个应用分析听书 App 中文学经典有声阅读的情况。

表 1　　听书 App 中文学经典传播频道设置

应用名称	文学经典频道设置	内容类别设置
喜马拉雅	人文—经典名著	国学、文学、名著
蜻蜓 FM	文化频道中有所涉及，但无专门的文学经典频道	
懒人听书	文学	名家名著、外国文学、名著
荔枝	无频道设置，采取声音播单的形式	
酷我畅听	有声小说—文学名著	无
氧气听书	综合频道—文学经典	中国名著、外国名著、国学经典、诗词、散文

蜻蜓 FM 侧重于迎合大众口味，在听书内容分布上，更多为网络文学、言情小说等，并未设置文学经典频道，只能以关键词或作品名进行搜索，荔枝则是倾向于打造声音社交平台，而非专业听书平台。目前综合排名靠前的听书 App 中均有大量文学经典相关内容，以朗读、广播剧、评书、解读为主；在结构布局上，有专门的频道和较为合理的分类，检索便捷。

声音作为一种媒介，总是在传递信息、表达情绪、宣示存在。文学经典的声音传播是文学传播的一个重要内容。声音对文学经典的传播历史悠久，远之，可以追溯到荷马时代的口耳相传、宋元年间茶馆戏院的说唱艺术；迩之，有工业时代的广播长书、信息时代的听书 App。声音将文学经典从静态变为动态，将文本内容从不可触碰的抽象意象变成可以通过听觉感官觉察的现实声响。

二　听书 App 中《西游记》传播的特征

一直以来，深受大众喜爱的经典文学作品《西游记》传播方式多种多样。《西游记》早在小说成型之前便与“听书”相联系，以戏曲、说唱等传统听书形式流传、变化。电视剧、电影制作技术出现之后，由《西游记》为 IP 的改编影视剧受到观众的欢迎，同时，《西游记》也是听书 App 中备受欢迎的 IP 之一。

目前，各听书平台中以《西游记》为蓝本的有声作品数量众多，但内容与形式不尽相同，本文将借鉴传播学中拉斯韦尔 5W 模式理论展开研究。作为传播学奠基人之一的拉斯韦尔，于 1948 年在《传播在社会中的结构与功能》一文中首次提出了构成传播过程的五种基本要素，并按照一定结构顺序将它们排列，形成了“五 W 模式”即 Who（谁）Says What（说了什么）In Which Channel。

（一）传播主体

全民参与（通过什么渠道）To Whom（向谁说）With What Effect（有什么效果），该模式是一个直线模式，表明传播过程是一个目的性行为过程，具有企图影响受众的目的，这个传播过程是一种说服过程，其间的五个环节正是传播活动得以发生的精髓①。喜马拉雅、蜻蜓 FM、懒人听书等综合型听书 App，采取 OPUGC（职业 + 专业 + 用户生产内容）复合式内容生产模式②。在这一模式下，除了平台自身能上传作品外，无论是专业配音演员、电台主持人，还是非专业的草根素人，都可以注册账号上传自己的声音作品成为主播，改变了传统电台、听书网只有专业主持人、知识分子才能播讲作品的“精英模式”，走向了全民阅读、全民朗读的“亲民路线”。由此，《西游记》在听书 App 中的传播主体呈现出全民参与的特点。传播主体主要可以分为组织与个人两种类型。

1. 组织型传播主体

组织型传播主体的形式主要包括各传媒公司、工作室和创作团队等。一般而言，组织型传播主体的作品制作精良，包括从文本改编到配音和音效制作过程，涵盖了播音、配音、导演等方面的专业

---

① 郭庆光：《传播学教程》，中国人民大学出版社 2011 年版，第 50 页。

② 施勇勤、张玉璞：《移动听书 App 现状与发展趋势探析——以“懒人听书”为例》，《出版发行研究》2018 年第 7 期。

人士。在组织型传播主体中主要包含两种类型，一种是传统的电子音像出版社/公司，这类传播主体与用户互动不多，受到的关注一般不高，如蜻蜓 FM 中出品播放量为 12.3 万次的《西游记》有声读物的浙江电子音像出版社；另一种是民间的传媒公司或团队，这类传播主体在作品制作过程中有意与听众互动，增加用户黏性，注重与平台的宣传合作，优质内容一般都能收获较高的播放量，例如喜马拉雅 App 中，出品播放量为 5254.1 万次的《米小圈快乐西游记》的米小圈工作室，出品播放量为 1004.1 万次的《西游记——李庆丰文化评书》的华音传媒。

2. 个人型传播主体

在各大听书 App 中，由于条件的便利，个人型传播主体（或称为主播）是创造内容的主力军，个人型主播中不乏有专业配音演员和知名电台主持人，同时也有大量的草根素人，由此形成了有声阅读全民参与的现象。如蜻蜓 FM 中播讲《西游记》的主播有著名播音艺术家、中国朗诵协会会长曹灿，北京电台金话筒主持人小雨姐姐等；喜马拉雅中的个人主播“雨钉睡前童话故事会”“慕容初雪”等。专业人士上传的作品质量普遍较高，个人型传播主体中的草根素人上传的作品质量参差不齐，但不乏有高质量作品受到听众喜爱，喜马拉雅主播“雨钉睡前童话故事会”职业是基层科员，下班后录制作品，录制的《西游记全集》网友评分 9.3 分、播放量为 940 万次。

（二）传播的形式与内容

麦克卢汉认为，除了媒介本身即是讯息外，媒介所要传播的内容（即讯息）也是另一种媒介，外部的限制因素不是限制媒介本身，而是针对媒介传播的内容（即讯息），也即媒介的影响与传播的内容无关①。看书这一传统阅读方式的传播媒介是纸质书籍，传播内容是沉默的文字，而听书的媒介是声音，传播内容是小说文本，这也是看书与听书两种阅读方式的最本质区别。

---

① ［加］马歇尔·麦克卢汉：《理解媒介——论人的延伸》，何道宽译，译林出版社 2011 年版，第 348 页。

文学经典在听书 App 中的传播，传播内容是文学经典作品自身及相关改编文本。《西游记》在听书 App 中的传播内容虽然是海量，但类型鲜明，具有很高的重复性。

1. 传播内容类型多样

以《西游记》为代表的文学经典在听书平台上的传播内容主要涉及四种形式：一是原文朗读；二是传统曲艺类；三是评点型；四是网络广播剧。从表 2 的数据中可以得出，听书 App 中《西游记》传播类型里最受欢迎的作品是传统曲艺评书名家单田芳的评书《西游记》，内容经典，风格诙谐，占据喜马拉雅平台中单部作品播放量第一；而《西游记》有声作品类型中数量最多的是改编广播剧，尤其是儿童广播剧。这四种类型作品的播放量与自身特点和吸引的受众群等因素有密切关系。

表 2　　喜马拉雅 App 中《西游记》作品播放量排名　　单位：万次

排名	作品名称	主播	类型	播放量
1	单田芳经典《西游记》	单田芳	评书	17000
2	凯叔西游记（全五部）	王凯	广播剧	11988
3	《西游记》儿童广播剧全集	狮子老爸	广播剧	9205.8
4	米小圈快乐西游记	米小圈工作室	广播剧	5254.1
5	罐头叔叔讲西游记	罐头叔叔讲故事	广播剧	4138.9
6	呼噜西游记	呼噜博士	广播剧	4122.2
7	超级西游记（全 4 部）	钱儿爸	广播剧	3597.3
8	西游记原著说讲	水青	原著朗读	1851.7
9	西游记全集	雨钉睡前童话故事会	广播剧	1201.7
10	《鼓捣西游记》第一、第二季	鼓捣猫频道	广播剧	1125.2

注：数据采集时间为 2020 年 5 月 8 日。

（1）原文朗读

原文朗读就是指依照西游记文言原著书籍独白朗读的有声作品，这一种类型还原原著文本的程度最高，除了主播的朗读技巧与口技运用外，没有其他装饰，受众可以随时随地听读原著，同时，原文朗读这一类型的有声作品的影响也最大限度地受到了原著的限制。《西游记》是一部古典小说，通篇为文言文撰写，一般读者看书时尚且需要放缓速度，结合注释反复阅读才能理解语言大意。在听书过程中，声音的瞬息性与抽象性使得第一次读《西游记》原著的读者很难理解到书中意味。同时，由于主播文化程度和专业水平不同，在朗读原文时，语速、读错音和断句等问题也会影响听书的效果。例如，个人主播“大象王”的《西游记》原著朗读作品，存在语速快、缺乏感情等朗读技巧上的问题，同时也存在字音不熟而导致朗读磕绊不流畅或是读错字音的现象。

（2）传统曲艺类

我国传统曲艺主要包括戏曲、相声、评书、快板书等，《西游记》一直是我国传统曲艺的热门题材之一。在听书 App 中，传统曲艺类的节目以评书、快板书为主，其中，《西游记》内容大多为版权授予作品，来自评书名家单田芳、李庆丰，快板书名家常志等。这些作品在登陆听书平台之前，都已然是曲艺界的经典之作，本身已经拥有较为固定的受众群，在进入平台之后，“自带粉丝和流量”，大量线下受众或其他媒介的受众流动到听书 App，成为平台用户。同时，评书、快板书等传统曲艺的诙谐、轻快的语言风格和说讲者的个人魅力吸引更多平台用户成为受众。例如，单田芳的评书《西游记》，风趣生动，引人入胜。

（3）解读型

解读型主要是指对《西游记》的主题、思想哲理、历史背景等内容的探析，《西游记》所表达的主题与思想十分丰富，蕴含着深刻的哲理，对《西游记》的评论和探讨从古至今不曾停息。在听书 App 中，因为运行机制的便利，人人都有“麦克风”，对文学作品的解读与评点更为自由，评点的主播中既有专家学者也有草根素人。听书 App 中《西游记》的评点型有声作品主要从人物关系、主题思想、创作背景等方面解读西游故事。如《易经智慧解读西游记》从周易文化解读的角度解读小说。另外，《西游记》传统曲艺类中评书、快板书等作品中也存有解读、点评的特点。

（4）网络广播剧

传统的广播剧，是广播制作者以电波为传播载体，以声音为表现手段，以社会上一般大众为传播对象而进行的一种戏剧艺术传播活动，[①] 亦然，网络广播剧则是以网络平台为传播载体。《西游记》以唐僧师徒四人西天取经历经“九九八十一难”的故事为主线发展情节，主要人物相对集中，线索单纯，适合作为素材改编为广播剧。在听书App中，《西游记》有声作品中，改编为网络广播剧的作品数量最多，尤其是儿童广播剧，数量众多，播放量大。

网络广播剧作为一种戏剧具有演播性质，目前，听书App中《西游记》网络广播剧在演播形式上，主要有三种，即单人演播、双人演播和多人演播。其中，大部分广播剧作品采用的演播形式是一人播讲，一个人利用口技演绎小说中全部角色，如钱儿爸《超级西游记》、王凯《凯叔西游记》等。在演播过程中，主播利用音色、音调的不同体现出不同人物的特色，如尖嘴猴腮的孙悟空说话音色尖锐、音调较高，而好吃懒做的猪八戒说话则是音色粗犷、音调较低。在叙事风格上，改编广播剧基本上沿用《西游记》原著的叙事主线，也有少数作品改动了叙事风格，增加自身特色，如米小圈工作室的《米小圈快乐西游记》，采用故事中套故事的形式，以小学生班级排练话剧《快乐西游记》，米小圈和他的朋友们分别扮演孙悟空等角色的故事引出《西游记》剧情，贴近儿童生活，增强了听众身临其境的真实感和代入感。

《西游记》在听书App中的传播内容除了上述中的四种外，在酷我畅听App中还有1986年杨洁导演的《西游记》影视剧原声，拥有单集七八万次的播放量；在喜马拉雅中，“看小说”栏目里有三本电子书，一本为作者吴承恩原著《西游记》，两本由原著改编的网络小说：《搞笑西游记》《西游记之天蓬纵横》。

2. 传播内容的特征

听书，以声音为信息传播手段，与传统看书的阅读方式相比，有着自身的特点。邓月琴2019年发表在安阳师范学院学报的论文《有声阅读概念探析》归纳了听书的4个特点。一是有声性，这也是听书与看书最本质的差别；二是大众化，听书作为一种口头传播，适合除听

① 赵然：《广播剧兴衰研究》，硕士学位论文，黑龙江大学，2010年。

觉障碍患者的所有其他人；三是被动性，听书时，受众是在被动地接受第三方声音传递的信息；四是间接性，听书是通过声音这一中间介质来获取书本内容[①]。

此外，便捷性也是听书的重要特征。依托于网络的听书 App 平台，具有海量资源，不受时间、空间限制，只要有手机等接收终端就能做到随时随地听书。声音媒介不需要占用视觉，听书，只用耳朵接收信息，将人的眼睛完全解放出来，增强了灵活性，也使得听书可以和其他活动兼容。2018 年 3 月，主要生产厨房家电的华帝集团提出“知识厨房”的理念，与新世相听书 App 合作，在华帝魔镜 V2 烟机里内置听书功能，让厨电用户在厨房还能听书学知识。[②] 听书 App 与厨具家电的“跨界融合”让其便捷的特征更加贴近生活。

听书是介于书籍与影视剧之间的文学表现形式。虽然有声语言对应着文字语言，但声音本身是现实发出的声响[③]，声音与文字相比，是一种动态的语言。在情感的表达上，声音比文字更容易引起共鸣。听书过程中，声音介于书本世界与现实世界之间，饱含情绪的声音与音乐的配合，形成强烈的感官刺激，为受众营造“入耳入心”的氛围。听书与影视剧相比，听书拥有更多的主观想象空间。听书时，传播内容只呈现声音，但说话者所讲述的事物需要听者发挥自身想象。

《西游记》在听书 App 中的传播，除了具有听书的本质特征外，在自身文本特征与现实因素的影响下，传播内容还呈现了其他特征。

（1）跨媒介特征：语言形式转变

《西游记》是我国古代文学经典之作，由文言文撰写，语言风格典雅，但是对大多数现代人来说，有一定阅读难度。在听觉传播中，耳朵是唯一获取信息的渠道，没有了视觉的辅助，传播内容都是“为听而写”，语言形式多为口语，风格通俗。在听书 App 中，除原文朗

---

① 邓月琴：《有声阅读概念探析》，《安阳师范学院学报》2019 年第 6 期。

② 界面新闻：《科技与人文的融合：华帝布局“知识厨房”》，https：//baijiahao. baidu. com/s？id = 1594438204914837623 & wfr = spider & for = pc，2018 年 3 月 9 日。

③ 陈作平：《媒介分析》，中国人民大学出版社 2014 年版，第 51 页。

读类作品外，网络广播剧、评书、快板书等《西游记》有声作品的语言形式都采用通俗易懂的口语播讲，受教育程度不高的普通大众也能听懂故事内容。

（2）主题层次：丰富转变为单一

陈作平在《媒介分析》一书中指出，广播内容宜浅、结构宜简①。《西游记》这样一部鸿篇巨作，主题层次丰富，包括“政治说”“游戏说”“哲理说”“宗教说”等。而在听书 App 中，《西游记》改编广播剧在篇幅、媒介特性、受众群体等因素的影响下，主题变得单一，主要体现对真善美追求的主题，淡化了宗教、政治色彩。例如，喜马拉雅平台中，主播钱儿爸的网络广播剧作品《超级西游记》，考虑到受众主要为儿童群体，在改编过程中，主要凸显唐僧师徒取经的艰险情节，而有意减少了如唐僧与女儿国国王等人物之间复杂纠缠的爱恨情仇，体现人们对真善美的追求和敢于不屈不挠地进行斗争的理想信念。

（3）凸显娱乐性

艾媒咨询《2019—2020 年中国在线音频专题研究报告》调研数据显示，在线音频用户使用在线音频的目的主要是“放松身心”和“休闲娱乐”，其次是“排解情绪”和“打发时间”②。在本文的网络调查问卷中，关于收听文学经典有声读物的时间上，有 60% 的用户会在“茶余饭后的休闲时间”收听，26% 的用户选择“工作的同时放松心情”而收听。这在一定程度上反映了听书用户的娱乐需求较大，在各听书平台中，文学经典的相关有声读物或多或少都体现出了一些娱乐化的特征。如传统曲艺类型中的评书、相声节目为博取听众一笑而采用夸张的语气或者将情节过度演绎。尼尔·波兹曼在其著作《娱乐至死》的第四章“印刷机统治下的思想”中提出，“在书本里，这个世界是严肃的，人们依据理性生活，通过富有逻辑的批评和其他方式不

① 陈作平：《媒介分析》，中国人民大学出版社 2014 年版，第 59 页。

② 艾媒咨询：《2019—2020 年中国在线音频专题研究报告》，http：//www. iimedia. com. cn/consult. jsp，2019 年 12 月 13 日。

断地完善自己”[①]。传统的书本阅读过程，是一个相对独立的思考的过程，纯粹的阅读体验减少了外界因素的干扰，读者对书本内容的解读更为理性。而听书 App 适用场景多元，资源内容多样，在泛娱乐化趋势的影响下，《西游记》有声读物中的评点型读物也存在娱乐化解读的现象。如喜马拉雅平台中，订阅人数为 1.1 万人的《花田妖精爆笑精讲西游记》以一男一女、一唱一和的播讲形式，在语言风格上类似目前网络电竞解说主播，情绪多起少伏，在解读《西游记》时过于强调细节和表面文意并且强行将其生活化，而忽视了内涵，缺少了逻辑和深度。

（三）受众画像

从古至今，《西游记》都是一部深受大众喜爱的文学经典之作，通过对本课题网络问卷调查的数据分析和查阅互联网中相关数据，可以得出，在听书 App 中，《西游记》的受众主要集中在以下几个群体。

1. 儿童

《西游记》一直被看作一部具有儿童教育意义的文学作品，长期以来，各种媒介都有改编为适合儿童的作品，如《西游记》儿童读本、《孙悟空大闹天宫》等《西游记》系列动画片等。在听书 App 中，《西游记》儿童广播剧内容占据较大比例，再者，通过对《西游记》相关有声作品评价内容的梳理，可以得出，儿童依然在《西游记》的受众群体中占有一席之地。

2. 青年知识分子

艾媒咨询调研数据显示，2019 年，我国在线音频平台用户以 80 后、90 后上班族居多，其中拥有大学学历的用户占 59.1%。[②] 在网络问卷调查中，在有听书习惯的用户中 14% 的用户听过《西游记》，其中有 75% 的用户的学历水平在大学本科及以上，有一半用户为男性。该受众群体更加青睐原文朗读和评点型的《西游记》内容。

---

① ［美］尼尔·波兹曼：《娱乐至死》，章艳译，广西师范大学出版社 2004 年版，第 81 页。

② 艾媒咨询：《2019—2020 年中国在线音频专题研究报告》http：//www.iimedia.com.cn/consult.jsp，2019 年 12 月 13 日。

无论是书籍的读者还是影视剧的观众，《西游记》深受我国男女老少的喜爱，诚然，《西游记》在听书 App 中的听众类型远不止本课题使用数据归纳到的部分。

（四）传播影响

文学经典的传听书 App 为《西游记》提供了一个平台，使作为我国古代文学经典的《西游记》能够得到更好的传播，开发价值。小说用文字传递信息，有声读物则是听声音表达信息。媒介形式的改变，对传播效果产生了很大的影响。这主要体现在以下几个方面：

1. 扩大传播受众范围

文学文本因为其纸媒特性，而且对文化水平有要求，受众群体的范围有限，电影电视对受众的要求与文本相比较低，但是并不适合视障人群，同时，影视需要占用一定的空间、时间，适合在休闲和时间充裕时观赏，并且观看时间长了会对人体造成一定的健康隐患，从健康的角度，听觉接收对人体健康危害最小的获知形式，这一特点吸引了不少受众。

听书因为其具有有声性，故受众群中毋庸置疑包含视障人群，其次，听书主要是靠耳朵传递声音获取内容，适合文化程度不高又有阅读需求的人群，如儿童。再者，听书 App 平台中的有声读物具有无实物、有网就能听的特性，完全可以满足在路上、车上就能阅读的条件，适合事务繁忙的文学爱好者。

2. 拓展传播场景

声音是文学传播的一种空间，通过听书 App，《西游记》的传播范围扩大，受众群体扩大，相应传播的空间也会进一步扩大。具体体现在，《西游记》在听书 App 中的受众的使用场景不受限制。根据艾媒咨询的报告数据，我国在线音频用户的最常使用场景时吃饭和睡前，其次是在户外运动、通勤路上这两大场景①，户外运动和通勤路上等场景是传统的阅读方式不易涉及的。

① 艾媒咨询：《2019—2020 年中国在线音频专题研究报告》http：//www. iimedia. com. cn/consult. jsp，2019 年 12 月 13 日。

3. 激发读者阅读原著兴趣

《西游记》在听书 App 的传播过程中，大部分内容是以经过改编的广播剧、评书等形式展现的，许多听众在作品评论区留言，听过之后被故事情节所吸引，意犹未尽，想找原著来阅读。通过对留言区内容的梳理，笔者发现，《西游记》有声作品激发阅读原著兴趣的现象各年龄层次都有出现，主要集中于之前没有阅读过《西游记》原著的年龄较小的听众。这一现象，对文学经典的传播来说具有较大的影响，从某种程度上可以认为，听书 App 为文学经典在新生代读者中的传播提供了一个“跳台”，促进其对文学经典的接受与再传播。

《西游记》在听书 App 中的传播是将抽象文字转化为现实音响的过程，在媒介特性、主创团队、受众需求等因素的影响下，呈现出与印刷文字、影视媒介不一样的传播效果。

三　听书 App 中《西游记》传播的意义与局限

通过前文对听书 App 中《西游记》的传播特征的分析可见，文学经典通过音声媒介的传播存在其独特之处，声音对文学的传播也存在其独特的意义与局限之处。下文将着重分析听书 App 中《西游记》的传播的意义与局限。

（一）《西游记》听书传播的意义

声音是一种随处可见、使用便捷的媒介，从古至今，对文学经典的传播具有重要的作用与意义。具体到一部作品——《西游记》在听书 App 中的传播，不仅对文学作品本身有着拓展传播受众、场景的意义，对教育等其他方面也有着重大意义。如：

1. 美育价值

《西游记》一直被看作一部儿童文学读物，是传统儿童教育机能的典范，但是儿童识字不多，无法自主完成阅读，改编之后的儿童广播剧版《西游记》使用了儿童能听到的口头语言和播讲者丰富的感情表达，帮助儿童更好地理解内容，达到教育效果。同时，《西游记》富有哲理，听书 App 为学者、评论家以及文学爱好者的思想传播提供了较为便捷的渠道，使得《西游记》的美育价值得到更好地体现。智能手机的普及与听书 App 的发展相结合，使得文学经典的声音更加“亲民”，在一定程度上意味着，即使是文化程度不高的人群与儿童都更容易接受到文学经典的熏陶与启蒙，体现文化的实践价值。

2. 传承经典

《西游记》作为一部妇孺皆知的古代文学经典，具有丰富的文学价值，听书 App 这个平台赋予了《西游记》现代技术的“外衣”，使其能够适应现代人的阅读习惯与需求，得以更加延绵。同时，听书 App 这一平台还承载着属于《西游记》的经典声音，如单田芳的评书《西游记》，使文学与传统曲艺都不被遗忘；影响几代儿童启蒙教育的《孙敬修讲西游记》直到现在我们还能在喜马拉雅等有声电台上听到。

3. 复兴听觉文化

加拿大作曲家默里·谢弗于 20 世纪 90 年代提出“声音景观”（简称“声景”）这一概念。“声景”类似“地景”，不仅意指外在自然的声音环境，更加强调在听觉方式、感官文化的作用下，在主体内形成的对这一声音环境的印象，但随着社会工业程度加剧和科学技术的发展，外界“噪声”越来越多，声景的“清晰度”越来越低，一般来说，乡村比城市的“清晰度”高，古代比现代的“清晰度”高。[①]听书 App 作为一个现代声音集合平台，在一定程度上缓解了外界噪声对声音景观“清晰度”的影响，为复兴听觉文化创造了条件，《西游记》有声读物作为个体的“声音景观”在听书 App 中的传播受到大众的欢迎，为听觉文化的复兴提供了有力的模式示范。

（二）《西游记》听书传播的局限

当文字转变为声音之后，受到声音媒介性质的影响，收获了不同的效果，但同时，也受到了声音媒介和平台带来的局限。文学经典在听书 App 中传播受到的局限主要体现在以下几个方面：

1. 接受信息的瞬息性带来的影响

声音是一种瞬息媒介，稍纵即逝，当文字转化为声音之后，声

① 季凌霄：《从“声景”思考传播：声音、空间与听觉感官文化》，《国际新闻界》2019 年第 3 期。

音很快就播放过去，可能会导致对内容印象不深刻、理解不到位。在网络调查问卷中，有45%的用户认为在对文本内容理解上，听书带来的效果比看书差；有61%的用户认为听书没有看纸质书带来的印象深刻。

2. 忽视对原著的进一步探索

经过改编的广播剧在听书 App 平台中占很大比例，在受到主创团队的主体性、时代变迁的影响，再者，《西游记》的改编广播剧大部分倾向于儿童读物，改编后的作品离原著可能相差甚远，受众通过听书 App 接受了改编版本后，可能会造成对进一步探索原著的忽视。同时，《西游记》评点型有声读物的内容大多为一家之言，容易对为深刻理解原著内容的听众造成“刻板印象”。

3. 可能造成“信息茧房”

“信息茧房”是美国学者凯斯？桑斯坦在其著作《信息乌托邦：众人如何生产知识》中提出的，主要是指人们只关注自己选择的和愉悦自己的内容①，同时，在当下算法推荐技术的推动下，个人被同质化信息如同蚕茧一般包围着。麦克卢汉认为耳朵没有“宽容性，是封闭的，排他的”②，人们对声音比文字更敏感，较难容忍不喜欢的声音，再者，听书平台的个性化推荐，只推送你可能感兴趣的信息，因此而忽视了其他信息。同时，从传播学角度，播放量大的有声作品的传播主体作为意见领袖，是受众在听书 App 中获取文学经典内容的中继与过滤环节，其作品中的原著改编、语言风格、主题解读等内容都有可能影响到受众对文学经典的印象，尤其是第一印象。这样很容易导致生产“信息茧房”。

4. 碎片化、浅阅读

“我国成年国民网上活动行为中，以阅读新闻、社交和观看视频

---

① ［美］桑斯坦：《信息乌托邦 = 众人如何生产知识》，毕竟悦译，法律出版社 2008 年版，第 8 页。

② ［加］马歇尔·麦克卢汉：《理解媒介——论人的延伸》，何道宽译，译林出版社 2011 年版，第 345 页。

为主，娱乐化和碎片化特征明显，深度图书阅读行为的占比较低。”①听书 App 作为一种移动化、便捷性的阅读渠道，受到大众欢迎，提高了碎片化时间的利用程度。正因为听书的场景化、碎片化特征在传播文学经典的过程中，受众基本上进行的是浅阅读行为，而没有深入探究文学经典的厚重底蕴。

受到视觉性的思维限制，人们常常会忽视对听觉传播的探索。随着科技的进步和人们生活节奏的改变，声音传播，逐渐被人们找回，再次成为文学传播的一个重要渠道，但是，音声媒介的本质特性在传播过程中对文学的影响也不容忽视。

四 结语

当前，听书 App 市场发展迅速，越来越多的人选择听书这一种阅读方式来传播和接受文学经典。从文学经典声音传播的发展历程来讲，听书并不是一种新兴的阅读方式，从农业社会口耳相传的在地、在场听书，到工业社会在辑听书，再到如今后工业社会即信息社会的在线听书，听书的形态随着科技的进步而改变，文学经典的声音传播也得益于科技而得到延续。在听书 App 中文学经典的传播内容方面，借助拉斯韦尔 5W 模式，以《西游记》为例，对文学经典在各大听书 App 中内容形式与特征进行了归纳，可以得知，听书 App 中文学经典的内容形式多样包括原文朗读类、传统曲艺类、解读类和网络广播剧四种，传播特征受到媒介属性等因素影响，与原著相比，除了具有有声性、被动性、便捷性等有声读物基本属性外，还存在因为媒介转变而带来的语言形式改变——由书面语变为口语，风格由典雅变通俗的特征，主题层次由多重变为单一的特征以及听书 App 为吸引受众而凸显文学经典娱乐性的一面。听书 App 带来了不受时间、空间和文化程度限制的阅读便捷，扩大了文学经典的受众范围，拓展了传播场景。同时，我们也不能忽视声音媒介和网络平台自身具有的局限对文学经典的传

① 刘彬：《第十七次全国国民阅读调查报告显示：有声阅读成为国民阅读新增长点》，《光明日报》2020 年 4 月 21 日。

播带来的影响。声音媒介可以复刻文字，但是难以承载文学经典深厚的思想底蕴，听书时声音在短暂的时间中传送出密集的信息，使人理解不及，以及碎片化的阅读时间，使得听书难以达到深刻理解文学经典所需的深度阅读，声音的瞬时性使得听书对理解文本内涵的效果并不理想，并且容易在大主播等意见领袖的作品的影响下对文学经典产生刻板印象，使得人们忽视对原著的进一步探索。由于媒介特性、生活方式等制约因素的存在，尤其是人们长久养成的传统看书习惯，在短时间内依旧是传统阅读的一种辅助性方式。

声音政治的再现：人民广播的乡村治理功能研究

曾　晨　陈秋丹　袁燕飞
（吉首大学文学与新闻传播学院硕士研究生）

摘要：在人民广播事业的发展过程中，其经过了政治性、群众性和细分性三个阶段：初期主要是具有强烈政治偏向的国家声音与地方声音的同步；中期广播这个“后勤媒介”逐渐大众化，在政策普及、文化知识传播等方面全面开花；后期广播由于电视和其他新媒介的竞争，逐渐衰弱，面临专业细分性与数字化的整合。在新冠肺炎疫情期间，乡村有线广播以其非视觉性、伴随性、亲密性、共在感和强制性的传播特征强势回归，打通了疫情防控的最后一公里。由此看出，广播在乡村治理方面有着相当广阔的前景，在凝聚共识、公共服务和危机预警上有着其他媒介所无法企及的优势。充分利用好广播的这些优势，能够提高乡村治理水平，将农村更快更好地融入国家命运共同体建设。

关键词：广播；乡村治理；功能；声音

“十四五”规划里提到，全面实施乡村振兴战略，把乡村建设摆在社会主义现代化建设的重要位置。在世界信息社会大背景下，传播媒介在乡村振兴与治理上扮演着重要的角色。从 1949 年《共同纲领》的“发展人民的广播事业”到近年来的村村响工程，广播始终承担着团结和教育广大农民群众的职能，是推进社会主义新农村建设的重要传播工具。在新的政治、经济与技术环境下，研究广播在新时代乡村治理中的重大作用与使命担当显得尤为迫切。

一 乡村广播事业的历史演进

作为最早进入农村的现代传播媒体，从改革开放年代到社会主义建设时期，广播下乡深刻地影响了中国的政治治理与社会转型，在宣传党和国家的政策、传播必要知识信息和建设新农村的过程中作出了重要贡献①。

（一）政治性：国家声音与地方声音的同步

农村广播收音网建设之初，主要目的就是将党和国家的声音传遍每一个角落，即“中央人民政府的每一个命令或指示，或是每一个重要的国内外新闻，都可以在当天传到全国的二千多个县市，并通过小报、快报、油印报、黑板报和屋顶广播种种形式，及时地传达给当地干部、部队和广大人民”②。1950 年，新闻总署《关于建立广播收音网的决定》指出，“无线电广播事业是群众性宣传教育的最有力的工具之一，特别是在我国目前交通不便、文盲众多、报纸不足的条件下，利用广播进行宣传和动员，可以发挥极大的作用”。③ 同年召开的全国思想工作会议将广播事业定位为“在坚实的群众基础上发挥应有的宣传教育作用”。由此国家开始了广播事业的普及和广播收音网的建设，党和国家的声音渗透到乡村的每一个角落。此外，在广播事业发展初期，时任广播事业局副局长的梅益明确指出，中国社会主义初期广播的三大功能为“新闻、教育和娱乐”，发展广播的首要目的是“为人民服务并加强与听众的联系”。在新中国成立初期，广播主要发挥在生产建设和恢复国民经济中制造“共识”的作用，它有效地达成了农民、工人等建设主体对国家建设的一致认同④。从这个意义上来说，

---

① 潘祥辉:《“广播下乡”: 新中国农村广播 70 年》,《浙江学刊》2019 年第 6 期。

② 《人民日报社论全集》编写组:《人民日报社论全集解放战争时期、民国经济恢复和社会主义改造时期（1948 年 6 月—1949 年 9 月）》，人民日报出版社 2013 年版，第 140 页。

③ 赵玉明:《中国广播电视通史》，中国传媒大学出版社 2006 年版，第 206 页。

④ 黄艾:《“人民本位”: 建国初期广播事业的“公共”话语实践》,《现代传播》（中国传媒大学学报）2014 年第 14 期。

广播是一种时代的声音、集体的记忆。新中国成立之初，广播主要被用来组织和动员全体群众进行生产建设、国民经济建设和国家建设。在当时的技术状况和社会背景下，农民的识字水平和文化程度都不高，广播无疑是把农民纳入社会主义建设框架和信息传播网络中最有力的媒介。由此，乡村借势广播进入了国家的政治与信息版图之中，服务于阶级斗争与革命的需要。

（二）群众性："后勤媒介"的大众化

基于我国农村当时基础通信设施不够完善、群众识字水平和文化水平相对较低的基本情况，广播相对于报纸有着得天独厚的传播优势。在1976年年底，我国迎来了农村有线广播建设历史的高潮，有限喇叭发展到11300万只[①]，达到了有史以来广播喇叭普及的最高水平。1980年，第十次全国广播电视工作会议对新时期的广播功能提出了新要求，广播宣传要为经济建设服务，为实现四个现代化服务。1983年的会议确立了"四级办广播、四级办电视、四级混合覆盖"的政策。广播以其信息传播的即时性、贴近性和灵活性以及使用的方便性、费用的低廉性和维修的快捷性，仍然持续发展，顺利下乡。农村广播网的群众性使得其要承担灾害预警任务、先进技术知识的普及任务和政治、文化的教育任务。这一时期的广播多样化的声音百花齐放，起到了传播信息、开展基层组织建设、普及农村科技、丰富文化娱乐生活的重要作用。乡村民众的社会交往、情感维系与媒介生活具有明显的集体性特征。这时期的广播主要服务于乡村文化的建设和日常"三农"信息的需求。突出了经济建设等功能。这个时期是农村广播功能发挥最全民的一个时期，受重视程度和社会影响力有目共睹。20世纪50年代初至80年代末，农村有线广播作为最主要的大众传播媒介、宣传阵地、信息渠道和娱乐载体，一直独领风骚[②]。

---

① 赵玉明：《中国广播电视通史》，中国传媒大学出版社2006年版，第317页。

② 彭容、赵勇、李廷玉：《初探国家科普能力建设的媒介：农村广播》，中国科普研究所（China Research Institute for Science Popularization），科技传播创新与科学文化发展——中国科普理论与实践探索——第十九届全国科普理论研讨会暨2012亚太地区科技传播国际论坛论文集，2012年，第5页。

(三)细分性:乡村广播的边缘化与转型

90 年代后期,"村村通"工程使得大多数乡村都能够收听收看广播电视,这种视觉文化形成了一种新的媒介景观,农村广播的发展收到了巨大的冲击①。敬一丹曾经做过这样的描述,"电视兴起以后,广播衰落,一度衰落到没法活了"②。新媒体时代,以视觉为中心的各种新兴媒介更容易适应市场逻辑和商业逻辑,在注意力竞争中比广播更有吸引力。此外,广播还存在设备老化、传输方式落后、发射功率不足、覆盖率上升缓慢,覆盖存在空白区域等问题。广播相比之下仅仅诉诸声音传播,容易造成枯燥感,且播报声音不清晰,缺乏多元信息,受众的关注程度和接受度都不高。并且大部分地区广播的播放时间不合理,干扰正常作息,造成噪声污染,激起附近居民的不满情绪。例如农村大喇叭分布不均,近距离的居民因噪声干扰正常作息导致不满情绪,远距离居民因为听不清晰而抱怨。受广播过时论的影响,越来越多的地方对广播的投入也逐渐减少,收听广播的群众也不断减少,由此开启了新一轮的融合与转型。2006 年,中央一号文件首次把广播电视定位为"农村信息服务建设的重要基础设施"。随着十四五规划乡村振兴战略的全面实施,广播对构建乡村公共文化服务体系所具有的重要价值不容忽视。2015 年,应急广播的建设被提升到国家战略高度。

二 广播的再出场

突如其来的新冠肺炎疫情对包括新媒体和传统媒体在内的传播体系来说是一场重大的考验。新媒体时代,传统媒体的功能和价值不如新媒体的论调随处可见,但是此次疫情防控工作中,以广播为代表的传统媒体却表现得"技高一筹",最短时间内打通防疫传播的最后一

---

① 柴志明、林勇毅、徐洲赤等:《发展农村广播:历史的选择与现实的需求——中华人民共和国成立以来浙江农村广播发展的思考》,《视听纵横》2009 年第 5 期。

② 谢耘耕、徐浩然:《传媒领袖大讲堂(第 2 辑)》,上海交通大学出版社 2013 年版,第 290 页。

公里，实现社会治理无死角，让人不得不重新开始审视媒介功能与价值意义的评价标准。

（一）技术回归：乡土广播突破传播最后一公里

广播在农村有着深厚的历史渊源和技术基础。对于主体方来说，乡村的文化和信息硬件设施不足，网络建设成本高且技术难度大，有用信息匮乏。广播目前采取集中供电的方式①，不管停电与否，都能保证信息的及时传达。2019 年中华人民共和国国民经济和社会发展统计公报显示，全国广播节目综合人口覆盖率已达 99. 1%。广播工程技术成熟，改造费用成本低。对于受众来说，广播通俗易懂，不受文化程度限制，接收门槛低。对于文化水平不高和识字不多的农民阶级而言，广播比纸质媒体的传播效果更为理想。人的感知能力有限，过度传播反而会流失有效信息。因而在疫情防控中，广播以声音为载体进行传播，不需要事先编导和制作，只需要准备文字讲稿即可，能够十分迅速地将疫情实时信息以及防控工作的进度与安排传达给人民群众。广播具有覆盖方式的针对性、接受方式的伴随性、信息传递上的及时性、电源供给上的保障性、受众群体上的广泛性和使用价值的高性价比，相对于其他媒体仍然具有独特优势。

（二）声音景观：表达重构催生“爆款”语录凝聚共识

有线广播以集体性的媒介活动方式内在地规定了农村群众对生活空间公共性的认知，围绕这种媒介活动所设定的行为准则与关系框架，更多地表现为一种集体行动的逻辑，也就是共识的形成。在危机预警和防救过程中，仍然需要这样一种媒介有效地达到灾情防控上的“共识”。

在肺炎的防控传播中，信息传播主体和表达变革带来了疫情宣传防控的转型。信息传播主体不再是高高在上、遥不可及的专业主持人、播音员，而是具有深厚乡土公信力和相同生活背景的村支书。村支书兼职广播员，既不依靠技术官僚又不依靠职业记者进行传播，用通俗

---

① 柴志明、林勇毅、徐洲赤、汪洋：《发展农村广播：历史的选择和现实的需求——新中国成立以来浙江农村广播发展的思考》，《视听纵横》2009 年第 9 期。

易懂和更接近本地的特色表达帮助广大农民群众快速地了解肺炎的防控知识。村支书在广播中的喊话既有公共领域的传播——防疫政策和疫情信息的传达，又涉及私人领域的表达——情绪化的措辞与语气。作为这种传授关系中的意见领袖改变了以往的刻板印象，打破了“官方”与“民间”之间的隔阂。其话语表达方式也是听得懂和喜闻乐见的大白话。在解构官方严肃话题的同时，融入幽默化的喜剧效果，将政策传达到位。相较于古板沉闷的官方广播，村支书的喊话在语气上更加“冲”并且更加口语化、日常化、本地化，甚至融入部分方言，使村民不仅听得懂，也听得进，产生一种“与我有关”的亲近感。在新的生产逻辑与特殊的传播环境下，信息生产者重塑了内容生产，增强了传播效果。

（三）场景赋权：无死角管理实现动员

社会学家丹尼尔·考夫曼认为，媒介作为社会的中介系统，是社会由权威控制转向多元治理的核心协调力量。有线广播的传播实践孕育出乡村群众强烈的媒介参与意识，这种自发形成的媒介参与意识内在地促进了乡村广泛的社会动员和通达的信息传播[①]。作为疫情防控工作的第一负责人，村支书实现了原有领导力、战时授权和话语权的叠加，成功做好了村民“不串门、不聚集”的思想工作。

在社会动员上，广播在引起和鼓动听众的原始情感方面具有强大效果。声音符号传播系统能将更多的人纳入信息传播系统之中。比起文字标语和图像等要求在场的传播，广播有着强大的信息传播优势，声音是一种无法抗争的表达，能够做到无盲区传播，无死角动员。国内目前现有的广播电视体系需要人们主动收听观看，村村响广播工程则是定点覆盖并强制被动式接收，可以进行快速的社会动员，简单粗暴有效。虽然电视已经普及，但是广播传播更适合农村大面积分散的劳作方式和开放性、聚集性的生活方式。广播传播的低反馈性也更适用于单向性的、强制性的宣传。

① 关琮严：《新中国成立后的乡村媒介启蒙》，《中国社会科学报》2020 年第 5 期。

三　声音的治理：广播的价值重塑

作为媒体融合战略部署的最后一公里，农村广播对于基层舆论的引导和服务的提供有着至关重要的意义。面临新技术的迭代更新，广播仍然有着其他媒体所无法取代的核心优势。乡村广播仍然是重要的舆论宣传阵地、“三农服务”的载体和应急传播的通信工具。

（一）连接大众，凝聚共识，重塑“地方空间”

“地方空间”是美国社会学家曼纽尔·卡斯特（Manuel Castells）所提出来的概念，他认为“地方空间”是与“流动空间”相对应的“具有历史根源的、共同经验的空间组织”且“地方乃是一个形式、功能与意义都自我包容于物理临近性之界线内的地域”，其本质归结于共同经验[①]。互联网与其他新兴媒介形塑了无数种细分的平行文化，消费主义的个体、社群代替了由公共广播所培育出来的“公众”“共同体”[②]，乡村媒介生产市场化、分散化，一度造成了乡村公共空间的衰落。

农民的生产方式改变，其生产自主权和灵活性提高，但基层宣传渠道仍然不够通畅。近年来农村陋习依然存在，歪风邪气、封建迷信依然存留，十分不利于乡村意识形态的稳定性。通过集中的宣传与互动，加强与广大人民群众的情感联系，实现信息共享、情感维系、社会交往、文化认同的多维度统一，切实融入人民群众的日常生活中，规避形成分散的圈层化甚至原子化的媒介空间。

通过广播的政策与意识形态宣传以及文化与文艺改造，使外在媒介环境与个人内在主观能动性相互作用，重塑乡村群众对自己与国家、社会的联系与认知，重建集体认同感。广播当仁不让成为最重要的媒体，口口相传才是最重要的传播途径。广播具有使人类非部落化的力量，它几乎在转瞬之间使个人主义逆转为集体主义或法西斯主义[③]。

---

① 关琮严：《乡村媒介空间生产的结构性转型》，《中国社会科学报》2019 年第 1 期。

② 潘佼佼：《扩散、转型与流变：对中国广播发展历程的回溯》，《现代视听》2019 年第 9 期。

③ ［加］马歇尔·麦克卢汉：《理解广播》，见［加］戴维·克劳利等主编《传播的历史：技术、文化与社会》，何道宽译，北京大学出版社 2011 年版，第 309 页。

收听广播节目时不需要太多的注意力，在党和国家的政策传达上，容易形成潜移默化的培养效果。坚守党的政治纲领，传播党和国家的精神，与其他媒体相互补充，相辅相成，成为党和人民的喉舌，占领乡村意识形态主阵地。在硬件上，农村有着各方面条件的制约，应当整活存量，强化广播治理体系与治理能力现代化建设。

（二）新旧融合，拓展渠道，提供公共服务

2020年9月，习近平总书记在教育文化卫生体育领域专家代表座谈会上的讲话指出，要全面繁荣新闻出版、广播影视、文学艺术、哲学社会科学事业，着力提升公共文化服务水平，让人民享有更加充实、更为丰富、更高质量的精神文化生活。要推进城乡公共文化服务体系一体建设，优化城乡文化资源配置，完善农村文化基础设施网络，增加农村公共文化服务总量供给，缩小城乡公共文化服务差距。与现今市场上的新兴媒介技术进行“连接”与“融合”，实现彼此的技术对接与内容协同，并通过先进规则和机制的构建使其能够融合发展。根据政策规定，乡镇不能自办电视节目，所以电视无法针对某一个村或者乡进行本地特色的节目制作和播放，进行个性化节目服务。但是广播可以，其传输快捷、覆盖面广，接收简便，老少皆宜，是推进社会主义新农村建设与乡村治理的重要载体。创新内容与传播形式。

媒介的演变与达尔文的自然进化论方向一致，人们在创造媒介的同时也在选择媒介[①]。新媒介技术的普及并不意味着“现代思考方式”的普及，农民只是像欣赏天外来物一样欣赏新媒介技术以及其所带来的新功能[②]。借势目前5G技术、人工智能技术、大数据技术、云计算技术等所释放出来的巨大生产力与传播力，构建起配套设施、政策、模式以及机制，形成一个无死角的媒介格局。推动“互联网+广播”的建设，将党务、村务的智能化管理普及乡村，提高治理效率。

---

① ［美］保罗·莱文森：《数字麦克卢汉》，何道宽译，社会科学文献出版社2001年版，第94页。

② 段京肃、段雪雯：《乡村媒介、媒介乡村和社会发展——关于大众传播媒介与中国乡村的几个概念的理解》，《现代传播》（中国传媒大学学报）2010年第8期。

物联网结合智能语音技术，能够以语音交互的形式实现人类和机器的互联互通。智能终端通过传感器和 GPS 系统能够对用户提供场景化的服务。

从思想上加强对广播的认识，是做好三农工作的重要工程，是公共服务和文化惠民的公益事业。管理部门要时刻与听众村民及时沟通，带领听众认识到“村村响”的意义和重要性，认同广播的存在价值，自发收听并参与广播的维护。同时，内容为王，深耕本地特色，普及本地文化，创新内容表达方式。打破受众被动接受的刻板印象，设立听众信箱，听众来电、微信公众号互动等方式进行双向沟通。做好“三农”内容、养老保险、合作医疗等惠民服务，传达党务政务动态、农务动态、生活服务和天气预报。

（三）转型升级，应急传播，做好危机预警

我国是世界上自然灾害最严重的国家之一。中国地域辽阔且自然灾害频发。突发事件频繁，特定的自然和生态环境，气候变化越来越频繁，水旱灾害更加严重，广播作为第一应急媒体，具有不可忽视的作用。国家应急广播体系建设已经列入我国“十二五”规划纲要。在挑战与机遇并存的新媒体时代，5G 技术、智能语音、物联网等新兴技术的迭代发展给广播媒体在转型发展过程中提供了巨大的想象空间与应用前景。应急报道常态化，防灾预警报道常态化，培养公众的危机意识。农村广播抗干扰能力强，不受停电影响，保密性好，传播迅速及时，收听便捷。利用好广播能够最快反应、最大限度地协调、指挥和动员各方力量积极行动。广播是危机传播的主要通信手段和工具。在突发紧急事件时，地方政府能够利用广播最大限度地做好突发事件的预警和信息发布。在抗洪救灾、地震和新型肺炎等工作中，广播比其他媒体更有优势。

数字化时代下的广播与农村大喇叭更容易与其他媒体共同在大协作的网络互动中，取长补短、共同协作、共谋发展。随着技术的迭代与飞速发展，广播应用思维必然会面临革新。而 5G 的技术发展为广播创造了新的机遇，它的应急功能目前还无法被其他媒体所替代。转型做应急广播系统已经是大势所趋。大部分地区的应急广播建设已经处于起步的状态，初具规模。广播的覆盖经济成本较低，如果通过5G技术有效对接村村响、户户通工程，精准定位，在山区、地质灾害频发的地域的应急广播机制将会更加高效。此外，利用5G的技术支撑，自动向临近区域的消防、医疗、公共交通（如铁道、船舶、航空等）相关部门发布信息，可以实现预警和防灾救灾相结合，多部门联动，形成畅通的信息交换机制。

卡斯特认为，正因为互联网的使用需要一定的经济基础和知识背景，网络可能更加强了社会精英的信息容量，而不是像一些评论家所期望的那样消除了社会等级差异①。对于媒体功能和价值意义的评价，不能单单考虑技术层面，媒介技术并不是评判的唯一标准，还必须从社会与传播关系的视角来评价。广播在新冠肺炎疫情的防控工作中，以其覆盖面广、效率高、易接受的优势，最短时间内突破了防疫工作和村民之间的最后一公里，成为县级融媒体打通传播最后一公里的配套设施。

① ［英］尼克·史蒂文森：《媒介的转型：全球化、道德和伦理》，顾宜凡等译，北京大学出版社2006年版，第65、174、236页。

我国网络音频平台广播剧的发展状况及趋势

——以“喜马拉雅”为例

罗玮霖　白　涛

（重庆师范大学新闻与传媒学院硕士研究生）

摘要：广播剧作为一种历史悠久的音频产品，近年来成为我国主流网络综合性音频平台的发展重点，逐渐渗透进人们的日常生活之中。本文以国内移动音频领域的巨头“喜马拉雅”的广播剧分区内的100个作品为研究对象，从该平台网络广播剧的排行榜、剧本来源、故事题材、制作、更新频率等方面进行研究，分析当前网络广播剧的现状和发展趋势。

关键词：音频App；网络广播剧；喜马拉雅

广播剧是声音为主要表现形式的艺术。近年来，音频产业在互联网发展中“二次开花”，广播剧也迎来了新的发展热潮。网络广播剧最早出现于2000年，至今已在国内发展了20年，已成为网络音频行业市场的重要组成部分[①]。随着首部付费网络广播剧《杀破狼》、破亿播放的付费网络广播剧《魔道祖师》等多部剧作的成功，网络广播剧成为了国内网络音频行业的一个新热点。

从现有文献看，对网络广播剧的研究主要集中在以下几个方面：一是梳理网络广播剧的发展状况，包括其分类、发展阶段、社团阵容、

① 姚萌：《中国网络广播剧发展研究》，硕士学位论文，河南大学，2017年。

发布平台等，分析网络广播剧与之前传统广播剧的异同，总结出网络广播剧面临的发展困境并给出合理的解决对策；二是站在商业化的角度，分析网络广播剧的商业化发展的必然性，以及商业化过程中所要面临的各种问题；三是从网络广播剧的创作出发，通过研究网络广播剧的配音、创作的各个方面来完善网络广播剧的创作。

作为一种声音艺术，广播剧为受众提供了充足的想象空间。从网络广播剧发展来看，经历了“野蛮生长—平台支撑—IP 开发”的阶段。可以看到，当今在各大音频类 App 上，广播剧都是重要的分支。网络环境下的广播剧当前处于何种状态？其发展又何特点？

一　研究对象及研究设计

（一）研究对象

《2019 中国网络视听发展研究报告》显示：“国内网络音频行业中，‘喜马拉雅’仍保持着一家独大的势头，其市场占有率达 62.8%，在包括网络广播剧在内的各项网络音频业务上都有较好的发展。”本文选择“喜马拉雅”App 作为研究对象探讨当前广播剧发展。

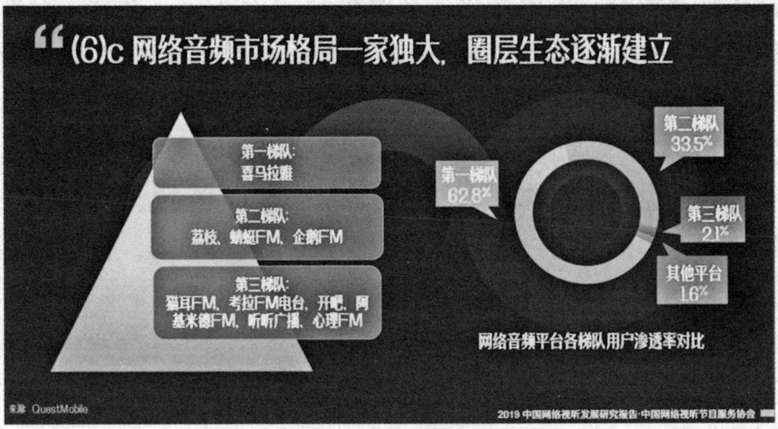

图 1　2019 中国网络视听发展研究报告

（二）类目建构

剧本来源：分为原创剧本、网络小说改编、文学作品改编、其他四类。

题材分类：根据作品的主要内容，分为悬疑、科幻、玄幻、言情、武侠、仙侠、历史、喜剧、都市、其他十类。

制作：PGC、UGC

更新频率：分为不定时更新、每日更新、每周更新、完结作品四大类。

付费机制：分为 VIP 免费收听但不支持付费购买、VIP 免费收听同时支持直接付费购买、仅支持付费购买三大类。

二　研究发现

“喜马拉雅”广播剧分区一共有三个榜单，分别是热播榜、新品榜和口碑榜。本文主要以热播榜作为主要分析对象，该榜单每天更新，系统会根据近 7 天 App 内的专辑完播量对作品进行排序，数据更有参考价值。

（一）来源：以网络小说改编为主，原创比例不高

根据对“喜马拉雅”广播剧分区热播榜一周时间的统计，上榜的一百部作品基本没有发生变化，名次在 1—2 名浮动。在这一百部网络广播剧中，剧本来自改编网络小说和文学作品分别为 57 部和 16 部。这类专辑在前十名中为 7 部，分别是《三体》《如果月亮不抱你》《天之下》《红楼梦》《宫墙柳》《重案实录》《末路》。这类改编广播剧的原创程度较低，相当一部分热度来自原著。

纯原创剧本的网络广播剧在前 100 名中只有 15 部，且主要集中在 20 名之后的区间，热度不高。前十名中仅有《面具之下》一部，热度主要来自主演邓伦。

除了原创剧本和改编广播剧外，其他类的 12 部专辑中有 10 部是电视剧原声录播、各地电台经典广播剧录播的搬运，其中的《地下交通站 2》在 8—10 位徘徊，热度不低。这一类专辑甚至完全没有原创性可言，完全是对过去经典作品的搬运和记录。

总体而言，目前网络广播剧在原创性上仍有较大的进步空间。

表 1 剧本来源

剧本来源	数量（部）
原创剧本	15
网络小说改编	57
文学作品改编	16
其他（电台广播、电视剧原声等）	12

（二）题材：《三体》热度最高，言情类作品仍为主流

对热播榜前 100 名网络广播剧的题材进行分析，可将其归为十个大类。通过图 2 可以看出，言情类网络广播剧仍在广播剧受众中占主流，有 46 部；其次是悬疑类，有 19 部。但榜单前十位的情况则相反，悬疑类专辑有 4 部，言情类仅 2 部。

从单部专辑的热度看，目前榜单第一位是科幻类的《三体》，热度一直保持在 2 万左右，与第二位差距在 1 万以上。榜单第三位则是武侠类的《天之下》。

言情类在数量上虽然仍占主流，拥有较为稳定的受众，但热度上已经较难成为平台的顶流。

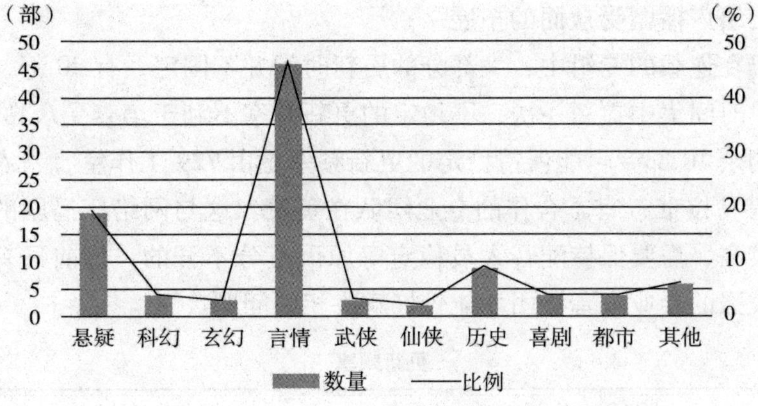

图 2 作品题材

（三）制作：官方入场，制作团队专业程度进一步提高

当前网络广播剧的制作仍以 PGC 和 UGC 两大类为主，对前 100 名专辑的制作方进行分析后发现，UGC 专辑虽然数量更多，有 67 部，

但排名相对靠后；PGC 的专辑由于制作更为精良，排名上主要集中在前 50 名。

其中，“喜马拉雅”官方还参与了《三体》《天之下》《重案实录》《面具之下》4 部排名前十的专辑和其他几部排名前 100 的专辑的制作。

可以看出，网络广播剧的制作正往正规化、专业化前进，其中“喜马拉雅”官方的入场更是极大地提高了几部作品的制作水准。

表 2　　　　制作方属性

制作	数量（部）
PGC	33
UGC	67

（四）更新：以完结作品为主，连载中的作品较少

对热播榜上专辑的更新状态的分析，可以发现在榜剧集大多已经处于完结状态，有 70 部。这一部分是由于部分剧集篇幅不长，制作者选择在制作完成后一次性放出，另一部分原因也在于目前在榜作品大多是较为早期上传的作品，优秀的新作品数量较少。新作品的缺乏不利于网络广播剧受众面的拓展。

仍在连载的专辑中，大部分的更新时间并不固定，有 20 部，都是隔一段时间集中更新一次，不稳定的更新频率不利于培养受众黏性。

剩余 10 部专辑能保持稳定的更新频率是由 729 工作室、苍衣社等与“喜马拉雅”官方合作的专业团队在负责，这与网络广播剧的创作难度较高、需要保持配音人员稳定等原因是分不开的，目前只有这类实力较强的专业配音社团才能较好解决相关问题。

表 3　　　　更新频率

更新频率	数量（部）
不定时更新	20
每日更新	3
每周更新	7
完结	70

（五）盈利：免费作品为主，收费方式单一

国内网络广播剧已逐渐走上了商业化的道路，盈利也成了制作一部剧集的必须考量的因素。目前“喜马拉雅”平台上网络广播剧的付费状况主要有三类，即 VIP 免费收听但不支持付费购买、VIP 免费收听同时支持直接付费购买以及仅支持付费购买。其中 VIP 的价格为 98 元一年，付费购买方面，又可以细分为按剧打包购买、按季打包购买、分集单独购买三类。这三类购买方式的价格分别为 19.9 元到 198 元一部、9.9 元到 69 元一季以及 0.1 元到 0.5 元一集。可以看出单部广播剧的购买价格会根据剧集长短的不同，有较大的差异，但总体而言，网络广播剧的价格相对于电视剧集并不算低。

热播榜体现的是平台近一周最受欢迎的专辑的情况，在“喜马拉雅”的 100 部网络广播剧专辑中，需要付费或者 VIP 免费收听的仅为 20 部，其中仅支持付费买断的有 9 部。在热播榜前十名中，这一类非免费专辑占 4 部，分别排名第一、三、八、十。

免费作品仍是大部分听众在选择网络广播剧时的主要选择，但是拥有更为优秀的制作水准的收费网络广播剧也同样在获得越来越多的听众的认可。

三　网络广播剧发展状况分析

（一）基于平台支撑，流量可观

如前所述，网络广播剧在早期的发展过程中更多的是爱好者自发形成，这就导致无论从艺术性还是商业性上都对网络广播剧的发展产生了限制。而随着音频类 App 的产生，UGC 的传播方式为广播剧提供了重要的传播平台，也让网络广播剧得以被更多的人所知晓。

从当前头部的音频类 App 看，无论是喜马拉雅还是蜻蜓、荔枝、懒人听书等 App 均设置了广播剧板块，有的还将其放置在较为显眼的位置。基于大量的受众，就为网络广播剧的传播提供了潜在的受众，也进一步地推动了网络广播剧的发展。一些作品也已证明网络广播剧所取得的成功。

猫耳 FM 推出的精品网络广播剧《魔道祖师》自 18 年 6 月至 20

年11月共更新了3季，单季播放量均已破亿，累计播放量更是在20年6月突破4亿次。稳定的平台和可观流量的加持为网络广播剧的发展提供了土壤。

（二）IP开发热潮，形成产业链

在喜马拉雅App中，处于头部播放量的广播剧均以知名IP进行改变，这说明在当前以广播剧为代表的音频类产品正在吸引着投资者的目光。一个成熟的IP拥有较为稳定的粉丝群，因此在产品的开发中天然带有“流量”。从这个意义上看，利用大IP来制作广播剧是一个双赢的结果：一方面，完善了IP的产业链；另一方面，成熟IP的加持也有助于推广广播剧的发展。

可以预见的是，随着我国网络广播剧的成熟，广播剧将成为文化产业链上的重要一端，音频——充满想象力的传播方式也将更精准、更富有艺术性地诠释不同类型的文艺作品。

（三）明星效应带动产业发展

我国网络广播剧的创作早期主要是出于创作者自身兴趣，仅供娱乐交流使用，没有考虑商业化和流行性，许多创作者本身都没有配音、播音、剧本写作等专业知识的学习经历。一些专业配音员和广播剧演员、编剧也因为网络广播剧市场的小众，纷纷转向了资金投入更高的影视剧制作行业。这导致早期的许多网络广播剧作品质量都良莠不齐，部分作品甚至只能算是有声书，网络广播剧的魅力日益被掩盖，本身也变得越发小众并进一步影响了作品的质量。

2020年“荔枝FM”在纳斯达克上市以来，国内大量资本开始入局长音频市场，“喜马拉雅”推出的由于朦胧参与配音的《天之下》、邓伦参与配音的《面具之下》以及“酷我畅听”推出的《诡秘之主》《剑来》《镇魂街》《斗罗大陆》等网络广播剧都是由影视行业的专业配音团队负责制作的作品。这些精品网络广播剧在口碑和播放量上都获得了优异的表现，吸引了一批新的受众。这也为网络广播剧未来的发展探明了方向。

四 网络广播剧发展趋势分析

（一）内容原创性增强，反噬其他领域

网络广播剧作为传统广播剧在互联网时代的发展，是一种与视频、小说、有声书等截然不同的音频艺术形式，具有自身的独特性。首先，网络广播剧在视觉手段上的缺失，给予了听众更大地想象空间；其次，网络广播剧不仅是单调地将文字转为音频，它还配上了伴奏、背景音效，增强了想象的真实感；再次，网络广播剧由于只需要制作音频，制作成本相对较低；最后，网络广播剧由于只有音频，不利于展现人物众多、场景宏大的情节。因此，网络广播剧在自身的内容创作上应该有自己的原创性，不能过度依赖小说等文学作品，才能更好地展现自身作品的魅力。

此外，改编剧本必然要面临的是版权问题，当前网络小说商业价值日益凸显，小说改编网络广播剧的版权费用也在增加，网络广播剧如果继续以网络小说作为内容的主要来源，制作成本也会不断提高。“喜马拉雅”今年推出的《面具之下》就是一部原创网络广播剧，平台代言人邓伦在其中扮演男主角，可见平台对于原创剧本的重视。更多的原创网络广播剧的出现也有利于编剧水平的提高。

（二）准确把握受众需求，推动题材多样化

国内网络广播剧当前仍集中于言情类题材，这是由于网络广播剧的表现形式有限，言情类题材更符合网络广播剧的传播特点。但这导致了当前网络广播剧内容的同质化较为严重，不利于扩大网络广播剧的受众。如“猫耳 FM”的网络广播剧分类只有纯爱、言情、全年龄和橘气四类，主打的就是言情类作品。

与此同时，也有“喜马拉雅”近年来推出的《三体》《天之下》《面具之下》等剧集，题材已不再局限于言情，而是往武侠、科幻、悬疑等方向发展。其中悬疑是网络广播剧中除言情外的第二大类，也是当前在各大平台中发展第二好的题材类型，如“蜻蜓 FM”中的《鬼吹灯》《老九门》等。这说明主流平台已经注意到了题材同质化的问题。

网络广播剧要从小众走向大众，需要拓展内容题材的类目，满足

用户千人千面的收听需求。同时还应注意到，传统广播剧偏爱于选择主旋律的题材[①]，而这类题材在网络广播剧中基本是看不到的，宣传社会主流价值观同样是网络广播剧应该肩负的责任。

（三）连载作品增强用户黏性

目前国内网络广播剧大部分还是以UGC制作为主，制作的效率没有保障，大部分UGC剧集都是在完全制作完成后一次性上传或者不定时更新，甚至有一些剧集的更新间隔在一年以上。比如“喜马拉雅”的《我们互为倒数》前五集更新于2016年4月到10月之间，第六集则更新于2018年4月，中间间隔18个月。这种不稳定的更新频率所带来的听众流失在播放数据上也很明显地显示了出来，前五集播放量最低在2.3万次以上，而第六集则直接降到了1.2万次，之后集数的播放量也一直没有再超过1万次。

《天之下》作为“喜马拉雅”出品的剧集，推出两个月时间，一直在新品榜占据第一，这固然有作品本身制作精良的原因，但也离不开作品每日一更的稳定更新频率。

这种稳定更新的连载作品有利于培养新听众对网络广播剧的收听习惯，增强用户黏性，有利于受众对作品内容接受上的连贯性。更新频率也是评判一部作品精良程度的重要指标之一。

（四）网络广播剧创作者收益不断提高

在付费机制方面，目前国内网络广播剧平台只有“喜马拉雅”和“猫耳FM”发展较好，“蜻蜓FM”“荔枝”“酷我畅听”等平台的网络广播剧还是以免费作品的形式存在，网络广播剧市场的整体商业化程度较低。分析网络广播剧发展史上夭折的各类剧集不难发现，没有资金支持，仅依靠个兴趣爱好是很难坚持制作的。商业化转型是网络广播剧发展过程中不可避免的趋势。

当前“喜马拉雅”的付费机制还是以VIP和内容付费为主，而“猫耳FM”则更进一步以二次元文化为基础开发各类周边产品[②]。这

① 刘文宇：《广播剧剧本创作中如何结构故事》，《中国广播电视学刊》2011年第3期。

② 刘才琴、林雪颖：《网络广播剧平台猫耳FM发展策略研究》，《新媒体研究》2020年第6期。

两家平台在网络广播剧的盈利方式上还有很多可以开发的空间，包括围绕作品开展线下粉丝活动、开发广告植入业务、开展版权业务等。

网络广播剧的从业人员利益得到保障，可以进一步促进整个网络广播剧业界的专业化发展，吸引更多优秀人才投入网络广播剧行业。

五 结语

2020 年是网络音频行业发展的又一个大热年，1 月 18 日，“荔枝 FM”正式在美国纳斯达克上市；4 月，腾讯音乐正式发布长音频品牌“酷我畅听”；网易、抖音等互联网巨头也都早已入场音频直播。这些资本在进入长音频行业时，网络广播剧都是他们可以选择的一个突破口，如“酷我畅听”作为背靠腾讯的新贵，在今年已经陆续推出了《雪中悍刀行》《诡秘之主》《斗罗大陆》《镇魂街》《剑来》等多部大 IP 改编的免费网络广播剧。可见，网络广播剧的重要性已经越来越受到网络音频行业的关注。

网络广播剧的发展前景是广阔的，但由于它还是比较小众的一种艺术形式，目前还存在的一些制约其良性发展的问题。本文通过对“喜马拉雅”网络广播剧发展现状的分析，试图为其指出一条良性循环发展之路，让网络广播剧在未来的网络音频市场真正占据一席之地。

后　记

2020年是世界广播发展的100周年，也是人民广播事业的80周年。智媒时代媒体生态发生了翻天覆地的变化，5G催化和加剧了媒体生态变革。互联网的风靡并不是广播的终结，而是一种契机。2020年12月19日，由中国广播电视社会组织联合会指导，中国高校影视学会、重庆师范大学主办，中国高校影视学会广播专业委员会、重庆师范大学新闻与传媒学院（重庆新闻学院）承办的第五届中国广播创新发展高端论坛暨中国高校影视学会广播专业委员会2020年会在重庆举行。来自北京广播电视台、阿基米德（上海）传媒有限公司等近20余家媒体单位代表，来自中国传媒大学、中国人民大学、南京大学、上海师范大学、华南理工大学等50多所高校师生代表共150余人参加了本次论坛。与会代表通过主题演讲、分论坛对话、线上线下混合等形式，对中外百年广播发展历程进行了回顾，以5G技术、智能语音、物联网为背景，共同探讨广播融合发展成就与新时代特征，同时也关注疫情期间广播新作为，关注直播经济浪潮下广播发展新动向，学界与业界对话，资深广播人与广播"新声代"碰撞，共同探寻广播新征程。此次论坛针对新时代背景与媒体融合现实语境，对广播创新发展的新契机、新挑战、新趋势进行探讨，意在打造多元主体共融共生学术共同体，将广播研究推上新台阶。

本届研讨会得到了中国高校影视学会秘书处的悉心指导和大力支持，顺利召开了中国高校影视学会广播专业委员会第二届理事会换届暨第二届理事会第一次会议。会上还举办了由暨南大学、中科网联数据科技有限公司、重庆师范大学共建的广播（CCData音频传媒）研究院成立仪式。《现代传播》《中国广播》《中国广播电视学刊》《声屏世界》等期刊为与会代表提供了学术交流平台，被收入本书的部分论文已在这些刊物上发表，部分参会论文在本书出版前吸收了最新研究成果。原云南广播电视台台长、云南师范大学传媒学院覃信刚教授、中国高校影视学会广播专业委员会副主任委员，暨南大学新闻与传播学院教授、博士生导师申启武教授为研讨会的筹备和顺利召开付出了诸多努力。重庆师范大学新闻与传媒学院副教授马晶、讲师柯弄璋等为论文收集、整理，2020级新闻与传播专业研究生邱鑫、李浩然、陈锐、谢安宁、万博、蒋宁、朱辉、张馨文、李玥霖、刘露露、韩秋婷，文艺与传媒学术研究生杨思涵、胡一苇等为主题演讲文稿录音及整理付出了辛勤劳动。阿坝师范学院助教陈晨为文稿统筹、格式调整做了认真、细致的初审、校对。在此，一并致以诚挚的敬意和由衷的感谢！

颜春龙　赖黎捷

2021年7月